MANUALE DI DIRITTO PRIVATO ROMANO
I DIRITTI REALI

罗马物权法

—— 第四版 ——

【意】阿尔贝托·布尔代塞○著
Alberto Burdese

翟远见○译

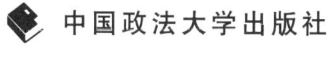

中国政法大学出版社

2022·北京

This book is the Chinese edition of the Italian original version of Alberto Burdese, "Manuale di diritto privato romano", 4th edition

© 2015 Wolters Kluwer Italia s.r.l., Strada 1, Palazzo F6, Milanofiori Assago (Milano), Italy

图书在版编目（ＣＩＰ）数据

罗马物权：第四版/（意）阿尔贝托·布尔代塞著；翟远见译. —北京：中国政法大学出版社, 2022. 4

ISBN 978-7-5764-0421-0

Ⅰ.①罗… Ⅱ.①阿… ②翟… Ⅲ.①罗马法－物权法－研究 Ⅳ.①D904. 1

中国版本图书馆CIP数据核字(2022)第063246号

书　　名	罗马物权法：第四版 LUO MA WU QUAN FA:DI SI BAN
出 版 者	中国政法大学出版社
地　　址	北京市海淀区西土城路 25 号
邮　　箱	fadapress@163.com
网　　址	http://www.cuplpress.com (网络实名：中国政法大学出版社)
电　　话	010-58908435(第一编辑部) 58908334(邮购部)
承　　印	固安华明印业有限公司
开　　本	880mm×1230mm　1/32
印　　张	6.75
字　　数	152 千字
版　　次	2022 年 6 月第 1 版
印　　次	2022 年 6 月第 1 次印刷
定　　价	36.00 元

序

一

阿尔贝托·布尔代塞（Alberto Burdese），1927 年 1 月 2 日出生于都灵，2011 年 2 月 2 日在帕多瓦逝世。1947 年，刚满 20 岁的他就取得了都灵大学的学士学位，导师是朱塞佩·格罗索教授。布尔代塞将自己的第一本专著题献给了这位恩师，二人终身师徒情深。本科毕业后，布尔代塞于 1950 年参加了罗马大学开办的罗马法硕士课程班。1950 年布尔代塞被评上讲师，1950 年至 1951 年在卡梅里诺大学讲授"罗马法阶梯"，后来在费拉拉大学讲授"罗马法"。1954 年他调到了帕多瓦大学，并重新拾起"罗马法阶梯"的教鞭，同时开始讲授"罗马法史"。后一课程，他一讲就是 30 年。1995 年至 2001 年，他还曾任帕多瓦大学罗马法研究所所长、法学院院长。他担任过意大利国家科研项目全国大学理事会法学委员会的主任。他还是威尼托科教文艺中心会员、帕多瓦科教文艺伽利略中心会员、都灵科学协会会员、马德里康普顿斯大学荣誉博士。他曾被授予教育文化艺术金质勋章。此外，他还有过一段非常短暂的律师生涯。人们也许还记得，当年在他能否取得律师执业资格问题上，还引起了小小的争议，因为他通过考试时尚未成年。巴尔扎里尼（M. Balzarini）教授、达拉马萨拉（T. dalla Massara）

教授、加罗法洛（L. Garofalo）教授和温琴蒂（U. Vincenti）教授都是其门下弟子。

布尔代塞一生发表的论文篇数和出版的专著部数总和超过300。自1948年至2011年，他没有任何一年不发表论文或者出版专著。其作品涉及罗马法和罗马法史的所有领域，[1]还有一些是民法方面的著述。[2]

二

在1978年于都灵举行的一场题为"法学家培养的盖尤斯模式"的学术会议上，我详细谈了自己对"罗马法阶梯"教学的看法，强调"在我看来，布尔代塞所著的教科书代表了'罗马法阶梯'教学领域最显著的革新，该书在脚注中大量引用了古罗马法学家们的原始文献以佐证正文的论述"。[3]我还

---

〔1〕 在此我仅列举他的几部有代表性的罗马法专著和论文集：《信托与质押中的解除约款和出卖权》，都灵，1949年；《罗马法中的让与授权》，都灵，1950年；《公田研究》，都灵，1952年；《古典法中的自然之债概念》，都灵，1956年；《罗马私法制度》，都灵，1962年，此书自1964年第2版开始更名为"罗马私法教科书"，出版地仍是都灵；《罗马公法教科书》，都灵，1966年；《罗马法论文集》，马德里，1994年；《札记与评论：罗马法文献阅读六十年》（两卷本），帕多瓦，2009年。

〔2〕 在此我仅列举他的几部有代表性的民法专著：《地役权》，米兰，1960年，此书为格罗索（G. Grosso）和圣托罗-帕萨雷利（F. Santoro-Passarelli）主编的《民法丛书》的第3卷第4册，后经修订特别是增加了关于制度史的论述形成了新书：《地役权：理论脉络与实践问题》，帕多瓦，2007年；《意大利私法教科书》，都灵，1974年，此书于1975年增加了一个直至当年9月的最新立法附录，于1980年更新了第八章"合同"，于1982年更新了第十一章"继承"和第十二章"赠与"；《继承法总论》，都灵，1977年，该书是布尔代塞与格罗索（G. Grosso）合著的，为瓦萨利（F. Vassalli）主编的《意大利民法丛书》的第12卷第1册；《遗产分割》，都灵，1980年，该书为瓦萨利（F. Vassalli）主编的《意大利民法丛书》的第12卷第5册。

〔3〕 斯奇巴尼："论意大利的罗马法阶梯教学"，载《法学家培养的盖尤斯模式：1978年5月4日至5日致敬西尔维奥·罗马诺教授都灵会议文集》，米兰，1981年，第177页以下。

补充说，这些原始文献"支撑了正文对罗马法概念与制度的阐述，而正文的阐述又替读者规划和指明了解读原始文献的路线"。

从本书 1962 年的第 1 版开始，布尔代塞就有意识地凸显了这一创举，他特别指出："直接了解书中引用的原始文献，可以帮助我们更好地理解正文的论述，因为这些原始文献能够降低论述的抽象性。"

正是因为解读罗马法原始文献具有如此重要的意义，25 年前我们与江平教授商定，组织中国法学界的同仁将它们译成中文。这项工作的主要内容是翻译《市民法大全》中的片段。[1]许多中国学者都曾参与其中，现在中国已有几部直接引用这些译成中文的原始文献的罗马法著作问世。[2]

在直接引用原始文献方面，布尔代塞的这本教科书可以说树立了一个典范。在中意法学交流活动日益丰富的今天，将它译成中文，意义非凡。一方面，它告诉我们书中精挑细选的其他法学原始文献（特别是收录进优士丁尼《法典》中的各项皇帝谕令）也非常重要；告诉我们法学以外的原始文献对于还原罗马法体系在其形成阶段的原貌也十分有用，因为它们反映了罗马法的概念、制度和规范，有时我们还可以从中看出某项法律制度的历史起源与推广传播等。

---

〔1〕 最初于 1992 年至 2000 年出版的是"民法大全选译"丛书，共 6 册（涉及物权法的是 1994 年出版的第 3 册《物与物权》，2009 年该书的第 2 版内容有扩充），以及优士丁尼的《法学阶梯》，北京，1999 年；2001 年以后，出版了《学说汇纂》的第 1、4、6、8、9、12、17、18、22、23、41、48 卷等，其他各卷的翻译出版工作现在仍在进行中。除《市民法大全》外，1996 年还出版了《盖尤斯法学阶梯》的中译本。

〔2〕 例如，黄风：《罗马法》，中国人民大学出版社 2019 年版；费安玲主编：《罗马私法学》，法律出版社 2020 年版。

另一方面，从罗马法与现代法教义学的衔接来看，翻译本书同样意义重大。

法国同仁安贝尔（J. Imbert）在一篇书评中说，他对布尔代塞在本书中直接引用原始文献这一创新做法持保留态度，因为他认为在某种意义上，古罗马法学家们的论述无法完全正面回应当下法教义学的关切。[1]安贝尔提出的是一个具有开放性的方法论问题。

在如何与现代法对话的问题上，在我看来，格罗索的教学方法可谓先进。在他的课堂上，这些原始文献会"自己来讲"：学生将与古罗马法学家们提炼出的各种问题相遇，并且可以从中窥探所涉及的问题和相应的解决方案的复杂性，以及可能的观察视角的多样性和说理过程的完整性。这种方法有利于逐渐形成和总结法学教义，有利于不断改革和创新法学教义。教科书对法教义学上的革新的介绍应当把握好火候，因为教科书要最大限度地阐述具有确定性的知识，以便学生打下扎实的基础，从而将来可以在正确的道路上继续深入研究。

19 世纪德国潘德克吞法学派使用了罗马法原始文献构建出来的理论，其连贯性与一致性始终令人钦佩。潘德克吞法学派所创造的理论，今天仍然为法学的发展提供着滋养。但是，该学派似乎也有其局限，具体表现在两个方面：其一，它有时以偏概全地承继了罗马法原始文献所传递的信息；其二，它不再继续苦寻后来产生的诸多问题的最佳解决方案，例如，如何更

---

〔1〕　参见安贝尔 1963 年发表于《法国法与外国法历史杂志》第 459 页以下针对布尔代塞《罗马私法教科书》所写的书评。

好地平衡个人需求与公共利益，[1]如何保护人格权，如何保护环境，如何贯彻意思自治、诚实信用原则，如何进一步促进人与人之间的平等。而仔细研读罗马法原始文献可以使我们更加清楚地看到，罗马法是如何回应复杂的社会生活所产生的多样化需求的。尽管古罗马法学家们并没有走向另一个极端，即完全放弃作体系化建构的努力，但是通过研读他们的论述，我们可以看到法学理论上的模糊、转折、往复和争议，可以看到彼此交错的概念和原则是如何最终确定下来的，又是如何保持与时俱新的。

三

布尔代塞的这本教科书，反映了他试图以统一的视角观察法律制度的雄心和能力。他不否认存在各种特殊规则，但他更看重理论原则的一致性，更看重通过运用种属方法使法稳定存在（见彭波尼在 D. 1. 2. 2. 41 和 D. 1. 2. 2. 13 中的用词）。

与其他"罗马法阶梯"性质的教科书相比，布尔代塞这本书的不同之处，除了基于前述原因大量直接引注原始文献外，还在于其结构安排非常独特。

关于论述"法与法源"的第一章，布尔代塞特别指出："公法与私法之间很难划出一条泾渭分明的界线。"这一章的内容，用托伪在盖尤斯名下的 D. 1. 2. 1 中优士丁尼的法学家们的

---

〔1〕　我不厌其烦地强调，关于罗马法，片段 D. 1，5，2 中说："所有法均为人而设（Hominum causa omne ius constitutum est）。"重要的是，这里既没有使用单数的"人"（homo），也没有使用某个集合概念比如"城邦"（civitas），而是使用了复数的"人"（hominum）。也就是说，罗马法关注的不是某一单个的人，而是处于相互关系中的人们及其公共利益，其目的是不断增进大家的福祉。

话说，它是所有法的真正"开端"；对于"有望解释"法律的人来说，它是"根基部分"。这一章主要介绍了基本法学概念和法的各种渊源，有利于读者了解法律体系及其组成，对法形成整体性的认识。

个人认为，布尔代塞在教科书的第二章就紧接着阐述"诉讼"（processo），可谓用心良苦。这样的安排，我们可以从中看到彭波尼思考的影子。彭波尼在讨论完法的不同渊源类型之后，马上就开始论述在城邦之内执法官的执法活动（iuris dic-tio）的重要意义，因为在他看来，法的实效是通过这些活动体现的（D. 1. 2. 2. 13）。在本书关于这一部分的论述中，尽管作者使用的术语"processo"（诉讼）不是古代的，[1]但他清楚地阐释了罗马法上"actio"（诉讼）的含义。罗马法上"actio"（诉讼），乃有根据的请求，是权利的基本要素。借助这个概念，第二章与第一章之间建立起了勾连：客观意义上的法与主观意义上的权利，通过权利本身的救济之道而融为一体。

接下来的内容依次涉及"人""物""法律事实""家庭""物权法""债权法""赠与"和"继承"。在"债权法"部分，作者先是介绍了典型的债的渊源，然后才论述了债法的一般原理。作者之所以把"继承"放在最后，是因为继承法中既有物权法规则，也有债权法规则，将它放在物债之后论述更为顺畅。

我们马上就会发现，这是对潘德克吞法学体系内部论述顺序的一种重新安排。19 世纪意大利两位罗马法学家德乔治（A. De Giorgi）和塞拉菲尼（F. Serafini）就曾经分别于 1854 年

---

〔1〕 我们知道，"processo"这个术语在原始文献中没有使用过，它只是沟通当代法和形成时期的罗马法的桥梁。

至 1857 年、1859 年至 1860 年在自己的著作中做过类似尝试。该体例是在对盖尤斯和优士丁尼的两本《法学阶梯》作重大修改的基础上形成的，[1]而《法学阶梯》的体例几乎被 1804 年的《拿破仑民法典》和 1865 年的《意大利民法典》照单全收。然而，众所周知，影响意大利民法学和罗马法学的潘德克吞体例，并未被 1942 年的《意大利民法典》所采纳。

布尔代塞的这本教科书与沃尔泰拉（Volterra）的教科书、瓜里诺（Guarino）教科书的第 2 版几乎同时问世。当时学界对于如何讲授罗马法和如何撰写罗马法教科书存有争议，而且该争议不仅在意大利的罗马法学界存在，在其他国家的罗马法学界也同样存在。[2]特别是，那些年法国的同仁们亲历了一场

---

〔1〕 关于现代潘德克吞体系与法学阶梯体系的不同，以及在潘德克吞体系中保留的法学阶梯元素，参见施瓦茨："现代潘德克吞体系的确立"，载《萨维尼基金会法律史杂志》（第 42 卷），1921 年，第 578 页以下。非常粗略地说，法学阶梯的体例顺序是：人，物，诉讼。人法包含了因婚姻而产生的各种关系、收养以及监护和保佐等类家庭关系。物法包含了关于有体物以及无体物的制度，由三大部分组成：所有权与他物权，继承法和债法。诉讼基本被当作是有根据的，其中包含了许多最初只是由裁判官通过给与诉讼以提供救济、后来人们才认为当事人享有具体权利的情形（D. 1, 1, 7, 1；D. 1, 2, 2, 10）。在现代，围绕着诉讼，一方面形成了被救济的权利的制度，另一方面形成了诉讼程序的制度。后者的内容相对于担保等实体法上的权利保护制度更少。潘德克吞体系把自然人与法人并列，将二者都作为权利主体。通过这种并列和抽象，单个的人被从家庭关系中分离出来，而家庭法自成一体。无体物的概念被抛弃，其原有的三个组成部分分别成为与家庭法平起平坐的内容。顺序调整后最终形成了分则的四大部分：债法，物权法，家庭法，继承。这一顺序调整非常重要。此外，余下的上述四大领域共同适用的制度也非常重要。

〔2〕 沃尔泰拉：《罗马私法阶梯》，罗马，1962 年；瓜里诺：《罗马私法》，拿波里，1963 年第 2 版。卡泽尔（M. Kaser）也试图超越潘德克吞法学的体例，在其 1956 年出版的《罗马私法》的第 1 版中，他将罗马法划分为了三个历史时期，并分别讨论了各个时期不同的制度体系。但是，卡泽尔本人撰写的简明教材，为了教学使用的方便，放弃了分不同历史时期阐述罗马法的做法。这与普列塞（G. Pugliese）的做法相似。普列塞在 1991 年于都灵出版的《罗马法阶梯》中也是先采用划分不同历史时期的写法，不过后来再版时为了学生学习的方便，放弃了这一做法。

高等法学教育改革，〔1〕改革的举措之一就是设置了"古代至
19 世纪社会与制度史"课程。〔2〕对于这次改革，布尔代塞明
确表达了其批评的态度。他强调指出，如此扩大学生的时空和
方法论视野，其实并不利于法治人才的培养，因为"只有在古
罗马世界，才存在进行体系阐释和理论建构的法律科学，也才
存在与我们当代社会相吻合的法律思想"。〔3〕在布尔代塞看来，
超越潘德克吞法学的研究范式，不意味着可以抛弃构成法律科
学之一部分的提炼一般法律规则的方法。潘德克吞法学是对这
种方法的伟大运用，今后我们还可以把它运用得更好。所以，
他的建议是：努力在潘德克吞法学所取得成果的基础上继续向
前推进，而不是将其精华弃置一旁；有必要不断"重读"罗马
法原始文献，并持续完善罗马法体系。中国正在编纂民商事领
域的法典，需要批判地继受罗马法体系的每一个制度经验，需
要对罗马法体系的发展作出自己的贡献。因此，我相信，他所
提出的这个方法论层面的建议，一定会被中国采纳。〔4〕

----

　　〔1〕　关于 1954 年的那部法令，参见戈德梅（J. Gaudemet）："法国法学高等教育
改革"，载《拉贝奥》1956 年第 2 期，第 126 页以下。1962 年法国又进一步做了改革。
　　〔2〕　另外一个变化是在本科的第三、第四年，开设"罗马法与古法兰西法"。具
体参见前注戈德梅"改革"一文。
　　〔3〕　参见布尔代塞："法国现在的古代法史教学"，载《拉贝奥》1956 年第 2 期，
第 103 页以下。该文引用了莫尼耶、卡尔达夏、安贝尔：《社会与制度史：从人类起源
到中世纪初期》，巴黎，1956 年；以及论述近东法的论文，沃尔泰拉："罗马法与东方
法的关系"，载《古代法国际杂志》1955 年第 2 期，第 135 页以下。相同的观点，还
可参见布尔代塞："西班牙、意大利和德国的罗马法教学：简评最近出版的两本教科
书"，载《历史与法研究与文献》，第 55 卷，1989 年，第 438 页以下。后文对德国某
些地区的教学改革也作了评价。
　　〔4〕　《学说汇纂》编纂委员会的法学家们认同的、被收录进片段 D. 1，2，2，13
中的彭波尼的观点非常正确："法，如果没有法学家日复一日地完善它，它就不会牢固
存在。"

四

现在出版的这本书是布尔代塞《罗马私法教科书》中的关于物与物权的部分。我认为，将上述两个部分合在一起出版非常妥当。这与盖尤斯和优士丁尼的两本《法学阶梯》的体例安排很相似，它们第二卷的开篇就阐述了物、所有权的取得、他物权等内容。

在盖尤斯和优士丁尼的《法学阶梯》中，"res"（物）的含义十分丰富。它的最一般的分类是有体物和无体物（Gai. 2. 12；J. 2. 2），这一分类可以囊括所有具有经济价值的财产或者权利。从该视角来看，"对物之诉""对人之诉"这一对在盖尤斯和优士丁尼的《法学阶梯》中也具有基础性地位的划分（Gai. 4. 1-3；J. 4. 6. 1-2），可以使我们清楚地看到相应的权利和法律关系在结构上的深层次差异："对物之诉"跟人对物的直接支配关系相关，"对人之诉"则跟人与人之间的积极合作关系相关。这一分类，建立在更狭义的"物"即"可以触摸的物"的概念之上。针对这些物，只要他人消极不加干涉，物权人的权利就得到了实现。但是，也存在一些物，它们可以触摸，不过不具有财产属性，既不属于私人财产，也不属于公共财产。这些物要么专门用于祭祀活动，要么属于公有，要么归公共使用，要么为一切人所有。顺带指出，围绕为一切人所有的物，也可能产生法律纠纷。比如，在一些情况下，为了保护大气的清洁或者保证水流不被污染，执法官会发布相应的令状。

这种开放性为法律制度如何满足社会现实需求指明了大方向，引导我们积极面对人类在认识和技术上取得的进步（例如，怎样规范各种自然力），引导我们在不同的思路与设想前谨慎地权衡利弊（例如，怎样对待艺术作品、科技研究成果等的不同观点）。

《法学阶梯》对现代民法中的"物权"种类作了阐述：首先是"可以触摸的物"对于家父的归属关系；其次是人们发现并固定下来的对这些物的典型利用关系，相对于所有权关系，它们或多或少要受到限制。

对物的完全支配是家父"权力"（potestà）的体现。家父具有罗马市民籍，是罗马人民的"一部分"，因此也行使人民的"权力"。所有权制度是城邦制度的一部分，为了城邦的利益，所有权人的意思自治要受到一定的限制，他对物的使用要遵循"任何人不滥用己物乃公共利益之所在"的原则。在土地问题上，归人民所有的土地，有的由集体使用和收益（如公共牧场），有的虽然仍属于人民（如公田），但作为人民一分子的家父可以对它占有，并受到令状的保护（即对公田的占有）。还有一部分土地，虽然也归罗马人民所有，但个人可以享有行使所有权，可以对它进行"使用、收益和占有"。为了维护社会秩序的和平与稳定，法律保护特定情形下的事实状态（即占有）的手段越来越成熟。相对于对物的完全支配关系，还产生了对物的限制性利用关系。首先就是役权。在社会和生产组织形式需要的推动下，役权的种类逐渐增多，且每一个种类都是在类型法定的原则下增加的。后来还产生了可以对物更加灵活地利用即可以"使用和收益"的用益权。在用益权的基础上，还衍生出了权能范围较小的居住权、使用权和使用奴隶劳作的权利等。此外，还有对物的"担保"功能的利用，该功能超出了担保物通常所应发挥的作用。最后是由对他人土地的租种关系演变而来的，可以在其上从事经济利用活动的永佃权。这一切都是社会需求与立法者、法学家提炼法律渊源的活动二者互动的结果。立法者和法学家肩负使法律制度更加完善、使人与人之间更加平等的职责。通过立法者和法学家对社会制度需求的解读，最终在物权法领域确立了"物权法定原则"，于是，能够决定引进新的物权类型或者取消旧的物权类型等问题的，不再是个人，而是整个法律制度。法律制度与社会需求间的互动，使得整个罗马法体系充满活力。而关注社会现实对法律制度的需求，是罗马法体系的基本特征和原始起点，它决定了整个体系的演进形式，决定了罗马法只是不断丰富和完善的整个体系的开端部分。正如前面所说的，在罗马物权法领域，我们随处可以看到对这一方法论的运用。

五

在这篇序言中，关于物权制度我就不再展开了。[1]最后，我想补充的是，优士丁尼的《法学阶梯》在体系上的严谨性非《学说汇纂》和《法典》之可比。例如，在《学说汇纂》中，关于物与物权的内容分散见于第6至8卷、第10卷、第20卷、第39卷第一至第三章、第41至43卷等多个并不紧挨着的卷章。这一点从布尔代塞所引用的原始文献就可以看出来。但是正如前面指出的那样，在罗马法上，"物"的含义并不局限于民法的范畴，而是构成整个法律体系的公因式部分。优士丁尼的《法学阶梯》为追求更大的体系化，把物与物权的话题主要

---

〔1〕 关于罗马物权法制度的简要论述，可参见我为《民法大全选译》第3册以及《学说汇纂》第6卷、第8卷、第41卷汉译本写的序言。

限制在了所有权和他物权领域，其他某些相关问题仅一带而过。《法学阶梯》中的基本内容构成其他未被纳入其中的内容进一步发展的方向标，这就如同一部法典与众多特别法的关系，后者因为其特殊性而游离于一般规定之外。将千头万绪的法律问题编织成网，使整个体系日益融贯，是法律科学的使命之所在。

六

中国政法大学翟远见副教授完成了物权法部分的翻译，今后他还会将其他部分也译为中文。罗马第一大学、罗马第二大学、意大利科研委员会人文社会科学部和中国政法大学共同组建的"罗马法体系下的中国法典化和法学人才培养研究中心"为翟远见副教授先后在北京和罗马翻译本书提供了条件，并对它的出版提供了资助。

罗马第一大学罗马法荣休教授桑德罗·斯奇巴尼
2016 年 1 月 15 日于罗马

目 录

第一章　物

第一节　物：基础概念

一、物及 res 的概念

法律意义上的物，在今天，指的是可被据为己有的外部世界 167特定的一部分。无论是物的特定性，还是其可被据为己有的性质，法律都是根据一般的经济—社会标准来衡量的。

在古罗马的法律语言中，这一观念是通过含义更广的术语 res 来体现的，尽管当时人们还没有提炼出一个与一般用语相区别的法律意义上的物的精确概念。

二、概念的历史形成

法律将物这一术语用以表达外部世界的某一部分、以与（自由的）有血有肉的人相对的思想，在古罗马是历史演进的产物。最初，物和人（他权人 alieni iuris，无论是奴隶还是自由人）都曾处于家父（pater familias）才拥有的广泛的支配权之下。故而，涉及取得方式、占有和程序性保护问题，物和人的制度曾是交织在一起的。但是，不久历史上便形成了作为财产关系客体的 res 这一概念。该概念建立在与自由人相对的经济效用的基础上。奴隶亦被认为是"处于他人支配之下的人"（personae alieni iuris in potestate）。作为他权人（alieni iuris）的自由人，由于他们是家庭关系的客体，所以独立于 res 概念之外，尽管还残留了些缘于最初观念的历史陈迹，即要式买卖（mancipatio）[1] 和盗窃[2]的制度还适用于他们。

三、与自由人（homo liber）相对

总体而言，在原始文献中我们可以看到，自由人（homo liber）是不能被交易的。自由人是与非交易物（res extra commercium）[3] 相提并论的，此时不是因为前者属于后者之范畴，而是缘于前者根本就不是物。但是，这并不妨碍对自由人（homo liber）善意占有的可能性，以及继而将之出售给善意买受人的有效性。二者都建立在将自由人误认为是奴隶的前提之下。

正如因为自由人（homo liber）不是物（res），所以不能被交易，活人身体的部分亦不能被交易[4]。至于遗体或与之脱离的部分是否可被交易，这是古罗马法学根本未碰的问题：只是基督教化后的皇帝才意识到，应当规定殉道者的圣骨不得用于交易[5]。

---

〔1〕　Cfr. Gai. 1. 120："人们以这种方式（即'要式买卖'）交易奴隶和自由人……"

〔2〕　Cfr. Gai. 3. 199："有时亦发生对自由人的盗窃……"

〔3〕　Cfr. Gai. 2. 48："显而易见，对自由人、神圣物和神息物亦不得时效取得。" D. 41. 3. 9（盖尤斯）："可被时效取得的物主要（'主要'二字为添加）是有体物，但神圣物、神护物和罗马人民及城邦公有的物除外。" I. 2. 6. 1："然而有时，尽管某人以最大之善意占有他人之物，但是对其仍永不适用取得时效，例如，占有的是自由人、神圣物或神息物或者在逃奴隶的情形。"（此片段是杂揉上述 Gai. 2. 48 和片段 Gai. 2. 45 的结果。）

〔4〕　Cfr. D. 9. 2. 13（乌尔比安）："……没有人被认为是其肢体的所有权人……"

〔5〕　Cfr. C. 1. 2. 3＝C. Th. 9. 17. 7（a. 386）："任何人不得购买或出售殉道者的圣骨。"

四、有体性特征

物作为外部世界的一部分，该概念本身就暗含了有体性的特征要求。不过，古罗马法学扩张了 res 这一概念，区分了有体物（res corporales），即可以触摸的物（quae tangi possunt），和无体物（res incorporales），即不能触摸、体现为权利的物（quae tangi non possunt, qualia sunt quae in iure consistunt）[1]。这仅是一个发端于哲学和修辞学的教学上的分类，在古典法早期只有少数法学家使用它，盖尤斯是其中一位。后来拜占庭的法学家们认为它很有价值，但是在具体的法律制度中却未见到该区分的实际运用。这一分类从体系化的角度来看有其重要意义：在这一区分的基础上，《盖尤斯法学阶梯》将"法"（ius）三分为人（personae）、物（res）和诉讼（actiones）可以说是完备的[2]，因为除了所有权（根据对古罗马人想法的通常理解，它与其标的 res 完全相同）外，限制物权、继承权、债权等所有这些被认为是无体物的权利，亦被囊括进来。

169

五、可据为己有的性质

可据为己有的要件并不是总被古罗马人考虑在内。例如，古

----

〔1〕 Cfr. Gai. 2. 12-14："有些物是有体的，有些物是无体的。有体物是指那些可以触摸的物，例如一块土地、一个人、一件衣服、金子、银子以及其他数不胜数的物。无体物是指那些不能触摸的物，它们体现为权利，例如继承权、用益权和以任何形式缔结的债。至于遗产中包含有体物，从一块土地上收取的孳息是有体的，基于一债应向我们给付的物是有体的（比如一块土地、一个人或者金钱），这些都无关紧要。确实，继承权本身、用益权本身和债权本身都是无体的。城市和乡村土地上的权利亦属此列……"

〔2〕 Cfr. Gai. 2. 12-14："我们所用的一切法，要么涉及人，要么涉及物，要么涉及诉讼……"

典法晚期的法学家马尔西安将空气也列为一切人共用的物（res communes omnium），而按照古罗马人自己的一般判断标准，空气与日月星辰等东西一样，是无法据为己有的。

六、物的种类

罗马法对物作了不同的分类，每种分类均有其实益。有些分类建立在物的不同法律地位的基础上，其着眼点是不同经济—社会需求的满足；有些分类则建立在结构特征或物本身的品质的基础上，尽管它们也是依经济—社会标准来衡量，且分别对应不同的法律制度。

第二节　根据物的法律地位对物作的分类

一、财产物与非财产物

《盖尤斯法学阶梯》首先将物区分为"属于（我们的）财产的物"（res in <nostro> patrimonio）和"不属于（我们的）财产的物"（res extra <nostrum> patrimonium）[1]。该区分依据的标准是，物是否"现实地"构成私人财产关系的客体。非财产物（res extra patrimonium），不归任何人享有（nullius in bonis sunt），它们要么不能构成此类关系的客体，要么可能构成但是尚未现实地构成其

---

[1] Cfr. Gai. 2. 1：".....现在我们来看物：它们要么属于我们的财产，要么不属于我们的财产。"

客体，如继承人出现之前遗产中的物（res hereditariae）[1]。

二、交易物与非交易物

在原始文献中浮出水面的另外一个分类是交易物（res in commercio）与非交易物（res extra commercium）。前者可以作为财产性法律行为，特别是交易的客体，而后者则否。绝对意义上的"物的非交易性"，是与某些物不能作为财产性法律关系的客体同义的[2]。170 不过，在原始文献中，还存在相对意义上的"物的非交易性"，指的是某一主体不具备取得一物的资格，也就是说，一个物，尽管属于某人的财产，但是却不能转让。

三、神法物

依盖尤斯之见，最根本的应是神法物（res divini iuris）和人法物（res humani iuris）这一分类[3]。

由献给神灵这一共同特征所决定的神法物（res divini iuris），不归任何人享有（nullius in bonis sunt），因为它们不能作为私人财产关系的客体。这些物又分为神圣物（res sacrae）、神息物（res religiosae）和神护物（res sanctae）[4]。

---

〔1〕　Cfr. Gai. 2.9＝D. 1.8.1pr.："……遗产中的物在继承人出现之前，不属于任何人享有……"

〔2〕　Cfr. D. 18.1.34.1（保罗）："所有可为人拥有、占有或能够通过诉讼主张的物，均可以正当地进行出售。然而，根据物的性质、万民法或城邦习俗，禁止交易的物，对之进行的出售，该行为无效。"

〔3〕　Cfr. Gai. 2.2："物最根本的分类应体现为这样的二分法：有些物是神法物，其它物是人法物。"

〔4〕　Cfr. Gai. 2.3："神圣物和神息物属于神法物。"Gai. 2.8："神护物……在一定意义上属于神法物。"Gai. 2.9："神法物不归任何人享有……"D. 1.8.6.2（马尔西安）："神圣物、神息物和神护物不归任何人享有。"I. 2.1.7："神圣物、神息物和神护物，不属于任何人，因为神法物不归任何人享有。"

（一）神圣物

在古典法时期，神圣物（res sacrae）乃是为了宗教信仰献给最高诸神的物[1]，包括神庙、圣林和祭坛。献祭（dedicatio, consecratio）是一种由公众参加的宗教行为，需要依法律、平民会决议或者元老院决议方可进行；到了晚期，单有皇帝的批准亦可[2]。已经献祭的物，可以通过举行相反的仪式使之不再是神圣物。该仪式谓之"还俗礼"（profanatio）。在基督教化后的历史时期，最高诸神被上帝所取代，献祭仪式也逐渐演变成纯粹的基督教形式，并且在某些特殊的情况下，突破了神圣物绝对不能用于交易的限制[3]。随着这些物属于神灵的观念的消失，人们越来越趋于承认它们构成了教会的财产。

（二）神息物

在古典法时期，神息物（res religiosae）乃是归下位诸神、更准确地说是逝者的圣灵所享有的物[4]，基本上就是指坟墓，即埋葬的地方和随葬品[5]。坟墓变成神息物不需要正式的仪式，只需

171

---

　　[1]　Cfr. Gai. 2.4："神圣物乃供奉给最高诸神的物……"

　　[2]　Cfr. Gai. 2.5："只有经罗马人民批准，献祭给诸神的物方为神圣物，例如，专门为此颁布了一部法律或者制定了一项元老院决议。"D. 1.8.9pr. -1（乌尔比安）："神圣地，无论是在城市还是在乡村，是那些公众祭神的地方。应当知道，当君主祭神或其授权祭神的公共场所，就成为神圣地。"D. 1.8.6.3（马尔西安）："神圣物是那些公开而非私下献祭的物。故而，倘若某人私下为自己将某物献祭，则此物不会变成神圣物，而仍为世俗之物……"

　　[3]　Cfr. I. 2.1.8："神圣物是大祭司按照规定的仪式向上帝献祭的物，例如圣所以及按照规定的仪式供奉给上帝的物。根据我们的一个谕令，禁止转让和对此类物进行限制。但若为了赎买俘虏，则另当别论……"

　　[4]　Cfr. Gai. 2.4："……神息物乃留给逝者圣灵的物。"

　　[5]　Cfr. D. 11.7.2.5（乌尔比安）："坟墓是安放遗体或遗骨的地方。但是杰尔苏认为，不是用于埋葬的所有地方都是神息物，而（只有）安葬遗体的地方方为神息物。"D. 6.1.43（保罗）："结合到神息物上的物，也是神息物……"

将尸体或其部分埋于其中即可[1]。埋葬应由有责任为死者举行葬礼之人来安排，也就是死者自己指定的人、遗嘱继承人或法定继承人。如果这些人不埋葬死者，则任何其他人均可为之[2]。此外，埋葬行为需要伴有最终安放尸体的意图[3]。最后，实施埋葬之人应当对选定的墓地享有为此行为的权利，一般情况下，应为土地的所有权人[4]。由于在行省土地之上通常不存在私人所有权，所以严格而言，行省的坟墓不能成为神息物，而只是"被视为神息物"（pro religiosis)[5]。如果将逝者埋在了在其上没有埋葬权（ius inferendi）的土地，利害关系人（通常是该土地的所有权人），可以通过一定的程序，要么要求对方当事人移走尸体，要么主张向自己支付所占土地的价金[6]，但是未经事先批准不得擅自移走尸体[7]。埋葬奴隶的尸体也会使墓地成为神息物，这一点我们在前文已经看到。然而埋葬敌人（hostis）则不会[8]。如果尸体

---

〔1〕　Cfr. Gai. 2. 6："我们依自己的意思使埋葬逝者的地方变成神息物……"

〔2〕　Cfr. Gai. 2. 6："……如果我们应当为逝者举行葬礼。"D. 11. 7. 4（乌尔比安）："……我认为，如果继承人由于忘记、距离较远，或者担心其他人认为其冒充（继承人），而没有埋葬死者，结果其他人埋葬了死者，则仍可使埋葬成为神息物……"

〔3〕　Cfr. D. 11. 7. 40（保罗）："如果某人埋葬了逝者的尸体，目的是以后再迁坟他处，即更多是为了暂时安放，而不是使此地永远作为逝者的安息之地，则埋葬地仍是世俗的。"

〔4〕　Cfr. Gai. 2. 6："我们依自己的意思使埋葬逝者的地方变成神息物……"

〔5〕　Cfr. Gai. 2. 7："然而，多数人认为位于行省土地上的场所无法成为神息物，因为该土地上的所有权是罗马人民或恺撒的，我们似乎只能对之进行占有或享有用益权。不过，虽然它不是真正意义上的神息物，但是被视为神息物。"

〔6〕　Cfr. D. 11. 7. 7pr.（盖尤斯）："将一位死者埋于他人土地中的人，必须要么将所埋移走，要么支付土地的价金。对应的事实之诉既可以由继承人提起，也可以对继承人提起，而且不受时间的限制……"

〔7〕　Cfr. D. 11. 7. 8pr.（乌尔比安）："有人问，没有大祭司之令或君主之命，土地的所有权人掘出他人埋在其地中的尸体或遗骨是否合法。拉贝奥认为，应当取得大祭司的同意或君主的命令，否则对挖掘之人可以提起侵辱之诉。"

〔8〕　Cfr. D. 47. 12. 4（保罗）："对我们而言，敌人的坟墓不构成神息物……"

172 之不同部分被葬于多处，则只有其中一处成为神息物[1]。从《十二表法》时起，便禁止在城中埋葬尸体[2]。在事先得到准许的情况下，将尸体从原墓地移至他处埋葬，则原墓地不再继续为神息物[3]。坟墓不可用于交易的性质，并不妨碍存在一种被称为"墓葬权"（ius sepulchri）的权利。该权利属于与神有关的权利之范畴，意指按照指定用途使用相应土地的权利，尤其是包括了"埋葬死者的权利"（ius mortuum inferendi）。墓葬权可以根据建造者指定的用途进行移转：在这一点上，不同的墓地又可划分为"家庭墓地"（sepulchra familiaria）和"承袭墓地"（sepulchra hereditaria）；前者是修建人为自己及其男系亲属而建的，家外继承人被排除在外，后者是修建人为自己及其继承人而建的[4]。但是在优士丁尼法中，这种划分开始变得模糊不清：家外继承人也可以使用家庭墓地，而不是继承人的近亲属也可以使用承袭墓地[5]。与此同时，随着墓地属于祖先圣灵这一观念的消失，墓地不可用于交易的性质也逐渐被超越，人们甚至开始考虑具体表现为埋葬权（ius inferendi）的"墓葬权"（ius sepulchri）中的财产要素。

---

〔1〕　Cfr. D. 11. 7. 44（保罗）："一旦在不同的地方埋葬死者，当然不是所有埋的地方都成为神息物，因为一个下葬仪式不能导致多个坟墓的产生。但是，我以为，安葬尸体最主要部分即头部的地方，是神息物，因为我们是从面部长相来辨认一个人……"

〔2〕　Cfr. XII. Tab. 10. 1："不得在市区内埋葬或焚化死者。" P. S. 1. 21. 2："在城内埋葬尸体是非法的……" C. 3. 44. 12（a. 290）："很久以来便禁止在市区埋葬尸体，以免城市中的神圣的地方遭到玷污。"

〔3〕　Cfr. D. 11. 7. 44（保罗）："……如果获得批准移走头部于他处安葬，则原墓地不再是神息物。"

〔4〕　Cfr. D. 11. 7. 5（盖尤斯）："某人为自己和其家人修建的墓地，人们称之为家庭墓地；某人为自己和其继承人修建的墓地，人们称之为承袭墓地。"

〔5〕　Cfr. C. 3. 44. 13（a. 294）："无论是家庭墓地还是承袭墓地，也可以由家外继承人享有。家庭墓地权归家庭成员享有，尽管可能他们中没有一人是继承人。但是不能由其他既不是继承人也不是家庭成员的人享有。"

（三）神护物

在古典法中，神护物（res sanctae）是指那些不属于神灵、但是受到他们保护的物，主要包括城墙和城门。这一概念被优士丁尼法传承了下来[1]。

四、人法物：私有物、公有物、团体物

人法物（res humani iuris），其共同的特征是，它们都是为了满足个体或集体的利益需求。在盖尤斯看来，它们又可以划分为私有物（res privatae）和公有物（res publicae）两大类[2]。

严格意义上的公有物（res publicae），指的是属于罗马人民（populus Romanus）即国家（Stato）的物。广义上的公有物，还包括属于诸城邦（civitates）的物，这类物更准确而言应被称为团体物（res universitatis）[3]。公有物（res publicae）既包括由公众使用、因此不能用于交易的物，比如永久性的河流、桥梁、道路、广场、港口、市场、剧院、浴场、运动场等；还包括能给国家（Stato）或诸城邦（civitates）带来收益、可用于交易的物，比如

173

---

〔1〕 Cfr. Gai. 2. 8："神护物，例如城墙和城门，在一定意义上也属于神法物。"D. 1. 8. 9. 3（乌尔比安）："那些既非神圣物亦非世俗物，却由某些制裁予以保障的物，我们恰当地称之为神护物……"

〔2〕 Cfr. Gai. 2. 10-11："人法物或为公有，或为私有。公有物不归任何人享有，人们认为它们是属于集体的。私有物是归个人所有的。"

〔3〕 Cfr. D. 1. 8. 6. 1（马尔西安）= I. 2. 1. 6："团体的物……以及其他由城邦共有的物。"D. 50. 16. 15（乌尔比安）："城邦的物被称作'公有的'是不正确的，因为只有属于罗马人民的东西才是公有的。"

土地、奴隶、金钱等[1]。一般而言，使用公众均可使用的物是无偿的，但是它们也可能构成特许使用的客体。在后一种情况下，使用人需要支付一定的对价。针对他人实施的妨害行为，有一般的侵辱之诉（actio iniuriarum）和一系列令状，来保障对公有物的使用。

五、共用物

根据几乎只是马尔西安个人独有的观点，还有一种被称作共用物（res communes omnium）的物。优士丁尼的《法学阶梯》沿用了马尔西安的这一观点。这些物根据自然法（ius naturale）归一切人共同使用，它们包括空气、水流、海洋以及海岸[2]。但是，严格而言，空气连物（res）都不应该算，因为如前文所说，它根本无法被据为己有、为人所支配。事实上，水流也不区别于其所流淌的河流，而成为另一特殊制度调整的对象。至于海洋和海岸，它们似乎更接近于供公众使用的公有物[3]：二者一般都向公众开放使用；但是在特殊的情况下，比如为了出海捕鱼，通常经过国家的事先准许，可以在海边或海岸上修建建筑物。结果是，该建筑物归建造者私人所有，当其倒塌时，下面的土地恢复至建

---

〔1〕　Cfr. D. 18. 1. 6pr. （彭波尼）："……这些公共的土地，不是人民的财产，而是被公众使用，就像战神玛尔斯广场（Campus Martius）那样……" D. 18. 1. 72. 1（帕比尼安）："……如果物不是公众使用，而是属于税收的财产……" D. 41. 1. 14pr.（涅拉提乌斯）："……与归人民所有的财产不同……" D. 50. 16. 17pr.（乌尔比安）："……为公众使用的物……" I. 3. 19. 2："……旨在永久由公众使用的公有物……" D. 43. 8. 2. 2（乌尔比安）："……公共场所可供公众和私人使用，也就是说，它们是城邦的财产，不属于任何个人……"

〔2〕　Cfr. D. 1. 8. 2. 1（马尔西安）= I. 2. 1. 1："根据自然法，为一切人共有的物，包括空气、水流、海洋以及由此而来的海岸。"

〔3〕　Cfr. I. 2. 1. 5："如同公共使用海洋那样，海岸的公共使用亦属万民法的范畴……"

造之前的法律状态〔1〕。

六、要式物与略式物

《盖尤斯法学阶梯》呈现的最后一种物的分类是要式物（res mancipi）和略式物（res nec mancipi，又译为"非要式物"）。要式物是通过要式买卖（mancipatio）这种庄重形式方可转让的物。Mancipatio 之古称为 mancipium，要式物的名称即由此而来〔2〕。要式物的范围有强制性的规定，它们包括：位于意大利境内（solo Italico）的土地，或者虽然位于行省，但其上有"意大利权"（ius Italicum）这一特权的土地；乡村地役权，至少指最古老的四种地役权形式，即个人通行权（iter）、负重通行权（actus）、道路通行权（via）和引水权（aquaeductus），这些地役权最早是与使用土地的程度相对应的；奴隶；用来牵引或负重的牲畜，确切而言有牛、马、骡、驴，萨宾学派认为它们自出生时起即为要式物，普罗库勒学派则认为从被驯化之时起才是要式物〔3〕。这种分类非常古老，其时也，要式物，事实上在当时的经济—社会条件下意

174

〔1〕　Cfr. D. 41. 1. 50（彭波尼）："尽管我们在海岸或海里建造的物归我们所有，但为使建造行为合法，需要得到裁判官的准许……"D. 1. 8. 6pr.（马尔西安）："……在那里修建建筑物之人，也成为该片土地的所有权人，但仅以建筑物存在为限。若此建筑物倒塌，则这片土地又回复至之前的法律状态，就如同复境权之情形那样……"

〔2〕　Cfr. Gai. 2. 22："要式物是通过要式买卖向他人转让的物，也正因如此它们被称为要式物……"

〔3〕　Cfr. Gai. 2. 14a-16："（此处残缺）物或为要式物，或为略式物。（此处残缺）城市地役权是略式物。类似的，贡赋地和纳税地是略式物。（此处残缺）然而，涅尔瓦、普罗库勒以及对立学派的其他人认为，只有被驯化以后才是要式物；如果它们的性情过于暴野，以至于无法驯化，则人们认为当它们达到通常可以驯化的年龄时，开始被视为要式物。同样，野兽为略式物，例如熊和狮子，以及所有被归为野兽一列的动物，例如大象和骆驼。它们都是略式物。至于是在动物的脖子上套绳还是在其背上置鞍，来驯化它们，这些都无关紧要。事实上，人们先前在确定一些物是要式物、而另一些物是略式物之时，连这些动物的名称都不知晓。"

义非凡，正如盖尤斯所言，是"具有较大价值的物"（res prestiosiores）：在移转它们的所有权时，不能通过简单的让渡（traditio），而是要通过要式买卖（mancipatio）才能实现；我们在后文将会看到，这种转让方式，由于其实施的形式和随之产生的法律效果，可以为这些物在法律上的流转提供更为妥当的保护。这种分类贯穿于整个古典法时期，尽管当时已经丧失了其最初的制度价值：从经济—社会的视角来看，要式物（res mancipi）已不再代表"具有较大价值的物"（res prestiosiores）；从法律制度的视角来看，我们在下文可以了解到，裁判官对于通过简单的让渡（traditio）来取得要式物（res mancipi）亦给予保护〔既可以移转要式物，也可以移转略式物的共通行为是"拟诉弃权"（in iure cessio）〕。在后古典法时期，随着"要式买卖"的消失，这种分类也被弃置不用。优士丁尼的立法明确宣布了该分类的终结[1]。

第三节　根据物的特征对物作的分类

一、动产与不动产

在古代法和古典法中，只有地面物（res soli）（土地 fundi、田地 praedia、土地和建筑物 fundi et aedes），即土地以及其上包括建筑物在内的定着物[2]，与动产之划分。这种分类的私法意义主要

175

---

〔1〕　Cfr. C. 7. 31. 1. 5（a. 531）："我们取消了要式物与略式物这一古老的区分，于是同样的规则可以针对所有的物在所有的地方适用，无益的模糊和区别得以终结。"

〔2〕　Cfr. D. 50. 16. 211（佛罗伦丁）："土地的含义包括土地和其上的每一座建筑物……"

集中在取得时效和占有保护领域，至于盗窃和出示之诉（actio ad exhibendum）之客体仅限于动产，相邻权和地役权之客体仅限于土地，则是由这些物自身的性质所决定的。到了后古典——优士丁尼法时期，动产和不动产的划分，在所有权移转的制度方面，开始具有重大实益，并在某种意义上取代了古老的"要式物"（res mancipi）和"略式物"（res nec mancipi）划分的地位。

二、消耗物与非消耗物

在古典法学家看来，消耗物（res quae usu consumuntur）是指那些依其通常用途，从使用主体的角度视之，只使用一次，决定经济价值的物质结构便受到破坏（比如食物），或所有权便发生移转（比如金钱）的物。而非消耗物是指那些可以反复使用，尽管因此可能带来损耗甚至最终损坏的物。优士丁尼时期的法学家将消耗物与使用会造成损耗的物（res quae usu minuuntur）等同视之，使来源于古典法的原本清晰的标准变得模糊不清[1]。该分类的实益在于，根据物的性质不同，使用之人是否受到保存物的形状的限制，或者说承担此项义务；因此，用益权、使用权和借用契约，一般而言只能以非消耗物为标的物。

三、可替代物与不可替代物

近代法学根据对原始文献有争议的解读，提炼出了一个不那么使人满意的概念，即可替代物，意指在交易中，人们一般不考

---

〔1〕 Cfr. I. 2. 4. 2："用益权不仅可在土地和房屋上设立，而且也可在奴隶、驮兽以及其他物上设立，但使用会使其消耗的物除外。确实，后一类物，无论是根据自然理性，还是根据市民法的标准，都不适于在其上设立用益权。这些物包括酒、油、小麦和衣服（'衣服'属添加）……"D. 7. 5 的章名为"关于因使用而消耗或减损之物上的用益权"。

虑其单个物的特征，而仅考虑其所属种类（genus）的物。同种可替代物之间可以相互调换，它们纯粹以数量、重量和尺寸来计量（res quae numero pondere mensura consistunt）[1]。但是，这并不排除一定量的可替代物，在某些特殊情况下，可以具有自己的独特性，被作为"特定物"（species）看待；相反，或大或小规模范围内的不可替代物也可能被作为"种类物"（genus）看待。这一分类主要在债法领域有其意义：消费借贷以可替代物为标的物，而寄存契约一般以不可替代物为标的物。

四、可分物与不可分物

可分物，是指那些可以进行实物分割，且分割后的各个部分（partes pro diviso）仍保有原整体的经济—社会功能的物。其他物均为不可分物（res quae sine interitu dividi non possunt）。优士丁尼时期的法学家，似乎将那些尽管可以进行实物分割，且其后各个部分仍保有原整体的经济—社会用途，但是分割会造成价值明显降低的物，也作为不可分物[2]。分割可以采用实体分离的形式，也可以采用划界的形式。不动产可用划界的形式进行分割，动产则否，至少古典法是如此规定的[3]。物的可分与否与权利的可分与否并不一致：有些权利，如地役权，其性质决定是不可分的，尽管权利的客体是可分的；但是，一般而言，权利都是可分的

---

〔1〕　Cfr. Gai. 3.90："……消费借贷涉及的是以重量、数量和尺寸计量的物，如现金、酒、油、小麦、铜、银、金等……"D. 12.1.2.1（保罗）："……消费借贷针对那些以重量、数量和尺寸计量的物而成立……它们以其种类而非特定的物发挥功用……"

〔2〕　Cfr. D. 6.1.35.3（保罗）："对于那些非经毁损便不能分割的物……"D. 30.26.2（彭波尼）："……如果它们根据其性质无法进行分割或分割会造成价值减损……"（该片段经过添加。）

〔3〕　Cfr. D. 6.1.8（保罗）："……在这些情况中，人们无法占有特定的部分。"

（即一个权利归多个人享有），多个人在观念上各有一定的份额
（partes pro indiviso）[1]。

五、单一物、合成物及集合物

受斯多葛学派哲学思想的影响，古罗马法学还将物三分为：
只有一个灵魂的物（corpora quae uno spiritu continentur）、由多个
要素组合而成的物（corpora ex cohaerentibus）和不同物集合而成
的物（corpora ex distantibus）。这一三分法适用于最狭义的物的概
念[2]。三种物分别对应现代法学概念中的单一物、合成物和集合
物。按照一般人的判断，独立以个体形式存在的物为单一物。仍
依一般人的判断标准，由数个彼此结合的物而组成的独立物为合
成物。而集合物则由多个彼此分离的物而构成。在罗马法原始文
献中，第三种物只包括畜群，如羊群（grex）、马群（equitium）、
牛群（armentum）。至于含义更广的"事实上的聚合物"（univer-
sitas facti）的概念，则非为古罗马法固有，而是后人基于对原始
文献中出现的字眼的解读而创造出来的[3]。它可能包括任何动产
的组合，哪怕这些动产是无生命的，如图书馆、画廊、一个仓库
的商品。与之相对，亦非为古罗马法固有，也是后人基于对原始

177

---

〔1〕 Cfr. D. 31. 1. 66. 2（帕比尼安）："……多个人可能在法律上共同拥有一块土
地，而不对之进行实物分割。"D. 50. 16. 25. 1（保罗）："库尹特·穆齐说，部分的提法
指的是，物是不可分的；因为如果说某物是我们的（东西的）一部分，这里的一部分
不是物的一部分，而是物的整体。塞尔维委婉地认为，这两层意思都具备。"

〔2〕 Cfr. D. 41. 3. 30pr.（彭波尼）："……物有三种：第一种是只有一个灵魂的
物，希腊人称之为'海无梅农'（意为"一体"），比如一个奴隶、一根木头、一块石
头以及其他类似之物；第二种是由多个单独的物组合而成的物，希腊人称之为'苏尼
梅农'（意为"合成的"），比如房子、船舶、柜子等；第三种是包含了多个处于某些
统一名称之下的单独物的物，如人民、军团、羊群……"

〔3〕 Cfr. D. 7. 1. 70. 3（乌尔比安）："……羊群、牛群或马群这些聚合物……"
（"这些聚合物"为添加。）

文献中出现的字眼的解读而创造出来的概念[1]，乃是"法律上的聚合物"（universitas iuris）。后者指同一个人法律情势的整体，即其财产组合（patrimonium, bona），如遗产（hereditas）。在特定法律效果上，这些财产可以作为一个整体来考虑。单一物与合成物的分类有其法律意义，因为只有涉及后一类物，才可能存在一种在物的一部分上成立、区别于物的全部之上的所有权的静止所有权（附合问题上亦同），或者对物的全部的占有和时效取得并不当然意味着对其组成部分的占有和时效取得。至于羊群，其本身是被作为整体考虑的，组成它的单个部分的变化不会对之造成影响，它可以作为原物返还、遗赠、用益权或质权的客体，与合成物无异[2]。

六、物的构成部分及从物

（一）物的构成部分

古罗马人用术语"部分"〔pars，此语兼有其他含义，如前文所言的"分割后的部分"（pars pro diviso）以及"未分割的部分"（pars pro indiviso）〕或"成分"（portio），或者在日常语言中说一个物属于另一个物，来表达物的构成部分的含义。物的构成部分，是指根据社会衡量的一般标准，就物的使用目的而言，构成完整的物（perfectio, consummatio）的必要成分[3]。正因为如此，

---

〔1〕　Cfr. D. 5. 3. 20. 10（乌尔比安）："不仅如此，在遗产继承的情况下……还包括军资或其他聚合物……"（"聚合物"为添加。）

〔2〕　Cfr. D. 5. 1. 76（阿尔费努斯）："……不仅在这一种情况中，而且在很多其他情况中，人们都认为尽管组成部分发生了变化，但是物仍是原物。同样的，一艘船，即使维修了许多次，已无一块船板不是新的，但仍认为还是那艘船……"

〔3〕　Cfr. D. 50. 16. 139. 1（乌尔比安）："一个人被认为拥有'完整的'建筑，如果他使之处于可使用的状态。"

古罗马人将所有永久满足某物使用功能之发挥的东西，都作为该物的构成部分[1]。至于这种功能上的联系，不要求一定是物的主要部分的所有权人有意为之的结果，也不要求一定要通过将任何部分均植入物中来实现[2]。但是，使某些东西成为物的一部分，不能仅仅停留为内心的意思，而应当变现为实际的置放行动。如果后来因为偶发原因暂时使之与主要部分分离，只要将其重新放回原处的意图持续存在，则并不使之丧失物的构成部分的性质[3]。物的构成部分之定性，其重要性是，物的部分之命运系于物的全部之命运；换言之，以物的全部为标的物的法律行为，其效力当然及于物的部分。

178

（二）从物

不应与物的构成部分相混淆的另一个概念是从物。后者，尽管也是用来辅助另一物的效用，但它不是被辅助之主物的构成要素，而是具有自己的独立性。多个具有统一名称的从物，古罗马人称之为"工具"（instrumentum）。比如，"土地工具"（instrumentum fundi），就包括了所有用于生产、收获和保存土地孳息之物[4]；"家

---

〔1〕　Cfr. D. 19. 1. 17. 7（乌尔比安）："拉贝奥概括写道，处于建筑物本身之中以供其永久使用的那些物，属于建筑物的构成部分；而只是一时地处于建筑物之中的物，则不属于建筑物构成部分……"

〔2〕　Cfr. D. 19. 1. 17pr.（乌尔比安）："不与土壤相接，任何东西都不能成为土地的一部分。相反，不能不注意到，许多东西尽管未与房屋结合，但仍属房屋的一部分，比如锁、钥匙和院门。许多东西埋于地下，不过仍不被认为是土地或农村庄园的一部分，比如盛酒之容器和压榨磨盘：这些东西尽管也与建筑物相接，但是它们只是一些配套设施。"

〔3〕　Cfr. D. 19. 1. 17. 10-11（乌尔比安）："那些从建筑物上取下，其后还要将其置回原处的物，属于建筑物的部分；而那些之前放于一处，目的是将它们建于建筑物中的物，却不属于建筑物的部分。要作为葡萄架的柱子，在埋入地下之前，不属于土地的部分；但是那些从地中拔出，目的是将它们重新埋入的柱子，属于土地的部分。"

〔4〕　Cfr. D. 33. 7. 8pr.（乌尔比安）："萨宾在《韦德留斯评注》中清楚地阐明，那些用来生产、收获和保存土地孳息的物均属于土地之工具（instrumentum）……"

庭工具"（instrumentum domus），就包括了所有用来维护屋院之物[1]。"工具"（instrumentum）相对于主物而言处于一种客观辅助关系之中。与之相对应，人们还区分了主物所有权人个人的"工具"（instrumentum）[2]，以及纯粹为了追求奢侈而为物配置的"装饰"（ornamentum）[3]。从物，即土地工具、家庭工具等，并不必然与主物同法律命运；换言之，以主物为标的物的法律行为，除非有明确的意思表示，其效力不及于从物。

七、孳息

（一）天然孳息

从一物中分离出来，从此物的经济—社会功能的角度来看构成其收益的部分，即孳息（fructus）[4]。故而，植物界的所有产物一般都被认为是孳息，包括砍伐下来的木材[5]；动物的皮毛奶崽，都是孳息[6]；从矿场中采挖的矿石，亦属孳息，尽管在原始文献中我们可以发现，是否将它们界定为孳息，古罗马法学家的观点时有摇摆[7]。共和时期的法学家们曾经争论，女奴的产儿是

179

---

〔1〕 Cfr. D. 33. 7. 12. 16（乌尔比安）："……工具包括那些所有用来维护房屋的东西……"

〔2〕 Cfr. D. 33. 10. 1（彭波尼）："家具是家父的家庭工具……"

〔3〕 Cfr. D. 33. 7. 12. 16（乌尔比安）："……装饰是那些为了愉悦之目的而拥有的物，如绘画。"

〔4〕 Cfr. D. 50. 16. 77（保罗）："尤里安写道，孳息不仅包括小麦和蔬菜，而且包括葡萄、供砍伐的树木、白垩矿和石场的出产物……"

〔5〕 Cfr. D. 7. 1. 48. 1（保罗）："砍伐下来的木材……属于孳息……"

〔6〕 Cfr. D. 22. 1. 28pr.（盖尤斯）："牲畜的孳息包括其幼崽，如同奶、皮、毛那样……"

〔7〕 Cfr. D. 23. 3. 32（彭波尼）："……石头或树木这些非孳息物……" D. 24. 3. 7. 13（乌尔比安）："……大理石也不属于孳息，只要它们不是像高卢或亚细亚地区的有些石头那样，可以在原地生长。"（此片段或经添加。）

否也是孳息，以最终确定女奴所生到底归女奴的用益权人所有，还是归女奴的所有权人所有。最终，女奴所生不是孳息的观点占了上风，并最终被古典时期和优士丁尼时期的法学家们基于各种理由所采纳[1]。在与原物分离之前，"孳息"只是原物的一部分，还不能称之为独立的物[2]。不论是怎么以及何人造成的分离，都可以使孳息取得独立性。相应地，人们称未与母物分离的孳息为"未分离孳息"（fructus pendentes），称与母物分离后孳息为"已分离孳息"（fructus separati）。已经收获的孳息被称为"已收获孳息"（fructus percepti），而应当收获、却因疏忽没有收获的孳息为"应收获孳息"（fructus percepiendi）。已经收获且现在仍然存在于收获之人的财产中的孳息为"仍存在孳息"（fructus extantes），相反已经消费掉的孳息为"已消费孳息"（fructus consumpti）。以上各种孳息的区别，我们在下文将会看到，分别有其法律上的实际意义（如孳息的取得、返还原物时归还孳息的义务等）。

（二）法定孳息

与至此看到的孳息即所谓的天然孳息相对，解读者将他人被允许享用某物时，使用人需要支付的对价称之为法定孳息，如资本的定期收益、租金、利息等。在原始文献中，于此类法律关系中，有时我们可以看到孳息（fructus）或类似表达（loco fructu-

---

［1］　Cfr. D. 5. 3. 27pr.（乌尔比安）："女奴之所生或所生的所生，尽管不被认为是孳息，因为人们不会厚颜无耻地为此目的购买女奴……" D. 7. 1. 68pr.（乌尔比安）："女奴之所生是否归用益权人享有，这是一个古老的问题。布鲁图的观点更为可信，即用益权人的权利不得扩大到产儿之上，因为一个人不能作为另外一个人的孳息……" D. 22. 1. 28. 1（盖尤斯）= I. 2. 1. 37："女奴之所生不是孳息，因而归女奴的所有权人享有。确实，所有孳息都是自然界为人类创造的，把人列为孳息的观点极为荒谬。"

［2］　Cfr. D. 6. 1. 44（盖尤斯）："未分离孳息被认为是土地的一部分。"

um）的使用，有时我们又可以看到使用的是"收益"（reditus）的表达，有些片段甚至直接否认这些收益属于孳息[1]。最后，古罗马人将奴隶的劳作（operae）作为奴隶的孳息，且此类孳息通常以工作日计算[2]。

---

〔1〕 Cfr. D. 50. 16. 121（彭波尼）："金钱之利息不是孳息……"

〔2〕 Cfr. D. 7. 7. 4（盖尤斯）："人（指奴隶）的孳息存在于其劳作中……"

第二章 所 有 权

第一节 物权：基础概念

一、物权的概念

物权或者说物上权（后世解释者使用的术语是 ius in re，即 291 "对物权"），在今天，其含义是：通过施加给权利人之外的世人一个纯粹消极的义务，即不加干涉的义务，以确保权利人或多或少地利用某物的权利。物权之具体类型，由法律强制规定：一方面，所有权保障权利人全面地利用某物，权利之具体内容不受限定，而其他一切人均负有对此不实施干涉之义务；另一方面，限制物权或者他人之物上的物权（后世解释者使用的术语是 iura in re aliena，即"他物权"），根据权利人是可以对某物部分地用益，还是在某物所担保的债权没有得到清偿时，拥有以此物来满足自己的债权之可能，区分为用益物权（地役权、用益权与类似权利、永佃权、地上权）和担保物权（质权和抵押权）。

二、罗马法中的"对物之诉"（actio in rem）

罗马法原始文献中没有出现一个可以统称不同物权类型的术语 292 〔不是"对物权"（ius in re）或"对有体物权"（ius in corpore），

尽管这两个表达也是从原始文献中提炼出来的〕，也没有出现从实体权利角度出发对整个物权体系所作的理论构建；但是，通过确立一个与"对人之诉"（actio in personam）相对立的概念，即"对物之诉"（actio in rem），罗马法从诉讼的视角对物权现象作了规定。在《盖尤斯法学阶梯》中，我们可以看到，与程式诉讼的现实相照应，可以据之"主张某个有体物是我们的，或者某项权利属于我们"的"对物之诉"（actio in rem）被确立了起来，与之对应的是"对人之诉"（actio in personam），即"据以对某个因契约或私犯而向我们负债的人提起的诉讼，亦即，在提起该诉讼时我们主张应当'给、为、保'"；于是，在诉讼层面，也就间接地确立了与债权概念相对立的物权概念。与程式诉讼的"诉讼请求"（intentio）相联系，据以"对物之诉"（actio in rem）而主张的权利，被认为是法律制度通过施加给他人一个不加干涉、予以尊重的义务，从而确定的某物（res）属于谁，或者某物（res）之上的权利（ius）属于谁，换言之，对某物或大或小的直接支配到底属于谁。

三、物权的绝对性

前面讲过，物权要求一切他人均负有对物不加妨碍之义务，具有对世的效力（erga omnes）。而实际上，对于罗马法所承认的所有物权类型而言，这样说并非完全准确，因为它只是描述了某些物权制度的历史演进方向：的确，最早的限制物权，即地役权和用益权，起初主要是针对物的所有权人（以及后来的所有权人）而设立的，只是随着历史的演进，到了古典法时期，伴随着对据以主张这些权利的"对物之诉"（actio in rem）的逐步消极肯认，才渐渐被认为是具有对世效力（erga omnes）的权利。

四、世人的不干涉义务

前面还讲过，物权要求世人承担一个纯粹消极的义务，即尊重权利人利用某物而不加干涉的义务。古罗马人只是在地役权领域才明确表达了这一点（源自"役权不得表现为要求作为"之法谚）；然而，就任何一种类型物权而言，原则上都是同一个物权观念的结果，即物权是通过排除他人干涉而对某物所享有的直接支配。这一观念在"对物之诉"（actio in rem）的程式中的"诉讼请求"（intentio）部分有所反映。

五、物权的种类

最后需要提请大家注意的是，物权概念的确立、物权体系的形成，是罗马法经过数个世纪的历史演进而带来的产物。所有权的概念最先诞生，在古罗马早期，其初始的含义是家父（pater familias）对属于他的物或人——包括自由人和奴隶——的统一支配。在共和时期，一些限制物权制度被确立了起来，先是地役权，后来是用益权和使用权。与这些市民法（ius civile）上的物权一道，在先古典法和古典法时期，还有一些物权只被荣誉法（ius honorarium）承认，它们是质权和税赋田权（ius in agro vectigali）。在后古典法时期，产生了永佃权和地上权。最后，在优士丁尼法中，居住权和对奴隶和他人牲畜的劳作权构成了独立的限制物权类型，它们与用益权和使用权一起被归入与地役权相对的人役权范畴[1]。

---

〔1〕 Cfr. D. 8. 1. 1（马尔西安）："役权要么是人役权（servitutes personarum），如使用权和用益权；要么是物役权（servitutes rerum），如乡村地役权和城市地役权。"（这是一个被"添加"过的片段。——作者注）

第二节 所有权：基础概念

一、所有权的概念

所有权的概念，即通过排除世人干涉而确定某有体物归属于某特定主体的权利，其本身就是历史发展的产物。

二、早期的所有权制度

我们可以看到，在早于《十二表法》的历史时期里，个人对物享有独立的所有权之思想尚未萌芽，有的只是这样的思想：作为家庭之首的家父（pater familias），对他管领之下的人——包括自由人和奴隶——以及物，享有统一的主宰。其管领，因客体之不同而有别。此外，这种管领家长不能任意为之，而必须照顾到家族的利益，因为我们在相关章节已经说过，早期的家庭（familia）被认为是一个共同体。土地——之所以被称为"世袭地产"（heredium），是因为作为家产，它是要世代相传的[1]——在经济和宗教方面，对罗马家庭而言具有重大意义，它不仅是维系生计的首要资料，而且是家庭本身和家神的所在地[2]、先人的埋葬地。所以，一方面在罗马早期，土地是不能转让的，而只有奴隶以及能拉车和驮物的家畜（即要式物 res mancipi）这些对古老的

---

[1] Cfr. Varro de r. r.（瓦罗：《论农业》）1. 10. 2："……传说罗穆路斯起初曾分给每个人两尤盖卢姆的土地作为世袭的家产，于是这些土地就被称为世袭地产……"（"尤盖卢姆"为古罗马的土地测量单位。——译者注）

[2] Cfr. Cato de agri cult.（加图：《农业志》）2. 1："家父来到庄园，拜过家神，若有可能，要即日巡视庄园……"

经济至关重要的动产才可以有偿转让。另一方面，在那个时期，家父似乎不能为了使在他死亡之时注定要继承其遗产的家子得不到遗产，而立遗嘱来处分家庭的财产[1]。此外，从古罗马早期开始，在土地所有权领域，便有了与单个家父（pater familias）对之"主宰"（signoria）的土地相并存的、人们称其为"公田"（ager publicus）的土地〔后来最初属于各个家族（gentes）所有的土地也逐渐汇入此类〕。"公田"是公共所有权的客体，私人只能根据随着时间的推移越来越多样的制度，对它进行开发和利用。

294

三、十人立法委员会制定的所有权制度

自《十二表法》开始，所有权的制度就逐渐发生了一些实质性的变化。首先，在起初家父对人和物的统一主宰领域，分化出了具有家庭性质的对人的支配权，以及具有财产性质的对物（也包括奴隶）的独立所有权概念。所有权之后被称作"dominium"，继而又被称作"proprietas"。新的所有权概念承载了这样的思想，即一个人可以对物进行完全支配，其他社会成员不得予以干涉：此处的支配意味着对物的每一种用益和处分；只有涉及他人的合法利益之时，才可以通过立法（可上溯至《十二表法》）对它进行约束；或者在所有权人以外的人对同一个物享有其他权利（即前面提到的他物权）之时，它才暂时性地受到限制，而一旦这些权利消灭，所有权立即回归圆满状态。如果所有权人对他人提起诉讼以主张自己的权利，则所有权的定义蕴含在他所说的"此物

---

〔1〕 在古典法时期，尚有如下的论述：Gai 2.157："……而且（自家继承人）在其父在世之时也在一定意义上被视为主人……"；D.28.2.11（保罗）："对自家继承人而言，有一点十分清楚，即所有权的连续性使得继承似乎根本就没有发生，就好像他们之前就是所有权人一样，因为在其家父在世的时候，在一定意义上他们已经被视为所有权人……"

为我有"（rem meam esse）这句话中。这个所有权概念是个人主义的，即从共和国初期开始，家父便可以完全支配自己的物，而不再像早期那样必须照顾到家族的利益：超越早期的家庭连带模式，《十二表法》已经承认可以通过要式买卖（mancipatio）移转土地所有权，并且原则上任何物都可以〔通过拟诉弃权（in iure cessio）〕无偿转让[1]；土地可以转让似乎是十人立法委员会创立的制度，不过他们规定墓地不得成为取得时效的标的物[2]，也就是说外人是不可能取得葬着家庭成员的墓地的所有权的。

295

四、所谓的异邦人所有权

除了这种只有罗马市民才能成为权利人的名副其实的所有权外，在共和国和君主制时期，一种为了保护异邦人利益的所有权（即所谓的异邦人所有权）也得到了承认：由于公元212年卡拉卡拉谕令的颁布，帝国境内的所有居民一般都取得了罗马市民籍，于是这种权利也就随之消失了。

五、所谓的行省所有权

在共和国晚期，意大利土地之上的"公田"制度被废止。由于格拉古兄弟发起的土地改革，原先的"公田"大部分都转化成了私有财产。不过随着古罗马不断开拓意大利以外的疆域，行省的土地被归于国家所有。私人利用这些土地（即行使所谓的行省所有权）的前提是：缴纳不同种类的土地税，以此承认国家对它们的所有权。而对真正私人所有的土地，是不能课税的。从公元

---

〔1〕 Cfr. Vat. Fr. 50（保罗）："……《十二表法》承认要式买卖和拟诉弃权……"
〔2〕 Cfr. Cic. de leg.（西塞罗：《论法律》）2.24.61："……然后，墓场，即坟墓入口前的空地，或者焚烧尸体的场地，是不能以时效而取得的。（《十二表法》的）这一规定是为了保护坟地权利的。"

3 世纪开始，应缴税的土地范围扩大，土地税不再是私人不享有真正所有权的标志，并且所有权的法律限制也不再像先前那样，大多只能在行省才可以基于公共利益为之；如此一来，意大利土地和行省土地的区别也就逐渐消失了。

六、所谓的裁判官法所有权

此外，除了早期罗马市民法承认的名副其实的所有权〔奎里蒂法所有权（dominium ex iure Quiritium）〕外，从共和国晚期开始，为了保护以市民法（ius civile）不承认的方式受让某物之人的利益，负责审判的机构即裁判官，单是出于维护公平的考虑，创造了一种新的所有权（即所谓的裁判官法所有权）。从公元 3 世纪开始，随着取得奎里蒂法所有权的庄严形式要求不复存在，随着市民法规范与裁判官所创制的规范的最终融合，这种形式的所有权也消失了。

七、从古典法到优士丁尼法所有权制度的沿革

关于所谓的特殊特有产的制度，起源于帝政时期，在专制君主制时期得以继续发展。最终确立了这样的制度，即原则上这些特殊特有产的所有权人也可以是家子（filius familias）。

所以，优士丁尼法中规定的所有权制度，是一个复杂的历史演进的结果。带有个人主义的所有权思想，即所有权是单个人享有的权利，确立于古代末期。到了专制君主制时期，随着对所谓的异邦人所有权、行省所有权和裁判官法所有权的取消，才规定只有一种所有权形态。不过，从上述被取消的所有权类型中，人们挖掘了某些元素，将之植入了古老的奎里蒂法所有权的谱系，并最终构建了优士丁尼法的所有权制度：尤其是，从行省所有权制度中，生发了对土地所有权征税，以及基于公共利益所有权要受到一

296

系列限制的制度；从裁判官法所有权制度中，生发了所有权的移转无需庄严形式的制度。最后，任何人（只要他是自由的）均可以成为所有权人的思想，到了优士丁尼法才得以彻底贯彻。

第三节 所有权的不同种类

从前面的论述我们可以看出，罗马法在其历史演进的长河中，不是仅承认了一种所有权，而是承认了多种所有权。

但是这里我们撇开不谈某物属于国家或者说"城邦"（civitas）所有的情形，特别是某些土地〔"公田"（ager publicus）〕属于国有的情形，因为这些现象超出了私法的范畴。

一、奎里蒂法所有权（dominium ex iure Quiritium）

为市民法（ius civile）所承认的私人所有权的典型形态即〔"奎里蒂法上的"（ex iure Quiritium）〕"dominium"，后来它又被称作"proprietas"。其特征为：只有罗马市民才能成为权利人；客体可以是动产，也可以是不动产；若客体是不动产，则需位于意大利领域之内，或者在某些特殊情况下被赋予了"意大利权"（ius Italicum），获得了与前述不动产相同之地位；若客体为不动产，则免缴土地税。若涉及要式物（res mancipi）之移转，则不能通过简单的让渡（traditio）为之，而必须借助于要式买卖（mancipatio）或拟诉弃权（in iure cessio）。

二、异邦人所有权

不论异邦人（peregrini）是否享有通商权（ius commercii），

他们均不能成为奎里蒂法所有权（dominium ex iure Quiritium）的权利主体，而只能成为所属法律制度上的所有权（即异邦人所有权）的权利主体，但是这并不妨碍古罗马的裁判官在具体的司法实践中，为这些异邦人提供相应的程序性保护。

三、行省土地所有权

位于行省且无意大利权（ius Italicum）的土地，不能成为奎里蒂法所有权（dominium ex iure Quiritium）的客体。帝政时期形成了这样的法律思想，即上述土地属于罗马人民或皇帝所有。根据位于元老院行省或者皇帝行省的不同，大致而言，体现它们的所属关系的税赋形式分别是"贡赋"stipendium〔对"贡赋地"（praedia stipendiaria）而言〕或"纳税"tributum〔对"纳税地"（praedia tributaria）而言〕。对这些土地，私人只享有被定性为"占有权或用益权"（possessio vel usufructus）[1]（此处并非在严格意义上使用这两个术语）的用益物权（即所谓的行省所有权）。该权利可以转让或遗留给继承人，并且受到效法于对所有权（dominium）的保护的荣誉法（ius honorarium）上的程序性保护。

四、裁判官法承认的所有权

只有通过市民法（ius civile）所承认的取得方式，才能获得奎里蒂法所有权（dominium ex iure Quiritium）。不过，也存在这样的可能，即某物的所有权是通过市民法（ius civile）所不承认有效的方式取得的，而荣誉法（ius honorarium）借助专门的程序性措施，为它提供一个与保护奎里蒂法所有权（dominium ex iure

297

---

〔1〕 Cfr. Gai 2.7："……位于行省的土地……归罗马人民或凯撒所有，我们对之似乎只有占有权或用益权……"

Quiritium）相类似的对世性的（erga omnes）周全保护：古典法原始文献称之为"善意拥有"（in bonis habere 或 in bonis esse），近代人们称之为"裁判官法所有权"；这种"所有权"处于临时的状态，在满足取得时效的必要时间要件后，它注定要转化成奎里蒂法所有权。或许最古老，也比较典型的情形是，通过简单的"让渡"（traditio），而不是市民法所要求的"要式买卖"（mancipatio）或"拟诉弃权"（in iure cessio），来取得对某"要式物"（res mancipi）的"所有"（a domino）[1]。其他主要的情形有："遗产占有"（bonorum possessio）和"遗产买受"（bonorum emptio）[2]，以及依据《特雷贝里安元老院决议》（Sc. Trebelliano）的信托遗产返还[3]，"因潜在损害的授权占有"（missio damni infecti nomine ex secundo decreto），"依权审判"（iudicia imperio continentia）中的"分配裁判"（adiudicatio）。裁判官法上的所有权人所享有的财产支配权与奎里蒂法上的所有权人（dominus ex iure Quiritium）所享有的财产支配权相似，且一般要借助裁判官法上的措施方

---

　　〔1〕　Cfr. Gai 2.40-41："现在我们应当注意到，对异邦人而言只有一个所有权：确实，一个人要么是所有权人，要么不被认为是所有权人。罗马人民一度也遵循过这样的标准：对于每个人而言，他要么是奎里蒂法上的所有权人，要么不被认为是所有权人。但是后来，所有权被分裂，即一个人可能是某物的奎里蒂法上的所有权人，而另外一个人可以对该物善意拥有。确实，倘若某要式物我不是通过要式买卖或者拟诉弃权，而是通过简单的让渡转让给了你，那么此物成了你的财产的一部分，只不过根据奎里蒂法，直至你占有并时效取得它之前，它仍是我的。只有取得时效完成以后，你才全权拥有了它，亦即既善意拥有它，又对它享有奎里蒂法上的权利，就如同完成了要式买卖或者拟诉弃权一样。"

　　〔2〕　Cfr. Gai 3.80："物并不成为遗产占有人或者遗产买受人的，他们只是拥有它们；只有在取得时效完成之后，他们才根据奎里蒂法取得所有权。不过，有时候买受人也不能时效取得它们，如果遗产买受人是异邦人的话……"

　　〔3〕　Cfr. D. 36.1.65（63）pr.（盖尤斯）："当遗产返还给遗产信托的受益人，遗产信托的受托人立即获得其中所有的物，作为其继承财产的一部分，尽管他还没有取得对它们的占有。"

可实现：比如，裁判官法上的所有权人对奴隶拥有支配权[1]，可以通过奴隶取得财产[2]，可以解放奴隶、使之成为拉丁人并对解放自由人的遗产实现占有（bonorum possessio）[3]。享有空虚的奎里蒂法上的权利（nudum ius Quiritium）之人，只保留了非财产性的支配权：比如，他对解放自由人享有监护权[4]，并且一旦某个已经被裁判官法上的所有权人解放的奴隶，在后来又被奎里蒂法上的所有权人解放，或者基于其他原因取得了罗马市民籍，则原来奎里蒂法上的所有权人变成解放自由人的庇主[5]。

　　我们已经说过，在专制君主制时期，多个种类的所有权最终融合成了一种所有权。

---

　　〔1〕　Cfr. Gai 1.54：“此外，因为于罗马市民这里存在双重的所有权〔确实，奴隶是某人的，可能是归其善意拥有（in bonis），可能根据奎里蒂法归其所有，也可能既归其拥有又归其所有〕，我们说，只有一个奴隶归某人拥有，该奴隶才处于此人的支配之下，即使该奴隶不是根据奎里蒂法同时也是属于此人的。如此一来，若某人对一奴隶只享有空虚的奎里蒂法上的权利，人们不认为他对该奴隶享有支配权。”

　　〔2〕　Cfr. Gai 2.88：“不过，我们还应该知道，如果一个奴隶归某人善意拥有（in bonis），而根据奎里蒂法该奴隶是另一个人的，那么，无论基于什么原因，通过该奴隶，只有善意拥有之人可以取得财产。”

　　〔3〕　Cfr. Gai 1.35：“……倘若你善意拥有的一个奴隶，根据奎里蒂法是我的，那么，你只能使之成为拉丁人……但是他死后遗留下来的财产，归你占有……”

　　〔4〕　Cfr. Gai 1.167：“不过，无论在任何情况下，对女拉丁人和未成年男拉丁人的监护权，均不属于他们的解放者，而是属于在解放之前根据奎里蒂法对他们拥有所有权的人。于是，倘若一个女奴隶根据奎里蒂法是你的，而我善意拥有她，并且她只被我而没被你解放，那么她可以变成拉丁人，她的财产属于我，但是对她的监护权属于你，因为《尤里亚法》就是这样规定的……”

　　〔5〕　Cfr. Gai 1.35：“……倘若你善意拥有的一个奴隶，根据奎里蒂法是我的，那么，你只能使之成为拉丁人，惟有我而非你可以再次解放他，从而使他成为我的解放自由人。他也可以通过其他方式取得罗马市民籍，成为我的解放自由人。但是他死后遗留下来的财产，归你占有，无论他取得罗马市民籍的方式是什么……”

第四节　所有权的取得方式：基础概念

所有权的取得方式，是指法律制度所认可的、可以使一个主体取得所有权的法律上的事实或行为。

一、自然法（ius naturale）及市民法（ius civile）的方式

罗马法原始文献给我们呈现了关于所有权取得方式的这样一种分类，即自然法（ius naturale）或者说万民法（ius gentium）的方式，以及市民法（ius civile）的方式。属于自然法的取得方式有：先占、附合、加工、让渡、善意占有人取得孳息。属于市民法的取得方式有：要式买卖（mancipatio）、拟诉弃权（in iure cessio）、取得时效（usucapio）[1]。这种分类的意义在于，与市民法的取得方式不同，自然法的取得方式对于非罗马市民也有效〔要式买卖（mancipatio）对于取得通商权（commercium）的非罗马市民也有效〕。

299

二、原始取得与继受取得

现代人按照权利是新创的（ex novo），抑或是存在既存权利从原权利人移转给新权利人的继受现象，将所有权的取得方式区

---

　[1]　Cfr. Gai 2. 65："从我们上面的论述可以看到，有些物是根据自然法转让的，比如那些以让渡的方式转让的物；有些物是根据市民法转让的，因为关于要式买卖、拟诉弃权和取得时效的规则，只适用于罗马市民。"D. 41. 1. 1　pr. = I. 2. 1. 11（盖尤斯）："有些物的所有权我们是根据万民法（即按照自然理性对一切人都适用的法）而取得的；有些物的所有权我们是根据市民法（即我们城邦特有之法）而取得的。由于万民法与人类的历史同样古老，所以我们应当从万民法开始阐述。"

分为原始取得和继受取得。如此说来，属于原始取得的是：先占、附合、加工、善意占有人或物权人取得孳息。属于继受取得的是：要式买卖（mancipatio）、拟诉弃权（in iure cessio）、让渡（traditio）（虽然在古典法时期就已经形成的观念，即所有权从转让人向受让人移转的观念并非本土生成的），以及是归入前一类还是归入后一类曾有过争议的取得时效（usucapio）。

三、所有权特有的取得方式与一般意义上的权利取得方式

这里我们只考虑所有权特有的取得方式，尽管无法一一论述它们；而撇开不谈在所有权的问题上不体现特殊性质的一般意义上的权利取得方式。

第五节　要式买卖

一、要式买卖的历史演进

要式买卖（mancipatio），早期被称作"mancipium"，我们已经看到，它是一种"称铜式行为"（gestum per aes et libram）：它以实物出售的形式产生，也就是说，在以一个要式物（res mancipi）来换取铸币的交易形式诞生之前，要称重金钱。后来，随着公元前4世纪中叶铸币的出现，要式买卖最终演变成了一种拟制出售[1]，并发挥了不同的制度功能，其中最主要的是它成了一种

---

[1]　Cfr. Gai 1. 113: "……通过要式买卖，也就是（id est）通过一种拟制的出售……" Gai 1. 119: "要式买卖……是……一种拟制的出售……"

移转要式物所有权的抽象行为。

二、要式买卖的形式

要式买卖的形式是这样的：要式买卖的受让人（mancipio accipiens），当着 5 名证人和 1 名持秤的司秤（libripens）——他们全是已达适婚年龄的男性罗马市民——的面，庄严宣称物为他所有，他以铜块（aes）与秤（libra）买得之：起初，伴随着受让人的庄严话语，还要真的用秤来称作为价金的铜块之重量；后来，称铜行为演变成了称量铜币（rudusculum）的象征性仪式。受让人说完后，要将所称铜块交付给一言不发的要式买卖出让人（mancipio dans）[1]。

三、要式买卖的主体

300　要式买卖的主体可以是罗马市民[2]，或者虽非罗马市民但是具有通商权（commercium）的人[3]；而且，作为受领人，家父权之下的人亦无不可，即使是奴隶（见前文论述）。

---

〔1〕　Cfr. Gai 1. 119：“……整个过程是这样的：至少要有 5 名已达适婚年龄的罗马市民作为证人，还有 1 名具备相同条件、被称作司秤的人手持一把铜秤；要式买卖的受让人手拿铜块，宣称：‘根据奎里蒂法，我说此人为我所有，我以这个铜块和这把铜秤买得之。’之后，他以铜块击铜秤，并将铜块交给要式买卖的出让人，就如同支付价金一样。”Gai 1. 122：“使用铜和秤是因为曾经一度人们只用铜币，它们的单位是阿斯、杜布丁、半阿斯、瓜特兰得斯，其时尚未使用任何金币或银币，这一点我们可以从《十二表法》中了解到；这些铜币的价值和购买力不取决于它们的数量，而取决于它们的重量……”

〔2〕　Cfr. Gai 1. 119：“……这是罗马市民特有的权利……”

〔3〕　Cfr. Tit. ex corp. Ulp. 19. 4：“要式买卖发生在罗马市民、移民区拉丁人、尤尼亚拉丁人和有通商权的异邦人之间。”

四、要式买卖的客体

"要式买卖"的客体就是"要式物"（res mancipi）[1]。如果它们是动产，则应拿到现场；如果是不动产，则无此要求[2]。这也使人忆起：早期的术语"mancipium"的来源是"manu capere"，即"以手（manu）取（capere）之"；以及"mancipium"曾为奴隶的别称之史实。除了不动产，奴隶似乎是最重要的"要式物"（res mancipi）。人们还可以进一步推论说，于罗马法起源之时，亦即在十人立法委员会之前，不动产也许是不能转让的，因此不能成为要式买卖的客体。以"略式物"（res nec mancipi）为客体的"要式买卖"，也许顶多算是"让渡"（traditio）。

五、要式买卖的效力

（一）所有权的移转

要式买卖使得受让人（mancipio accipiens），或者在涉及家子（filius familias）或奴隶的情况下[3]，支配受让人的人，取得要式物的所有权〔一般是奎里蒂法上的所有权（dominium ex iure Quiritium），在这种情形中，也被称为（mancipium），以表明取得所有权的行为；例外情况下，取得的是异邦人所有权，如果受让人

---

〔1〕　Cfr. Gai 1. 120："以这种方法人们通过要式买卖交易奴隶和自由人；属于要式物的动物，如牛、马、骡、驴，人们也常以要式买卖的形式进行交易；同样，无论是城市土地还是乡村土地，也均是如此，因为这些意大利土地亦是要式物。"

〔2〕　Cfr. Gai 1. 121："对土地的要式买卖与对其他物的要式买卖仅区别如下：奴隶和自由人，以及属于要式物的动物，若未拿到现场，则不能要式买卖之；同时要式买卖的受让人应当抓住要转让给他的要式物。之所以称之为要式买卖，也是因为要以手抓物。而对土地的要式买卖，人们一般不在现场进行。"

〔3〕　Cfr. Gai 3. 167："……（奴隶）在受领要式物时说：'我确认此物根据奎里蒂法为我主人所有，我以这块铜和这把秤买得之。'"

301　不是罗马市民，但是具有通商权（commercium）〕。欲使这一效力产生，要式买卖的让与人（mancipio dans）应是物的所有权人〔奎里蒂法上的所有权人（dominus ex iure Quiritium）〕[1]，或者未达适婚年龄的所有权人的监护人，或者精神病人的保佐人，或者所有权人的"全部事务代理人"（procurator omnium bonorum)[2]。所有权的移转可以任何名义为之，因此，自从要式买卖从实物出售演变成了拟制出售之时起，我们就可将之定性为抽象法律行为。

（二）追夺担保义务（auctoritas）

要式买卖还导致追夺担保义务（auctoritas）的产生。也就是说，要式买卖的让与人须对受让人承担追夺担保义务（obligatio auctoritatis）；万一标的物被第三人追夺，受让人可以提起所谓的"追夺担保之诉"（actio auctoritatis）。在第三人对要式买卖的受让人提起的原物返还之诉中，让与人有为受让人辩护之责；倘若败诉，前者负有向后者支付双倍于已得价金的义务[3]。《十二表法》含有若干关于追夺担保的规范：不动产的追夺担保为期 2 年，动产的追夺担保为期 1 年，之所以如此规定是因为，经过上述时间，要式买卖的受让人已经因时效而取得了所有权（usucapio），

---

　　〔1〕 Cfr. D. 41. 1. 20pr. （乌尔比安）："让与人不能通过让渡（原文当为'要式买卖'）向受让人移转本不属于自己的权利。倘若某人对一块土地享有所有权，则此人可以通过让渡（原文当为"通过要式买卖"）将之转让。如果让与人对让渡的物（原文当为"通过要式买卖转让的物"）不享有任何权利，则受让人得不到任何权利。"

　　〔2〕 Cfr. Gai 2. 62 及 64："有时则会发生……不是所有权人的人可以对物进行转让……精神病人的宗亲保佐人可以根据《十二表法》转让精神病人的物；代理人也可以……"

　　〔3〕 Cfr. P. S. 2. 17. 3："若购买之物已完成要式买卖或者让渡，后被追夺，则出卖人应当双倍赔偿。"

并可以此对请求返还原物之人主张抗辩，避免标的物被追夺[1]；对非罗马市民的追夺是永久性的，因为取得时效是市民法的所有权取得方式，不适用于非罗马市民[2]；同样，对盗窃物的追夺也是永久性的，因为这些物是不能以时效取得的（最后一项是由公元前 2 世纪初叶的《阿梯尼亚法》补充规定的)[3]。随着要式买卖由实物出售演变成了拟制出售，让与人只在下述情况下才承担追夺担保义务：要式买卖因"买卖"而作出，并且双方当事人在文书中标明了价格〔否则将会发生"微价要式买卖"（mancipatio nummo uno)〕。

六、附约（nuncupationes）的重要意义

司法实践通过对《十二表法》中的一项规范作扩张解释[4]，还允许当事人对要式买卖附加一些约定〔即"附约"（nuncupationes)〕，以变更它的惯常效力。这样要式买卖的让与人就可以担保某块土地具有一定的面积，倘若实际面积小于让与人所声明的面积，则受让人可以对让与人提起"土地面积之诉"（actio de modo agri），后者可能要支付虚报面积的双倍地价[5]；或者担保某块土地上没有任何役权或负担（optimus maximus）。而且，要

302

---

〔1〕 Cfr. XII Tab. 6. 3："土地的时效取得和追夺担保期间为 2 年，一切其他的物的时效取得期间为 1 年。"（Cic. Top. 4. 23）

〔2〕 Cfr. XII Tab. 6. 4："对外邦人的追夺担保是永久性的。"（Cic. de off. 1. 12. 37 西塞罗：《论义务》）

〔3〕 Cfr. XII Tab. 8. 17："……禁止时效取得盗窃物。"（Gai 2. 45）Gell. noctes att. 17. 7. 1（杰留斯：《阿提卡之夜》）："古老的《阿梯尼亚法》的表述是这样的：'一物遭窃，可永久追夺之'。"

〔4〕 Cfr. XII Tab. 6. 1："实施要式现金借贷或要式买卖的，宣告的言辞即为法律。"

〔5〕 Cfr. P. S. 2. 17. 4："出售一块土地，若有虚报，承审员将判罚虚报面积之人双倍赔偿虚报部分的地价。"

式买卖的受让人还可以声明，让与人对标的物享有役权或用益权〔这些权利是通过"扣除、保留"（deductio）设立的〕；或者要式买卖是基于"信托原因"（fiduciae causa）而发生的，受让人可以通过附属的"信托简约"（pactum fiduciae）对它作各种变更，并负将来返还标的物的义务。

七、要式买卖的其他用途：别处论述

前面我们谈到，司法实践通过对《十二表法》的一项规范作扩张解释[1]，使要式买卖发挥了移转要式物所有权的功能。至于在进入铸币时代之前，要式买卖就承担的其他制度功能，我们将在其他章节分别论述。

八、要式买卖的形式主义

我们还知道，囿于其自身的形式主义结构，要式买卖不能附加条件或期限；要式买卖是一种重形式的交易，不过，似乎在古典法时期，就要求当事人间须达成合意[2]。

九、要式买卖的消失

要式买卖，普遍适用于整个古典法时期，衰落于后古典法时期，最终被优士丁尼皇帝明令废止：在后古典法时期的文献中，要式买卖还会被零星提及；在优士丁尼皇帝时期的文献中，凡是古典法中提到"要式买卖"的地方，都被"让渡"（traditio）和

---

〔1〕　Cfr. XII Tab. 6.1："实施要式现金借贷或要式买卖的，宣告的言辞即为法律。"

〔2〕　Cfr. 例如，D.41.1.36（尤里安）："如果双方对让渡的（原为'要式买卖的'）标的物达成了合意，但对真正的原因意见不一，我不认为此让渡（原为'要式买卖'）无效。比如说，我相信根据遗嘱自己有义务向你让渡（原为'要式买卖'）一块土地，而你却认为是根据要式口约……"

追夺责任取而代之。

第六节　拟诉弃权

一、拟诉弃权的起源与功能

上文我们已经谈到，拟诉弃权（in iure cessio）是以交易为目　303
的，而对"对物的誓金法律诉讼"（legis action sacramento in rem）
的诉讼形式的运用：所以，应当认为这不是一项新创的制度，而
是《十二表法》颁行之前便已存在的制度[1]；这个制度很可能
是在《十二表法》之前于审判实践中确立的，其目的或许是满足
补救土地不可转让以及要式物只能有偿转让〔即通过其时尚为实
物出售的"要式买卖"（mancipatio）〕的需求。在这个制度的诸
多功能中，本节仅论述其在转移要式物（res mancipi）以及略式
物（res nec mancipi）的奎里蒂法上的所有权（dominium ex iure
Quiritium）方面之功能。

二、拟诉弃权的形式

拟诉弃权的形式是在"法律审"（in iure）中，本欲取得物的
所有权之人，当着执法官的面，对物的真正所有权人主张"原物
返还"（reivindicatio），而真正的所有权人却不主张反要求（cont-
ravindicatio），只是保持沉默〔此消极态度乃被视为"放弃、让
步"（cedere），故整个过程名为"cessio"〕：执法官于是作出裁

---

〔1〕　Cfr. Vat. Fr. 50（保罗）："《十二表法》承认要式买卖和拟诉弃权。"

定（addictio），将物的所有权判归主张原物返还之人[1]。

三、拟诉弃权的主体

拟诉弃权的主体只能是可以作为"法律诉讼"（legis actio）当事人的人，即罗马市民中的自权人（sui iuris），而不能是为他人支配之人[2]。

四、拟诉弃权的客体

拟诉弃权的客体可以是任何物，而不管是要式物还是略式物[3]，因为任何物的归属关系皆可成为诉讼纠纷之对象。

五、拟诉弃权的效力

只要让与人是物的所有权人，则拟诉弃权使得主张原物返还之人取得奎里蒂法上的所有权（dominium ex iure Quiritium）。

---

〔1〕 Cfr. Gai 2.24："拟诉弃权是这样进行的：当着罗马人民的一位执法官——比如裁判官——的面，拟诉弃权中物的受让人手持标的物，说：'依奎里蒂法，我确认此物归我所有。'在他提出原物返还要求后，裁判官问让与人是否提出原物返还的反要求；如果让与人说'不'，或者保持沉默，则裁判官将物交与主张原物返还之人；这被称作法律诉讼。在行省之内，于总督面前，亦可为之。" Tit. ex corp. Ulp. 19. 9–10（乌尔比安）："拟诉弃权……要三个人完成，其中一人作出让步，一人要求返还原物，一人作出裁判。在审判中，真正的所有人作出让步，物的受让人主张返还原物，裁判官作出裁判。"

〔2〕 Cfr. Gai 2.96："最后，需要知道，处于支配权、夫权或财产权之下的人，是不能通过拟诉弃权获取任何物的：的确，因为这些人什么也不能拥有，显然结果就是，在法庭上他们也就不能针对任何物主张返还原物。"

〔3〕 Cfr. Tit. ex corp. Ulp. 19. 9（乌尔比安）："拟诉弃权是转让要式物和略式物的共同方式……"

六、拟诉弃权的消失

拟诉弃权，在整个古典法时期尚被偶尔采用[1]，在后古典法时期则完全不见其踪影；在优士丁尼皇帝时期的原始文献中，早先片段中所有提及"拟诉弃权"（in iure cessio）的地方，均被删去"in iure"（法律审）二词；名词"cessio"（放弃、让步）也被代之以动词"cedere"，且当时是在更广意义上使用后面一词的。

304

第七节　让　　渡

一、让渡的基本原理

"让渡"（traditio）的含义是交付，或者，在更一般的意义上，将某有体物置于他人的管控之下，其结果是，接受人相应地取得该物的持有、占有或者所有权。我们这里只谈它的最具体、最技术化的含义，即交付某物或者将某物置于他人的管控之下，且在满足一定条件的情况下，使得所有权发生移转；让渡很早便已生成，在整个古典法时期，它都只是移转略式物（res nec mancipi）的奎里蒂法上的所有权（dominium ex iure Quiritium）之行为[2]；

---

〔1〕　Cfr. Gai 2.25："不过，我们常常，甚至总是，采用要式买卖的形式。确实，那些我们可以当着朋友们的面自己做的事情，不需要费更大的力气前去当着裁判官或行省总督的面来完成。"

〔2〕　Cfr. Gai 2.19："确实，略式物通过简单的让渡即可完全成为他人的，只要它们是有体物，并且——也正因如此——可以让渡。"Tit. ex corp. Ulp. 19.7："让渡恰是转让略式物之方式……"

在荣誉法领域，可以用来移转对要式物（res mancipi）的善意拥有（in bonis）或对行省土地的行省所有权；由于它是自然法（ius naturale）上的取得方式[1]，所以应当认为没有通商权（commercium）的非罗马市民亦可用之，作为受让人，他们可以取得所谓的异邦人所有权；在优士丁尼法中，由于废止了要式物（res mancipi）与略式物（res nec mancipi）之区分，故而让渡成为转移所有权的一般方式。

二、适格当事人

"让渡"若能转移所有权，首先它应当是由下述让与人作出的，即要么此人是所有权人[2]，要么此人虽然不是所有权人，但有权实施该行为，如未达适婚年龄的所有权人的监护人，得精神病的所有权人的保佐人，全部事务代理人（procurator omnium bonorum），以及通常情况下任何得到所有权人授权的人〔通过委托、"指示"（iussum）、给予特有产、设立质权等〕。此外，有一项制度起源于马可·奥勒留皇帝的一个谕令，后古典法时期芝诺皇帝的一个谕令对之又进行了修正，经过长期的历史演进，最终在优士丁尼法中形成了这样的规定，即皇库、皇帝或皇后可以有效地

305

---

〔1〕 Cfr. Gai 2.65："从我们上面的论述可以得出结论，即有些物是依据自然法转让的，例如那些通过让渡转让的物……" D. 41. 1. 9. 3 = I. 2. 1. 40（盖尤斯）："根据万民法，让渡给我们的物归我们所有：因为没有什么比尊重欲将其物转让给他人的所有权人的意志，更契合自然之公正了。"

〔2〕 Cfr. Gai 2.20："……（让渡给你的物）立即成为你的，只要我是该物的所有权人。"

转让他人之物，但是所有权人可以在 4 年之内要求赔偿[1]。受让人或支配受让人的人取得让渡之物的所有权：在古典法的晚期，还允许借助全部事务代理人（procurator omnium bonorum）或监护人（tutor）通过让渡取得所有权；在优士丁尼时期，原则上允许借助任何中间人通过让渡取得所有权。

三、当事人的意思以及让渡的正当原因（iusta causa traditionis）

交付或将物置于他人的管控之下的行为，应当伴随让与人和受让人一致要将对物的归属关系从前者移转给后者的意思；该意思无须指向法律效果（即所有权的移转），只要与经验效果相关即已充分（在这个意义上我们论述物的归属关系的移转）。确实，一方面，万一让与人陷入了与自己是否有权让渡相关联的错误〔即所谓的"关于所有权的错误"（error in dominio）〕[2]，那么，由于这是对物的归属之事实认识错误，而不是对物的归属之法律认识错误，所以该错误会带来一定的法律效果；另一方面，万一受让人陷入了错误，误信是从无处分权之人那里受领的，则该错

---

[1] Cfr. I. 2. 6. 14："神圣的马可（·奥勒留）皇帝的一个告示中规定，从皇库购买了他人之物的人，买卖完成五年后，得以抗辩之形式对抗物的所有权人。后来，神念的芝诺皇帝的一个谕令，为了维护基于买卖、赠与或其他名义从皇库受领他人之物的人的利益，很好地规定，这些人立即就有安全之保障，且不论是被诉还是起诉，他们均可以胜诉；不过，基于对被转让之物的所有权或抵押权，认为自己拥有某些诉权之人，可以在四年之内对皇库提起诉讼。我们最近颁布的一个神圣的谕令规定，若从皇帝或尊敬的奥古斯塔的家中受领了某物，为了维护这些人的利益，也适用芝诺皇帝关于皇库转让行为的上述谕令之规定。"

[2] Cfr. D. 41. 1. 35（乌尔比安）："如果我的代理人或未达适婚年龄之人的监护人将他自己的物，当成我的物或未达适婚年龄之人的物，而让渡给了他人，那么，此人并未丧失对该物的所有权，转让是无效的，因为任何人都不会因为错误而失去自己的物。"

误不会带来任何法律效果[1]。当事人的这个意思可以从他们希望通过让渡而达到的社会—经济目的（比如清偿原来存在的债务）推断出来。法律制度确认上述目的足以为所有权的移转提供正当性依据：在这一点上，一些原始文献提到了应当伴随"让渡"（traditio）行为本身的"让渡的正当原因"（iusta causa traditionis）[2]；不过，需要进一步说明的是，并不要求这样一个目的客观存在（比如确实履行事先存在的一个义务），只要当事人以为它存在即可（比如让与人错误地以为是在履行一个义务，而实际上该义务并不存在），而且万一当事人在让渡所实现的目的之问题上认识不一，亦无妨碍[3]；只是由于受让人的恶意行为，是给让与人带来损害的私犯，即盗窃，所以这样的行为会导致"让渡"的无效[4]。由于

306

---

　　[1]　Cfr. D. 22. 6. 9. 4（保罗）："如果某人不知卖售人即物的所有权人，那么事实较想法重要；因此，尽管他认为是从非所有权人处购得的，但是只要所有权人将物让渡给了他，他便成为所有权人。"

　　[2]　Cfr. Gai 2. 20："……倘若我将一件衣服、一块金子或一块银子，以买卖、赠与或其他任何原因让渡给了你，则那个物立刻就变成了你的……" Tit. ex corp. Ulp. 19. 7："……我们通过让渡取得略式物的所有权，只要存在正当原因。" I. 2. 1. 41："如果让渡是由于赠与、嫁资或任何其他原因而作出的，那么毫无疑问所有权发生了移转……" D. 41. 1. 31pr.（保罗）："单纯的让渡不转移所有权，只有事先存在出售或其他正当原因，而后据此作出让渡的情况下，所有权才发生移转。"在这一点上，还可参考乌尔比安在 D. 6. 2. 3. 1 及以下片段中的论述。

　　[3]　Cfr. D. 41. 1. 36（尤里安）："如果我们就让渡之物达成了合意，但是就让渡之原因意见不一，我不认为该让渡因此而无效。比如说，我以为根据遗嘱我应将一块土地让渡给你，而你以为是根据要式口约；或者说，我以赠与之形式让渡给你一笔金钱，而你以为是借贷而将之受领。毫无疑问，所有权已经移转给你，我们对让与和受让之原因的不同意见，并不构成所有权移转的障碍。"但是片段 D. 12. 1. 18pr.（这是一个被"添加"过的片段）中乌尔比安的观点与此相反。

　　[4]　Cfr. D. 46. 3. 38. 1（阿弗里卡努斯）："如果我吩咐我的债务人向提丘斯为清偿，而之后又禁止提丘斯受领，该债务人在不知情的情况下，向提丘斯履行了债务，（尤里安）他认为，若非提丘斯想因此而得利，则（债务人）不再受债的约束。" D. 47. 2. 43pr.（乌尔比安）："假债权人，即佯装自己是债权人的人，如果受领给付，则他实施了盗窃，且任何东西都不因此成为他的。"

"正当原因"（iusta causa）之含义纯粹是主观性的，且远非有效"让渡"（traditio）的构成要件，只是表征了当事人意欲通过让渡转移物的归属关系之意思，所以，套用现代的法言法语，应该说让渡只是一个抽象法律行为，而不是一个要因法律行为。

四、将物置于他人的管控之下

最后要论述的是，将物交付或置于他人的管控之下这个要件。

（一）古典法时期的制度

最初要求物的实际交付，也就是说，物要从让与人手中递到受让人手中（如果是属于动产的物），后来发展到只要将物置于他人的管控之下即为已足，即使没有实际的交付。不过，在整个古典法时期，始终坚持这样的原则，即只要（且只有）让与人向受让人转移了占有，"让渡"（traditio）便（方）产生所有权移转的法律效果。不动产的"让渡"（traditio）发生于让与人放弃标的物、受让人在让与人的邀请下进入土地之时[1]；且让与人邀请受让人的时候，还会保证土地之上没有任何占有人[2]。对动产的让渡，可以是先由让与人提出，然后受让人为物安排一个保管人[3]；或者，如果是些商品，交付储存这些商品的仓库的钥匙，只要交

307

---

〔1〕 Cfr. D. 18. 1. 78. 1（拉贝奥）："你购买了一块土地……而你尚未取得对该土地的完全占有。我认为你可以通过这样的方式向你自己移转（对该土地的）占有：使被监护人及其奴隶离开该土地，然后你自己占有（它）。"

〔2〕 Cfr. D. 41. 2. 33（彭波尼）："尽管出卖人可能已经委托他人将对土地的交吉占有转移给买受人，但是在（占有移转）发生之前，买受人不能自行取得占有。"

〔3〕 Cfr. D. 41. 2. 51（雅沃伦）："……如果我买了一堆木头，出卖人要把它运走，那么一旦我安排了看管人，它便被视为已让渡于我……"

付是在仓库前面完成的即可[1]。另外，无论是动产还是不动产，都可以对之进行"长手让渡"（traditio longa manu），在这种情况下，只需让与人将物指明、并把它置于受让人的管控之下[2]。此外，还有所谓的"短手让渡"（traditio brevi manu），该术语是从一个被"添加"过的片段中提炼出来的，指的是下面的情形，即如果某人之前已经持有某物，经让与人允许，开始以己有之意思而占有该物〔即"占有心素"（animus possidendi）〕，则此时取得该物的所有权[3]。还有一种是占有改定，这个术语建立在一个典型的原始文献的基础之上，所指情形与前面一种恰恰相反，即让与人开始以受让人的名义持有某物，而该物让与人之前以自己的名义占有，因为他曾是所有权人[4]。最后还有一种情况特别的"让渡"（traditio），即委托给付某物：如果一方（即受托人），根据另一方（即委托人）的意思，向第三方交付本应交付给委托人的物，那么一旦在三方都在场的情况下完成交付，古典法时期的

---

〔1〕 Cfr. D. 18. 1. 74（帕比尼安）："对于存于仓库之中的商品，只要在仓库附近将钥匙让渡，则这些商品的占有即被视为已移转。结果是，即使买受人尚未打开仓库，亦已立即取得所有权和占有……"

〔2〕 Cfr. D. 46. 3. 79（雅沃伦）："如果我让你将欠我的钱或物放在我的视线之内，结果是，你立即不再受债的约束，而物变成了我的。由于在此种情况中，没有任何其他人事实上占有物，所以它已被我取得，且在某种意义上，是通过长手让渡取得的。"D. 41. 2. 18. 2（杰尔苏）："……如果我购买了一块临地，出卖人在我的角楼上把它指给我看，并说将交吉占有转让给我，那么，如同我已经踏入地界一样开始占有它。"

〔3〕 Cfr. D. 41. 1. 9. 5（盖尤斯）："有时，即使没有让渡而仅有所有权人的意思，亦足以使物的所有权发生转移。比如，我卖给你因使用借贷、租赁或寄存而已在你处的物。虽然由于上述原因我并没有向你让渡，但是现在我基于买卖之原因同意此物（继续）存于你处，则（该意思）使得此物转归你有。"

〔4〕 Cfr. D. 6. 1. 77（乌尔比安）："一位妇女通过书信的形式将一块土地赠与给了不是她丈夫的人，又从该受赠人那里租赁了这块土地……人们还认为，受赠土地之人，若于书信发出之时已处于土地之上，则此事足以使占有移转，哪怕没有发生租赁。"

人们认为，其中有两次所有权的移转，一次是从受托人移转给委托人，另外一次是从委托人移转给第三方[1]。

（二）后古典法及优士丁尼法时期的制度

在后古典法及优士丁尼法时期，意味着移转占有的"将物置于他人管控之下"的要件，逐渐失去其重要性。这是受行省文化特别是希腊文化影响的结果，在这些文化中，不像古罗马那样区分债权契约和直接转移所有权的行为，所以只要有契约上的意思表示，就产生所有权移转的法律效果，而不要求还要有一个移转占有的行为。首先，承认只是象征性的"让渡"的法律效力：这样一来，即使"钥匙让渡"不是在储存商品的仓库的前面进行的，商品所有权也照样发生转移[2]；此外，可以用"文书让渡"（traditio instrumentorum）代替对物的交付，也就是说，只需交付证明所有权移转的文件即可[3]。其次，在占有改定中，如果是让与人保留对物的用益权但是将所有权移转给受让人，此时此事中的

308

---

[1] Cfr. D. 41. 2. 1. 21（保罗）："如果我要求出卖人将物让渡给我的代理人，而该物又在我们面前，普里斯库斯说，在这种情况下，视此物已经让渡给我。如果我要求我的债务人将金钱让渡给第三人，亦适用同样的规则……"D. 24. 1. 3. 12（乌尔比安）："不过，如果丈夫指示其债务人向她清偿，便产生了这样的问题，即这些金钱是否成为她的，以及债务人是否不再受债的约束。杰尔苏在其《学说汇纂》第 15 卷中写道，需要来看是不是不能这样说，即债务人已不再受债的约束，而那些金钱成了丈夫的，而非妻子的。的确，如果该赠与不为市民法禁止，整个过程应是这样的：金钱先由你的债务人那里到你那里，然后再由你那里到你的妻子那里。确实，由于这两个彼此联系的行为接踵而至，一个行为被遮盖了。实际上，债务人先向债权人给付，然后后者再向其妻子给付……"D. 39. 5. 31. 1. = Vat. fr. 253 b（帕比尼安）："我回答说，母亲以女儿的名义、在女儿在场的情况下给女儿的丈夫嫁资以外的物，应当认为是先给了女儿，然后再经女儿之手给了其丈夫……"

[2] Cfr. I. 2. 1. 45 = D. 41. 1. 9. 6（盖尤斯）："同样地，如果某人出售了存于仓库中的商品，他把仓库钥匙让渡给买受人之时，即将商品的所有权转移给了买受人。"

[3] Cfr. C. 8. 53. 1（a. 210）："购买奴隶的文书被赠与和让渡后，如你所知，奴隶本身已被赠与和让渡，故而，你可以对赠与人提起对物之诉。"

用益权已不再是真正的用益权，而只是为了避免实际交付标的物而虚设的用益权，故而其期限极为短暂[1]。再次，在某些情形中，让渡甚至只具有象征性或者完全是虚设的：不是占有人的所有权人可以单单通过意思表示实施让渡[2]；在概括合伙（societas omnium bonorum）中，单个的合伙人无需实施专门的转让行为，其财产便归为共有[3]；在委托给付某物的情况中，即便受托人实施让渡的时候，委托人并不在场，所有权照样从受托人处转移到委托人处[4]。最后，优士丁尼规定，向教堂、城市或为了慈善事业而实施出售或赠与，所有权立即发生转移，而不需要任何的让渡[5]。

309

第八节　取得时效

一、取得时效的基本原理

取得时效（usucapio）是指通过在一定时间段内持续地占有某

---

〔1〕　Cfr. C. 8. 53. 28（a. 417）："某人将某物赠与、作为嫁资或出卖，而保留了对它的用益权，那么，即使没有订立要式口约，亦视为立即实施了让渡，此人不得请求返还，以便维持已经作出的让渡。"

〔2〕　Cfr. D. 23. 5. 16（特里弗尼努斯）："如果一位妇女，以为自己对某块提丘斯善意占有的土地享有所有权，……将之以嫁资的形式给了她丈夫。该丈夫原本可以、但却由于疏忽未要求返还原物，则风险由他自己承担……"

〔3〕　Cfr. D. 17. 2. 1. 1（保罗）："在概括合伙中，合伙人所有的一切物，立即变成共有的，"D. 17. 2. 2（盖尤斯）："因为，尽管没有发生具体的让渡，但是默认它发生了。"

〔4〕　比如，Cfr. D. 47. 2. 44pr.（彭波尼）："如果债权人的假代理人根据债务人的指示，从第三人那里受领金钱，则他对债务人实施了盗窃，这些金钱归债务人所有。"（此片段经过了"添加"。）

〔5〕　Cfr. C. 1. 2. 23. 4（a. 530）.

物而实现的取得所有权的方式[1]。早期的取得时效制度可以说是尚未在观念上区分所有权与占有的产物，亦即将某物法律上的归属与此物事实上归属于某个特定主体等同视之[2]。但是自有史年代以来，亦即自《十二表法》以来，取得时效制度，一方面，它发挥着避免某物之法律情势与事实情势的不一致状态超过一定期限之功能，也就是说，避免名义上对某物享有所有权之人与实际上对该物行使所有权之人长期不同；另一方面，它还发挥着避免一个人为了证明自己拥有所有权，需要证明从先手那里有效地取得了所有权，并且还要无休止地上溯回去，证明在他之前的一切所有权人都依次有效地取得了所有权〔即中世纪法学家们所说的"魔鬼证明"（probatio diabolica）〕[3]。

二、《十二表法》中的取得时效制度

前文我们已经看到，《十二表法》含有一些取得时效方面的规定。该法将取得时效与要式买卖（mancipatio）相联系，也就是说，在要式买卖（mancipatio）因为要式买卖的出卖人（mancipatio dans）对标的物不享有所有权而不能使要式买卖的买受人（mancipatio accipiens）获得所有权〔此外还有，由于要式买卖（mancipatio）其他要件的瑕疵，如形式上的瑕疵，甚至由于要式买卖（man-

---

〔1〕　Cfr. Tit. ex. corp. Ulp. 19. 8 ："……取得时效是通过一年或者两年不间断的占有取得所有权的方式。对于动产，需要一年；对于不动产，需要两年。" D. 41. 3. 3（莫德斯汀）："取得时效，即通过在法定期间〔"法定期间"（temporis lege definiti）几词为"添加"之结果〕内持续的占有而达致（adiectio）〔原文应为"取得"（adieptio）〕所有权（的方式）。"

〔2〕　Cfr. D. 41. 2. 1. 1（保罗）："小涅尔瓦说，物的所有权起源于自然占有……"

〔3〕　Cfr. Gai. 2. 44："它（即取得时效）之所以被允许，似乎是为了使物的所有权不长期处于不确定的状态。因为对于物主来说，一年或两年的时间来找自己的物已经足够，而这一时间是占有人时效取得的规定期限。" D. 41. 10. 5pr.（涅尔瓦）："取得时效……曾是为了了结纠纷而设立的。"

cipatio）本身的不存在，而不能取得所有权的情形〕之时，取得时效是使买受人实际获得所有权的方式。《十二表法》首先要求对土地的占有要持续 2 年，对其他物的占有要持续 1 年[1]；规定了永远不能时效取得的情形，即无论是盗贼还是后来的占有人，都不能时效取得盗窃物[2]；此外，还规定非罗马市民不具有时效取得的资格，缘于该法将时效取得定性为取得奎利蒂法所有权（dominium ex iure Quiritium）的方式，故而只有罗马市民才适格[3]。

三、古典时期取得时效的要件

在历史的演进过程中，又增添了取得时效发生效力的其他要件。在古典时期，要件有五个，中世纪的法学家们将之优雅地概括为：适格物（res habilis）、名义（titulus）、善意（fides）、占有（possessio）、时间（tempus）。

（一）标的物的可时效取得性

适格物（res habilis）。第一个要件是相应的物要具备可以作为时效取得标的的资格。因为时效取得是所有权的取得方式之一，所以于非交易物（res extra commercium）无由发生时效取得；因为时效取得要通过占有而实现，所以于无法占有之物即不是有体物的物无由发生时效取得〔当最古老的地役权还没有表现为限制物权，也就是无体物（res incorporales）之时，对它们是允许时效取得的〕；因为时效取得被认为是财产移转的一种方式，所以于禁止移转之物，即《尤利亚法》（lex Iulia）上作为嫁资的土地以及

---

〔1〕　Cfr.《十二表法》第六表第 3 条："土地的时效取得和追夺担保期限为两年，所有其他物件的时效取得期限为一年。"

〔2〕　Cfr.《十二表法》第八表第 17 条："《十二表法》禁止时效取得盗窃物。"

〔3〕　Cfr.《十二表法》第六表第 4 条："对异邦人的追夺担保是永久性的。"（Cic. de off. 1. 12. 37）

《塞维鲁诏书》（oratio Severi）上受监护人的农村土地，无由发生时效取得。对于特定种类的物，存在禁止时效取得的明确规定。《十二表法》的一条规定[1]，被公元前 2 世纪初期的一部名叫《阿梯尼亚法》（lex Atinia）的法律重申[2]，根据该规定，盗窃物（res furtivae）不适用时效取得：不过只要这些物的孳息是在善意占有人处分离的，则对于这些孳息不适用上述规定[3]；只要被盗女奴的子女是在善意占有人处投胎并诞生的，则对于他们也可以因时效而取得[4]。根据公元前 1 世纪上半叶的《关于暴力罪的普拉第法》（lex Plautia de vi）中的、其后又被《关于暴力罪的尤利亚》（lex Iulia de vi）沿袭的规定，以暴力手段取得占有的物，不适用取得时效的规定[5]：不过对于被夺走物（res vi amissae），即由于一个暴力行为占有人放弃了占有，而第三人却取得了占有的物，是可以时效取得的[6]；对于在物主不在场的情况下取得、而

311

---

〔1〕　Cfr. Gai 2. 45：“……《十二表法》禁止时效取得被盗（物）……”

〔2〕　Cfr. Gell. noctes att. 17. 7. 1（杰留斯：《阿提卡之夜》）：“古老的《阿梯尼亚法》中有如下字句：‘若一物被盗，则可永久追及要回之’。”

〔3〕　Cfr. D. 41. 3. 4. 19（保罗）：“若被盗之羊的羊毛是在盗贼处被剪下的，则对之不能时效取得。但若是在善意买受人处被剪下，则（结果）相反。因为对于孳息，不需要时效取得，而是立即归买受人所有。对于已被消费之羔羊亦是如此。这一观点是正确的。”

〔4〕　Cfr. D. 41. 3. 33pr.（尤里安）：“不仅善意买受人，而且一切根据可导致时效取得的原因而占有的人，都可以取得被盗女奴的子女。我认为，这是根据法的一致性而引入的规则，因为只要不违反《十二表法》和《阿提尼亚法》的规定就可以根据该原因时效取得女奴，根据同一原因，如果该女奴是在占有人处怀孕，并且在分娩时占有人不知她是被盗来的，那么对她的子女有必要适用时效取得。”

〔5〕　Cfr. Gai 2. 45：“……《尤利亚法》和《普拉第法》禁止对暴力取得占有（之物）适用时效取得……”

〔6〕　Cfr. D. 41. 3. 4. 22（保罗）：“如果你以暴力的手段将我从我占有的土地上赶走，但是你并没有获得对它的占有，而是由提丘斯获得了该空虚占有，那么，提丘斯可以通过长期占有该土地而获得它。这是因为虽然有关于制止暴力剥夺的令状之适用，但是我的占有被暴力剥夺，而对这块土地的占有却不是以暴力的手段而获得的。”

后又以暴力行为阻止要回的物，同样可以时效取得[1]。根据《关于搜刮钱财罪的尤利亚法》（*lex Iulia repetundarum*）的规定，赠送给行省执法官的物不能时效取得[2]。此外，为了有利于动产的流转，最初《十二表法》禁止时效取得盗窃物的规定受到了一个限制。该限制是由上文提到的《阿梯尼亚法》引入的。根据这部法律，一旦被盗物返归所有主（reversio ad dominum）[3]，即同一物重新被知晓已发生的盗窃和再次获得所有权之事实的所有权人占有[4]，则物的被盗瑕疵便消失；与此类似，强占物（res vi possessae）和赠送给行省执法官的物，也会因为返归所有主（reversio ad dominum）而可以被时效取得。最后，上面所说的每一种情形中，物的不能被时效取得的性质是一个客观的瑕疵，所以，不仅适用于盗贼，而且适用于任何后来取得盗窃物的人，哪怕他是善意的[5]。

（二）对标的物的占有

占有（possessio）。第二个要件是占有，即将某物当作已有的时效取得人对该物事实上的控制：这就需要物是作为单个的物而

312

---

　　[1]　Cfr. D. 41. 3. 4. 27（28）（保罗）："同样的，如果你取得了一个空虚占有，而后又阻止所有权人取回，那么并不认为你以暴力进行占有。"

　　[2]　Cfr. D. 48. 11. 8pr.（保罗）："任何违反法律赠与给总督或裁判官的物，均不得时效取得之。"

　　[3]　Cfr. D. 48. 11. 6（保罗）："《阿梯尼亚法》规定，被盗窃的物，如果没有重新回到被盗之人的支配之下，就不能被时效取得。这一点应当理解为回到所有权人而不是被盗之人的支配之下。所以，从债权人和使用借贷人那里盗走的物，只有回到所有权人的支配之下才能被时效取得。"

　　[4]　Cfr. D. 48. 11. 12（保罗）："……如果我不知道一个物是从我处被盗走的，并将之购买，那么并不认为此物回到了我的支配之下。"

　　[5]　Cfr. Gai 2. 49："人们一般认为，《十二表法》禁止对盗窃物和以暴力手段取得之物时效取得。这并不是说盗贼本人和暴力取得某物之人不能时效取得相应的物（确实，他们因为其他原因而不能时效取得，即他们对物的占有是恶意的），而是说任何他人，即使是善意从上述之人那里取得了物，也都无权时效取得。"

被占有的,因此对合成物的占有并不意味着是对其各个部分的占有[1]。在古典时期,要求占有是时效取得人在不损害前占有人的情况下取得的[2]。

(三) 占有的持续时间

时间 (tempus)。第三个要件是占有须持续一定的时间。根据《十二表法》的规定,不动产的占有须持续 2 年,动产的占有须持续 1 年[3]。期间按照所谓的市民法的方法连续计算:占有中断 (usurpatio) 将导致时间的重新开始 (ex novo) 计算。在古典法中,占有中断 (usurpatio) 只会由于所谓的自然的原因而发生,不会由于所有权人提出的原物返还请求而发生[4]。在占有时间的计算上,古典法允许继承人将被继承人 (de cuius) 的占有计入自己的占有之中〔即所谓的占有继承 (successio possessionis)〕,所以继承开始之前的时间也是有效的[5]。然而,古典法是否已经允许以一定名义受让某物之人将转让人的占有计入自己的占有,则

〔1〕 Cfr. D. 41. 3. 23 (雅沃伦):"若某人购买了一所房屋,我不认为他购买了与此房屋不同的东西。因此,如果他占有了其中单个的物,不能认为他占有了房屋本身……"

〔2〕 Cfr. D. 41. 2. 5 (保罗):"如果根据要式口约,我应当向你交付奴隶斯提库斯,然而我并未交付,之后你自行取得了对该奴隶的占有,那么,这时你就是一个抢夺者。同样的道理,如果我将某物卖给你,但是并未交付,如果你在未经我同意的情况下取得了对该物的占有,那么,这时你不是作为买受人而是作为抢夺者而占有它。" D. 41. 8. 8 (帕比尼安):"倘若被遗赠人无瑕疵地取得了未被交付之物的占有,则他可以时效取得遗赠物。"

〔3〕 Cfr. 《十二表法》第六表第 3 条 (见第 50 页注释 1)。

〔4〕 Cfr. D. 41. 4. 2. 21 (保罗):"倘若我购买了属于他人的物,在我对之时效占有的期间,如果此物的所有权人要我返还该物,我的时效取得期间并不因争讼程序而中断……"

〔5〕 Cfr. D. 41. 3. 20 (雅沃伦):"遗嘱人的占有应当有利于继承人,只要在该期间内占有未被他人取得。" D. 41. 3. 31. 5 (保罗):"接受继承之前或之后的时间应当计入继承人的时效取得期间。" D. 41. 3. 40 (涅拉提乌斯):"根据有关规定,如果一个时效取得期间是从死者(生前)开始计算的,那么它有可能在继承被接受之前已经完成。"

不无疑问〔1〕。

（四）占有人的善意

善意（bona fides）。第四个要件很可能只是在共和后期才得以确立，那就是时效取得人的善意，也就是说，他须确信不会损害物的所有权人的利益，因为，比如说，他认为自己是从市民法或者裁判官法上的所有权人那里〔2〕，或者被授权之人那里〔3〕，或者依法对该物为抛弃行为之人（derelictio）那里而获得的物〔4〕。当客观上不存在过错之时是否还要求满足善意要件，即时效取得人以为会给物的所有权人带来损害的错误确信是否会给自己造成不利后果，古典时期的法学家们的观点不一〔5〕。在古典法中，到底善意是建立在了可原谅的错误之上还是不可原谅的错误之上，似乎无关紧要。只要占有之始是善意的即可〔在占有继承

313

---

〔1〕　Cfr. I. 2. 6. 13："据神圣的塞维鲁帝和安东尼帝之批复，出卖人和买受人各自的占有期间，亦得合并计算。"〔但是这个批复原本很可能是有关长期取得时效（longi temporis praescriptio）的。〕

〔2〕　Cfr. Gai. 2. 43："那些由非所有权人交付给我们的物，无论是要式物还是非要式物，只要我们是善意受让的，相信交付之人就是所有权人，我们均可时效取得之。"

〔3〕　Cfr. D. 41. 4. 7. 6（尤里安）："倘若你的代理人将你的原本可以卖一百金币的土地以三十金币的价格卖出，目的只是给你带来损害，毫无疑问，不知情的买受人可以通过长期占有而（时效）取得它……"（片段中的 capiat 原为 usucapiat。）D. 41. 7. 5pr.（彭波尼）："……倘若我知晓你的妻子赠与给了某物，并且我从你这里购买了它，那么此时你几乎可以被视为一个自愿转让的所有权人。"D. 50. 16. 109（莫德斯汀）："善意买受人被认为是不知某物为他人之物或者以为出卖人有权出卖此物的人，比如认为出卖人是代理人或者监护人的人。"

〔4〕　Cfr. D. 41. 7. 4（保罗）："倘若我们受让了某个被抛弃的物，且我们以为它就是抛弃物，那么我们就可以时效取得它，即使我们不知道何人抛弃了它。"

〔5〕　Cfr. D. 41. 3. 32. 1（彭波尼）："倘若某人以为根据法律自己不能时效取得他占有的物，那么应当说，虽然他是错误的，也不发生时效取得，或是因为他不被认为是善意占有人，或是因为法律认识错误之人不能时效取得。"D. 41. 4. 2. 2（保罗）："……若（条件）成就而（附条件买卖的买受人）不知情，在萨宾看来，更应该考虑的是实际情况而非人的想法，故可时效取得之……"

（successio possessionis）情形中，是被继承人（de cuius）而非继承人的占有开始之时〕，因为正如人们所说，"事后发生的恶意没有妨碍"（mala fides superveniens non nocet）〔1〕。

（五）取得的名义

名义（titulus）。最后一个要件很可能只是在共和末期才得以确立，它构成了对前一个要件即"善意"（bona fides）的限制。这个要件就是名义或者说时效取得的正当原因（iusta causa usucapionis），即在一定的情势中，取得时效人对物的占有可以发挥一定的经济与社会功能，且该功能被法律制度允许、被认为是为财产的取得提供了正当性。不过，根据现有的原始文献若欲指出，古典时期的法学家在何种程度上要求存在一个有效的名义（在这一点上，塞维鲁时期最后一批法学家以及后世戴克里先皇帝的总理大臣的观点似乎具有指向性意义），换言之，是不是只要有一个只是时效取得人推测存在或有效的名义（即所谓的"假想的"名义）即可，诚非易事。如果时效取得人基于买卖、赠与、或者嫁资的设立而占有某物，但是要么因为涉及移转所有权要通过要式买卖（mancipatio）或拟诉弃权（in iure cessio）实现的要式物（res mancipi），要么因为让渡（traditio）是非所有权人（non do- 314

<hr/>

〔1〕 Cfr. D. 41. 1. 48. 1（保罗）："……倘若在某物交付给我之时，我以为它是出卖人的，但是后来我得知事实上它是第三人的，在长期取得时效的期间中……"（片段中的 capiat 原为 usucapiat。）D. 41. 3. 10pr.（乌尔比安）："若善意购买了他人之物，就会产生这样的问题，即时效取得该物要求购买之时具有善意，还是要求交付之时具有善意。占主导地位的萨宾和卡修斯的观点是，须在交付之时具有善意。"D. 41. 3. 15. 3（保罗）："倘若某人交付给了我们他根据遗嘱或要式口约而应当交付的物，我们认为应该考察的是交付之时的情况，因为也允许允诺人就尚不属于他的物而订立要式口约。"D. 41. 3. 43pr.（帕比尼安）："倘若善意受人的继承人知道此物归他人所有，并且已经取得了对它的占有，那么该继承人不能时效取得它。不过他的知情不影响占有的继续。"

minus）完成的，却没有通过让渡（traditio）成为所有权人，相应地，原始文献涉及的名义分别是"因买受"（pro emptore）、"因赠与"（pro donato）和"因嫁资"（pro dote）；如果时效取得人基于遗赠而占有某物，但是，比如说，因为是非所有权人（non domi-nus）就物作出的直接遗赠（per vindicationem），却没有成为所有权人，原始文献中使用的是"因遗赠"（pro legato）的名义；如果时效取得人占有某个被抛弃的物，但是因为抛弃是非所有权人的占有人作出的，却没有成为所有权人，原始文献中使用的是"因抛弃"（pro derelicto）的名义。上面提到的所有名义类型都发挥着一个典型的功用，即为财产的取得提供正当性。"因清偿"（pro soluto）的名义则不然。涉及此点的原始片段为数并不多。如果时效取得人占有某个以履行一个既存债务的名义而交付给他的物，但是由于通常的事由，即要么因为让渡的是要式物（res mancipi tradita），要么因为让渡（traditio）是由非所有权人（non domi-nus）作出的，该物没有成为他的，则此时时效取得的名义就是"因清偿"（pro soluto）：这种情况下，为财产的取得提供正当性基础的事由似乎存在于债权行为之中，且可以推断认为，"因清偿"（pro soluto）的名义曾发挥了顶替履行相对于完成在时间上有必要延后的债权行为〔比如，要式口约（stipulatio）和间接遗赠（il legato per damnationem），而不包括买卖、赠与，或者嫁资的设立〕所设立的名义之作用。一般而言，要求为财产取得提供正当性基础的法律行为须是存在〔1〕、有效〔2〕且已生效的〔3〕（要提请大家注意的是，即使债权行为以他人之物为标的物，也是有效的）。不过某些原始文献提到，只要存在假想的名义即为已足：主要的情形是，因欲为处分之人不具备行为能力，法律行为无效，比如说精神病人（furiosus）或被监护人（pupillus）在未经监护人许可（sine tutoris auctoritate）而作出的行为，但是时效取得人误以为对方有行为能力〔4〕；另外一种情形是，涉及非债清偿（solu-

315

---

〔1〕 Cfr. D. 41. 4. 2pr.（保罗）："某人作为真正购买某物的买受人而为占有，仅仅只是在观念上认为自己是作为买受人而占有的物是不够的，还须存在购买的原因……" D. 41. 3. 48（保罗）："……倘若我以为自己基于买卖之原因而负有债务，并交付了某物，但是倘若买卖并未发生，则买受人不能时效取得（标的物）……" I. 2. 6. 11："误以为有原因而占有时，不发生时效取得。比如，某人以为自己购买了某物而占有它，而实际上并未购买。" D. 41. 6. 1pr.（保罗）："若某物基于赠与的原因而被交付给某人，则此人可因赠与而时效取得之。然而，仅有观念尚且不够，还须实际有赠与之发生。" D. 41. 8. 2（保罗）："若我占有一个我以为是遗赠给我的物，而实际上此物并未遗赠给我，那么我不能因遗赠而时效取得之。"

〔2〕 Cfr. D. 41. 4. 2. 6（保罗）："我购买了（奴隶）斯提库斯，但是交付给我的却是达玛，且我对此事毫不知情。普利斯库斯认为，我不能时效取得（后者），因为买受人不能因购买而时效取得未被购买之物……" D. 41. 6. 1. 1-2（保罗）："倘若家父将某物赠与给了处于其父权之下的家子，家父死亡后，家子不能因赠与而时效取得它，因为这个赠与是无效的。倘若在夫妻之间存在一项赠与，则时效取得不发生……" D. 41. 8. 7（雅沃伦）："没有遗嘱能力之人不能以遗赠的名义时效取得，因为此种占有源于有关遗嘱的法。"（此处的"遗嘱能力"指的是被动遗嘱能力。——译者注）

〔3〕 Cfr. D. 41. 4. 2. 2（保罗）："如果买卖附有条件，在条件成就之前买受人不能时效取得。若有人以为尚未成就的条件已经成就，亦然。与此相似的情形是，有人误以为自己购买了某物……"

〔4〕 Cfr. D. 6. 2. 7. 2（乌尔比安）："马尔切罗在《学说汇纂》第17卷写道，不知情地自精神病人处购买之人，可以时效取得……" D. 41. 3. 13. 1（保罗）："自精神病人处善意购买某物之人可时效取得该物。" D. 41. 4. 2. 16（保罗）："倘若我将一个精神病人当作精神健康之人，并从他那里购买了一物，那么，虽然买卖是无效的，但是基于实际情况之考虑，我可以时效取得此物……" D. 41. 4. 2. 15（保罗）："倘若我将一个被监护人当作适婚人，并从他那里购买了一物，那么，我可以时效取得它……"

tio indebiti）时的"因清偿"（pro soluto）的名义[1]；概括而言，两个可能被添加过的片段，谈到了错误可被谅解的情形[2]；最后，从三个片段中[3]，正如从第四个片段中可以看出对假想的名

---

[1]　Cfr. D. 41. 3. 46（赫尔莫杰尼安）："因债务原因受领某物的人可以因清偿而时效取得该物，且不仅是债的标的物，任何因债务而被给付的其他物均可以此名义而被时效取得。" D. 41. 3. 48（保罗）："倘若我以为向你负债，并因此将某物交付于你，那么，如果你也认为我负有债务，则可以发生时效取得……" D. 41. 4. 2pr.（保罗）："倘若我以为向你负有债务，并因此将某物交付给了不知情的你，则你将时效取得之……"

[2]　Cfr. D. 41. 4. 11（阿弗里卡努斯）："通常认为，自己以为购买了某物而实际并未购买之人，不能作为买受人时效取得该物。但是，只有买受人的错误欠缺正当原因的情况下，这一看法才是正确的。因此，如果一个人委托奴隶或代理人购买一物，该奴隶或代理人使他相信已经购买了此物，并且此物已被交付，那么更为正确的看法是，可以时效取得它。" D. 41. 10. 5. 1（涅拉提乌斯）："但是某人占有他以为归其所有的物，即使他的认识是有误的，仍然可以时效取得。这一点应当理解为可发生的错误并不对时效取得构成妨碍。比如，我错误地以为我的奴隶，或者根据继承法我继承的人的奴隶，购买了某物，这是因为对他人行为的不知情是可被容忍的错误。"

[3]　Cfr. D. 23. 3. 67（普罗库勒）："普罗库勒问候涅宝斯。如果一位女奴，知道或者不知道自己的奴隶身份，结婚并以嫁资的名义交付给了丈夫一笔金钱，那么，她将不能使其丈夫获得这笔金钱的所有权，故而这笔金钱仍归以嫁资名义交付给这丈夫之前拥有这笔金钱的那个人所有，除非它已经被时效取得。与该丈夫同居期间被解放以后，她也不能改变这笔金钱的法律地位。因此，即便是办理了离婚，（这位妇女）也不能以嫁资的名义或者通过请求返还之诉正当地要回它，而是这笔金钱的所属之人可以正当地要求原物返还。但是，如果该丈夫相信这笔金钱是他的并且时效取得了它，当然是在他相信自己的妻子是自由人的情况下，我更倾向认为他得利了，当然是在婚姻开始之前他时效取得了这笔金钱的情况下。此外，我也赞同下述观点，那就是，即使（这位妇女）用这笔金钱买了某物，在这笔金钱成为嫁资之前，也是如此，以使她不占有或者不使她以诈欺的方式不占有（这笔金钱）。" D. 41. 10. 3（彭波尼）："倘若你错误地以为自己根据要式口约应向我交付一个奴隶，并将之交付给了我，那么倘若我知道你对我什么也不欠，则我不能时效取得该奴隶；倘若我不知情，更正确的观点是，我可以时效取得该奴隶。因为这个给付是根据我以为真实的原因而发生的，这个原因足以使我将被交付的物当作自己的物而占有。涅拉提乌斯是这样认为的。我认为他的观点是正确的。"

义持否定性评价那样[1]，似乎可以看出，当时时效取得可以有
"当然的"（pro suo）名义。这个"当然的"（pro suo）名义是一
种可能涉及不同情形的名义，多数情况下指的是假想的名义，但
若要准确说明其含义则是非常困难的。最后，我们要知道，名义
还可以由执法官或审判员所采取的措施构成，它们是：因潜在损
害的授权占有（missio ex II decreto damni infecti nomine）、遗产占
有（bonorum possessio）和分配裁判（adiudicatio）。关于它们的详
细内容，我们还将在其他部分一一予以阐述。

316

四、异态取得时效

（一）　时效取回（usureceptio）

在两种时效取得的异态情形中，不要求善意（bona fides）和
正当原因（iusta causa）这两个要件。在古典法中，它们作为一种
早期制度的残余而被保留了下来。它们是时效取回（usureceptio）
和作为继承人的时效取得（usucapio pro herede）。时效取回（usu-
receptio）要么由于信托原因（fiduciae causa），要么由于担保拍卖
原因（praediaturae causa）而发生：前者有利于占有所有权已经归
受信托人享有的物的、作为信托人的债务人，除非在与债权人的
信托（cum creditore）中，在债务履行前没有从债权人那里以临时
让与或租赁的名义受领此物；后者是有利于为了实物担保而将土
地交给了国家，并在没有履行所担保的债务的情况下，已经将这

---

　　[1]　Cfr. D. 41. 3. 27（乌尔比安）："杰尔苏在其书的第34卷论述说，那种认为只
要获得了对物的善意占有之人，便可将之作为自己的物而时效取得它，至于此物是否
真正被购买或赠与并不重要，只要此人以为存在买卖或赠与即为已足的观点是错误的。
这是因为，如果没有赠与、嫁资的设立或遗赠之发生，便不能因赠与、因嫁资的设立
或因遗赠而时效取得。这样的规则也适用于诉讼标的的估价，如果没有真正的诉讼标
的估价发生，便不发生时效取得。"

片土地出卖，但仍然占有这片土地的人[1]。

（二）作为继承人的时效取得（usucapio pro herede）

作为继承人的时效取得（usucapio pro herede）之前提是：涉及的物确实属于遗产（hereditas）的一部分[2]，被继承人（de cuius）没有自家继承人和必要继承人（heredes sui et necessarii），时效取得人具有消极的遗嘱资格（testamenti factio)[3]，并且在他之前没有任何人占有构成遗产的物。这个制度很可能产生于古代，是僧侣法学为了保证有人继续死者的"圣事"（sacra）而创造的制度，且作为取得时效，要经过对作为整体的遗产（hereditas）占有1年，方可完成；在古典法中，这种取得时效不再与上述性质的遗产（hereditas）相联系，其对象变成了遗产中单个的物，但是保留了古代制度中的1年期间以及不要求善意（bona fides）和正当原因（iusta causa）这些特征，所以，无论是以为存在一个"因继承"（pro herede）的名义之人，还是以为存在一个实际上无

---

　　[1]　Cfr. Gai. 2. 59-61："直到今天，在一些情形中，知情之人仍然可以时效取得别人的物。确实，某人以信托的名义通过要式买卖或拟诉弃权将一物转让给了他人，如果他自己占有该物，则他可以一年后时效取得此物。这里人们认为也包括与土地相关的物。之所以称这种时效取得为时效取回，是因为我们通过取得时效取回了我们一度拥有的东西。不过，信托关系要么是与债权人以质押的名义建立的，要么是与能够安全地保管我们的物品的朋友建立的。倘若信托关系是与朋友建立的，当然，无论什么情况下均可以时效取回（信托物）；如果是与债权人建立的，在债务得到履行后，都可以时效取回（信托物）；而倘若债务没有得到履行，只有当债务人不是从债权人那里租赁此物，或者也不是请求债权人允许他暂时占有此物之时，才能时效取回，在这种情况下可以实行得利性时效取得。与此类似，如果罗马人民将自己接受的抵押品拍卖，且所有权人占有了它，允许实行时效取回。不过，在这种情形下，对土地的时效取回期间是两年。这通常被称为地产拍卖后取回占有：确实，从罗马人民那里购买此物的人被称为拍卖物取得人。"

　　[2]　Cfr. D. 41. 5. 1（彭波尼）："对生者之财产不能因继承而时效取得，即使占有人以为该财产归死者拥有。"

　　[3]　Cfr. D. 41. 5. 4（保罗）："通说认为，具有遗嘱能力之人可以作为继承人而时效取得。"

效的名义之人，都可以"因继承"（pro herede）而时效取得；不过，哈德良皇帝时期的一个元老院决议规定，真正的继承人可以通过提起要求继承之诉（petitio hereditatis）撤销恶意占有人从中得利的作为继承人的时效取得（usucapio pro herede）[1]；此外，在马可·奥列留时期，占有他人的遗产的行为构成掠夺遗产罪（crimen expilatae hereditatis）。在古典时期，人们已经就下述问题进行讨论，即如果真正的继承人误以为某些物属于遗产的范围，那么他是否可以时效取得它们[2]；但是它怎么也不涉及作为继承人的时效取得（usucapio pro herede）的问题，而是一种涉及假想名义的情形。

317

─────────

　　〔1〕　Cfr. Gai. 2. 52-58："另一方面，也会发生这样的情况，即明知是他人之物而为占有之人，时效取得该物，例如，某人占有继承人尚未取得的遗产中的物：于此情形中，允许他时效取得该物，只要该物可以时效取得。这种类型的占有和时效取得被称作顶替继承人的（占有和时效取得）。在这种时效取得中，包括涉及与土地有关的物，期间是一年。之所以在这种情况下对与土地有关的物规定的也是为期一年的取得时效，是因为人们曾经认为占有遗产中的物就是占有作为整体的遗产本身，也就是说，其时效取得期间是一年。实际上，根据《十二表法》的规定，对土地的时效取得需要两年的时间，对其它物的时效取得则需一年的时间。这里，遗产被归入其它物的范围，它不是与土地相关的物，因为它连有体物都不是。虽然后来人们认为不能对作为整体的遗产时效取得，但是对于遗产中所有的物，包括与土地相关的物，也仍然适用期间为一年的时效取得。至于之所以允许如此不公正的占有，是因为古人希望遗产尽快被接受，这样就可以有人准备宗教活动，这些活动的时间性要求很强；另外，债权人也可以对之要求履行所欠自己的债务。这些占有和时效取得也被称为得利占有和得利时效取得，确实，这些情况中，占有人明知是他人之物而得利。但是今天得利时效取得不复存在。的确，根据哈德良皇帝的批准，一项元老院决议规定，可以撤销这种时效取得。因此，继承人可以要回遗产，从已经时效取得某物之人手里要回它，就好像时效取得没有发生那样。如果存在必要继承人，当然什么也不能作为继承人而时效取得。"

　　〔2〕　Cfr. D. 41. 5. 3（彭波尼）："多数人认为，倘若我是继承人，且将本不属于遗产的物误以为是遗产中的物，那么我仍然可以时效取得之。"

五、长期取得时效（longi temporis praescriptio）

因为时效取得是奎利蒂法上的所有权的取得方式，所以其客体不能是行省土地。对于行省土地，行省的习惯法产生了一种后来被古典后期的皇帝谕令确认的制度，即长期取得时效（longi temporis praescriptio）[1]，后来卡拉卡拉的谕令将该制度的适用范围扩大到了动产[2]。长期取得时效（longi temporis praescriptio）不是取得所有权的方式，而是可以产生抗辩权的原因，可以使占有人主张对占有物享有一种权利以对抗起诉自己的人（主要是所有权人）。它要求对物的占有，且是善意（bona fides）和有正当原因（iusta causa）的占有[3]，占有的期间因为双方当事人居住在同一座城市（inter praesentes）或者不居住在同一座城市（inter absentes）而分别达到了 10 年或者 20 年[4]；与取得时效不同，诉讼的开始产生时效中断的效力[5]；对时间的计算不是连续性的，因为原告由于公务原因不在（rei publicae causa）或者尚未成年之前这段时间是不计算在内的[6]。

318

---

〔1〕　Cfr. B. G. U. 1. 267（a. 201）.

〔2〕　Cfr. D. 44. 3. 9（马尔西安）："神圣的安东尼皇帝在一些批复中规定，长期取得时效在动产领域也适用。"

〔3〕　Cfr. P. S. 5. 2. 4（保罗）："二十年的长期取得时效……须开始之时具有正当原因，且过程无间断……"

〔4〕　Cfr. C. 7. 35. 7（impp. Diocl. et Max.）："善意占有人若与所有权人居住在同一个城市占有达十年，若不居住在同一个城市占有达二十年，受到时效的保护。"

〔5〕　Cfr. C. 7. 33. 10（a. 294）："善意取得占有之人不去应诉，也不能再继续主张长期取得时效，因为诉讼开始后时间应当重新计算。"

〔6〕　Cfr. C. 7. 35. 3（a. 290）："众所周知，成年之前的时间不计算在时效期间内，时效只有在物的所有权人达到成年后方开始计算。"

六、后古典时期的制度

在后古典时期，取得时效（usucapio）和长期取得时效（longi temporis praescriptio）这两种制度都被废止：根据狄奥多西二世的一个谕令，诉讼的时效期间为 30 年[1]，如此一来，30 年的占有就实际上取得了所有权，哪怕没有正当原因（iusta causa）或者善意（bona fides）。

七、优士丁尼时期的制度

优士丁尼部分恢复了古制，且将古典时期的取得时效（usu-capio）和长期取得时效（longi temporis praescriptio）这两个制度合二为一：在涉及动产的时候，这个新制度一般称为取得时效（usucapio）；在涉及不动产的时候，则一般称为长期取得时效（longi temporis praescriptio）（是否位于行省已不再重要）；并且，后者已经就像古典的取得时效（usucapio）制度那样，是取得所有权的一种方式[2]。此时，相对于古典时期的不可时效取得的物的种类，又增加了皇帝的物、嫁资中的物、外来特有产、遗赠的物，以及《新律》的规定，教会的不动产和慈善基金。动产的占有需

319

---

〔1〕 Cfr. C. Th. 4. 14. 1 pr. （a. 424）.

〔2〕 Cfr. I. 2. 6pr. （v. C. 7. 31. 1, a. 531）："市民法曾经规定，善意地从自以为是所有权人但实际不是的人那里，通过购买、赠与或者基于其他正当原因受领某物之人，倘若是动产，无论在何处，期间是一年，倘若是不动产，以在意大利的境内为限，是两年，时效取得相应的物，以使物的所有权不处于不确定的状态。之所以如此规定，是因为古人认为这个期间足以使所有权人寻找自己的物。但是，朕作出了更好的决定，以不使所有权人过快地被人骗走属于他们的物，也不使这种恩惠局限于特定的地方。为此，朕颁布了一项谕令，其中规定，动产经过三年时效取得，取得不动产则须长期占有，临近的人之间，经过十年，不临近的人之间，经过二十年。并且，如果是事前有正当原因的占有，不论是在意大利，还是在我们治下的每片土地上，均可以这种方式取得所有权。"

要持续 3 年，不动产的占有如果是"在临近的人之间"（inter praesentes，即住在同一城市）需要 10 年，"在不临近的人之间"（inter absentes，即不住在同一城市）需要 20 年[1]：这个时期，占有合并（accessio possessionis）肯定是允许的[2]；就像古典时期的长期取得时效（longi temporis praescriptio）制度中的规定那样，取得时效中断的原因不仅包括占有的丧失，而且包括向占有人提起的对物之诉；并且，对于未适婚人、未成年人、由于公务原因（rei publicae causa）不在之人，以及没有消息的人、远征的士兵，适用取得时效的中止。善意要件一直是要求的，但是涉及名义要件，《学说汇纂》中选取了古典时期的法学家们不一致的观点，因此，要想廓清优士丁尼时期的相关制度就相当困难：有些片段说必须有一个生效的名义，而有的片段又说，只要是建立在一个可原谅的错误而非法律错误之上，那么只需要有一个假想的名义即为已足[3]。

另外，优士丁尼皇帝还承认所谓的特长取得时效制度（praescriptio longissimi temporis）。只要是属于交易物（in commercio）的物，经过 30 年的占有，就可以据此取得该物的所有权。这一制度要求善意要件，但是不要求名义要件和错误的可原谅性。

---

〔1〕　Cfr. I. 2. 6pr.，见第 63 页注释 2。

〔2〕　Cfr. I. 2. 6. 13："据神圣的塞维鲁帝和安东尼帝之批复，出卖人和买受人各自的占有期间，亦得合并计算。"〔但是这个批复原本很可能是有关长期取得时效（longi temporis praescriptio）的。〕

〔3〕　在最后一点上，cfr. D. 22. 6. 4（彭波尼）："对法律的不知于时效取得有用的观点被否定；相反，对事实的不知则是有利的。"D. 41. 4. 2. 15（保罗）："……不能时效取得，因为对法律的认识错误不能有利于任何人。"D. 41. 3. 31pr.（保罗）："在时效取得中，对法律的认识错误不能对占有人有利……"D. 41. 3. 32. 1.（保罗）："……对法律认识错误的人不能时效取得。"

第九节 先占和取得埋藏物

一、先占

先占是通过伴随着据为己有的意思，对没有所有权人的物〔抛弃物（res derelicta），即被其所有权人抛弃的物，也属于无主物（res nullius）。只是普罗库勒学派不这样认为。对于抛弃物，我们将在所有权的丧失部分予以论述〕的占有而取得所有权的一种方式[1]。先占的客体有：海洋中形成的岛屿（insula in mari nata)[2]；河流中形成的岛屿（insula in flumine nata)，因为在古典时期，沿岸土地可能要经过"划界"（limitati)[3]，否则就由这些（沿岸）土地的所有权人通过添附而取得所有权；海滨捡拾物（res inventae in litore maris)[4]；生活在自然状态的动物，如果不是家畜，或者是家畜，但是已经失去"返回的习性"（consuetudo

---

[1] Cfr. D. 41. 1. 3pr. （盖尤斯）："不属于任何人的物，根据自然理性，属于先占者。"

[2] Cfr. D. 41. 1. 7. 3（盖尤斯）："海洋中形成的岛屿（此种事情很少发生)，属于先占者：它被认为是无主的……"

[3] Cfr. D. 43. 12. 1. 6（乌尔比安）："公共河流中形成的岛屿……若沿岸土地已经划界……"

[4] Cfr. D. 1. 8. 3（弗罗伦汀）："同样，我们在海滨发现的宝石、美玉以及其他物品，根据自然法，也立即变成我们的。"D. 41. 2. 1. 1（保罗）："……海洋中形成的岛屿以及在海滨发现的美玉、宝石和珍珠，都归最先取得物的占有之人所有。"

320 revertendi）〔1〕，与那种认为只需要打伤动物而不必抓到动物，便可以取得所追动物的所有权之观点相反，另外一种观点在古典法中占了上风，并且优士丁尼的法律采纳了要求实际占有的观点〔2〕；敌人物（res hostiles）〔3〕，即属于与罗马没有友好关系的城邦及其市民的物品，除非是战利品（和土地），因为这些物由城邦获得，也承认异邦人对罗马人的物类似的取得，以有利于前者，不过一旦罗马人实现了复境权（iure postliminii），所有权人的身份也自动恢复，这些物重新回到他们的支配之下〔4〕。狩猎和捕鱼这两种最为常见的适用先占规则（occupatio）的行为，它们是自由的，即使是上述活动所在的土地或者水域的所有权人，或者如果涉及公有物，从城邦获得许可之人，有事先声明的禁止，尽管该禁止会产生其他的效力，但是如果发生了先占（occupatio），

---

〔1〕 Cfr. Gai. 2. 67-68：“……如果它逃走并恢复了天性的自由，那么它又重新归先占者所有，因为它已经不再是我们的了：当它在我们的视野内消失，或者虽然在我们的视线范围之内，但是已经很难追到它时，认为它恢复了天性的自由。对于那些惯于往返的动物，例如鸽子、蜜蜂，以及惯于往返树林的鹿，我们承继下来的规则是，如果它们不再有返回的意思，也就不再是我们的了，并且将归先占之人所有：当它们不再有返回的意思时，就认为它们不再有返回的习性。”

〔2〕 Cfr. I. 2. 1. 13：“有人问：倘若你使野兽受伤，以至于可以抓到它，那么它是否立即成为你的财产？有人认为立即成为你的，且只要你在追捕它，它就是你的；倘若你停止追捕，它就不再属于你，而重新属于先占之人。其他人认为，只有你将它捕获，它才是你的。朕采纳了后一种意见，因为往往还会发生许多使你捕不到它的事情。”

〔3〕 Cfr. Gai. 2. 69：“从敌人那里获得的物，根据自然的理由，也变成我们的。”

〔4〕 Cfr. D. 49. 15. 2（马尔切罗）及 D. 49. 15. 3（彭波尼）：“根据战争习惯，复境权适用于战船和货船，但不适用于渔船和供玩乐的游船。战争中受伤的马匹也可以通过行使复境权要回，因为它们完全可能在骑手没有任何过失的情况下跑离。但是，该权利不适用于武器，因为丢弃武器是一件很丢脸的事情，所以不允许通过行使复境权要回它们。对于衣服，同样如此。”D. 49. 15. 20. 1（彭波尼）：“的确属实的是，当敌人从其控制的土地撤出时，土地的所有权重归先前的所有人。这些土地既不充公，也不成为战利品，尽管从敌人那里占领的土地都成为公有的。”

该禁止似乎也不会妨碍物的取得[1]。

二、重新发现埋藏物

从帝政时期开始，重新发现埋藏物与先占制度（occupatio）相分离。埋藏物指的是长期埋藏（一般在地下或墙中）以至于人们已经不记得曾经存在过所有权人的贵重动产[2]。在这个问题上，哈德良皇帝颁布了一项规定，该规定被后世的皇帝谕令修改，在公元5世纪被重新实施，最终又被优士丁尼采纳：一个埋藏物，如果是在自己的物中，或者偶然地在神圣物或者神息物中被发现，那么它全部属于发现者；如果它是在他人之物或者公有物中被发现的，那么（物是共有的），一半属于发现者，一半属于藏于其中的物的所有权人，或者涉及公有物的，一半属于相应的公共财政[3]。对于重新发现埋藏物，应当认为须伴有对物的实际占有；如果对非属于自己的物的重新发现不是偶然发生的，而是经过致力找寻（data opera）才实现的，那么，由于这个原因，发现者什么也得不到。

321

---

〔1〕 Cfr. D. 41. 1. 55（普罗库勒）："一头野猪掉进了你为狩猎而挖的陷阱中，在它被困之时……首先来看陷阱挖在私有土地或者公有土地上是否存在差别；如果挖在了私有土地上，那么是挖在了我的土地上，还是挖在了其他人的土地上；如果挖在了他人的土地上，那么此行为得到了所有权人的许可，还是没有得到许可……总之，我认为，只要它们在我的掌控之中，它们就归我所有……"

〔2〕 Cfr. D. 41. 1. 31. 1（盖尤斯）："埋藏物是很久以前埋藏起来的已经被遗忘的财产，因此其上没有所有权……"；C. 10. 15. 1. 1（a. 474）："……埋藏物是我们不知为何人的所有权人在很久以前将其埋藏起来的动产。"

〔3〕 Cfr. I. 2. 1. 39："某人在自己的土地上发现的埋藏物，神圣的哈德良皇帝根据自然的公平规定，属于发现者所有。对于在神圣地或者安魂地偶然发现的埋藏物，他作了相同的规定。但是，对于在他人土地上未致力找寻而偶然发现的物，他规定一半归土地所有权人所有。同样，如果某人在恺撒的土地上发现了埋藏物，哈德良皇帝规定，一半归发现者，一半归恺撒。根据同样的规则，如果某人在公共的土地上或者皇库的土地上发现了埋藏物，一半是发现者的，一半是皇库或者城邦的。"

第十节　取得孳息

　　天然孳息的取得问题自孳息从原物分离、从而孳息具有了独立性之时产生。然而，不论是何种原因造成的分离，如果有税赋田权（ius in agro vectigali）即永佃权的权利人[1]，或者有善意占有人[2]，他们都因孳息的分离而取得所有权。不过在优士丁尼法中，后者须向要求返还原物的所有权人返还尚未消费的孳息。孳息的收取，不论是在分离之时还是在分离之后，都可以使用益权人[3]和承租人取得所有权，后者的孳息收取行为被认为是让渡

（traditio）的一种，因为他的行为已经得到了出租人的许可[4]。

---

　　〔1〕　Cfr. D. 22. 1. 25. 1（尤里安）："……就像占有税赋田之人那样，孳息一旦与土地分离，他就取得孳息的所有权。"

　　〔2〕　Cfr. D. 7. 4. 13（保罗）："……（尤里安认为），善意占有人则在（孳息）与土地分离之时便取得（孳息的）所有权。"D. 22. 1. 25. 1（尤里安）："……无论孳息是以何种方式与土地分离的，善意占有人都取得（孳息的）所有权……"D. 41. 1. 48pr.（保罗）："……即使这些孳息尚未被收取，一旦它们与土地分离，也立即归善意买受人所有……"

　　〔3〕　Cfr. D. 7. 1. 12. 5（乌尔比安）："……用益权人没有取得孳息的所有权，除非他收取了它们，因为其他人也可能将之从土地上取走……"D. 7. 4. 13（保罗）："……尤里安说，用益权人在收取孳息后方可取得所有权……"D. 22. 1. 25. 1（尤里安）："……在（孳息）被用益权人收取之前，用益权人没有获得（孳息）……"

　　〔4〕　Cfr. D. 47. 2. 62. 8（阿弗利卡努斯）："……佃农被视为是根据土地所有权人的意思在收取（孳息），所以孳息归他所有。"D. 39. 5. 6（乌尔比安）："……石头被认为是在所有权人同意的情况下让渡的……"

第十一节 附 合

一、附合的概念

在附合这个统一的概念之下，通过原始文献中所使用的非专业术语，传统上人们习惯于将多种情况下满足下述条件的两物的结合归为一类：两个物的所有权分别由不同的主体享有，其中一个可以称之为主物，另一个可以称之为从物。结合的后果是，主物的所有权人取得从物的所有权。至于哪个物可以认为是主物，哪个物可以认为是从物，尽管并没有一个绝对的标准以资遵循，但是基本的思想是，对整体的经济—社会功能的发挥起决定性作用的物即为主物。另外一个一般性的标准大致是，如果主物与从物之间发生的结合，根据古罗马人的观点，是通过一种相互渗透的方式合二为一的，则所有权不可逆转地被取得；相反，当实际情况并非如此时，所有权的取得是可逆的，同时附合本身也随之消灭。

二、不动产与不动产的附合

第一类情况是由于河流的冲击作用而造成的不动产与不动产的附合：淤积地（adluvio），冲刷地（avulsio），河流中形成的岛屿（insula in flumine nata），被弃置的河床（alveus derelictus）。若泥土被河流冲走，不易为人觉察地使沿岸土地增加〔所谓的不易觉察的增加（incrementum latens）〕，出现淤积地[1]；若土地的一部分被河流冲走，其上的树木已经于临地生根（coalitio）〔对之将在下文谈到栽植（implantatio）时论述〕，被冲走部分牢固地增添于沿岸的土地之上，造成明显的土地增加〔所谓的显而易见的增加（incrementum patens）〕，出现冲刷地[2]。在这两种情况下，河岸临地的所有权人都确定地取得附着在他的土地之上的土壤部分；与冲刷地相近的是坍塌地（crusta lapsa）的情况，即非由于河流冲击作用，一块土地牢固地附着在另一块土地之上，并且其上的树木已经于临地生根（coalitio）[3]。当在河中一块土地浮出

323

─────────────

　　[1]　Cfr. Gai. 2.70："由于淤积作用而带到我们土地上的，根据相同的标准，也将变成我们的；由于淤积作用，河流缓慢地将泥土带到我们的土地上，以至于我们无法算出哪个时间增添了多少。人们通常说，淤积地形成之缓慢可以欺骗我们的眼睛。" I. 2.1.20（参见 D. 41.1.7.1 中盖尤斯的论述）："此外，根据万民法，由于河流淤积而使你的土地增加的部分归你所有。淤积是不易觉察的增加。淤积过程是如此的缓慢，以至于你无从知晓在某个时间段增加了多少。"

　　[2]　Cfr. Gai. 2.71："因此，如果河流将你的土地的一部分整块冲走，并将之冲到了我的土地之上，这块土地仍是你的。" I. 2.1.21（参见 D. 41.1.7.2 中盖尤斯的论述）："如果河流的暴力将你的土地的一部分冲走，并将它附着了在了邻人的土地之上，很显然，它仍然是你的。当然，如果附着于邻人的土地上一段时间，而被一同带去的树木已经在（邻人的）土地上生根，从那时起，它们被认为已经属于邻人土地。"

　　[3]　Cfr. D. 39.2.9.2（乌尔比安）："阿尔芬也写道，如果你土地上的石头落到了我的土地上……只有石头未与我的土地混为一体、成为其一部分之前，你才能要求返还原物……"

水面时，出现河流中形成的岛屿[1]；当河床全部确定地被河水抛弃时，出现被弃置的河床[2]。在这两种情况下，浮出水面的土地，以河流的中间线为一边（它构成了与对岸沿河土地所有权人间划分增加的土地的界线），并以沿岸土地的沿河边界与该中间线的垂直线为另一边（它构成了与同一岸的不同的沿河土地所有人间划分增加的土地的界线），分别由河流沿岸的土地所有权人按照比例享有。在所有由于河流的作用而增加了土地的情形中，附合规则只在沿岸土地没有完全划界（limitati）之时才适用，否则便排除了其适用，由先占规则调整[3]。

三、动产与不动产的附合

第二类情况是动产与不动产的附合：播种（satio），所谓的栽　324

---

〔1〕　Cfr. Gai. 2. 72："倘若河流中央形成了一个岛屿，那么它归沿河两岸土地的所有权人一起所有。倘若不在河流中央，则归离其沿岸土地更近的所有权人所有。"I. 2. 1. 22（参见 D. 41. 1. 7. 3 中盖尤斯的论述）："……河流中形成的（岛屿），这种事情经常发生，如果它压了河流的中间线，则由河流两岸的土地的所有权人，按照各自沿岸土地的长度为比例，分别所有。然而，如果岛屿比较靠近一侧河岸，那么仅由占有此岸土地的人所有。此外，如果河流在某一地点分流，在下游又汇合，以至于使一人的土地形成了岛屿，那么，此片土地仍然属于原来的所有权人。"D. 41. 1. 29（保罗）："对河的同一侧的沿岸土地享有所有权之人，倘若河流中形成了一个岛屿，则该岛屿并非不分份额地归他们共同共有，而是要分成不同的地块。就好像是（沿着河流中间线）画了垂直的线，每个人都拥有与其所拥有的沿岸土地的界线相对应的岛屿土地。"

〔2〕　Cfr. I. 2. 1. 23-24（参见 D. 41. 1. 7. 5-6 中盖尤斯的论述）："如果河流完全抛弃其河床，开始流经其他地方，原来的河床将归占有沿岸土地的人所有，当然，要按照各个相邻的土地各自沿河的长度为比例。而新河床则取得了河流本身的法律地位，即变成了公共的。如果过了一段时间，河流又回到了原来的河床，新河床重新成为占有沿岸土地之人的。另外一种情况显然与此不同，即某人的土地完全被洪水淹没。淹没不改变土地的种类，因此水势一旦退去，土地当然仍属于原来的所有权人。"

〔3〕　Cfr. D. 41. 1. 16（弗洛伦汀）："对于被划界的土地，不适用关于淤积的法……"D. 43. 12. 1. 6（乌尔比安）："……河流中形成的岛屿，如果沿岸土地已经划界，则归先占之人所有……"D. 43. 12. 1. 7（乌尔比安）："……如果沿岸土地已经划界，则归先占之人所有……"

植（implantatio），建筑（inaedificatio）。土地的所有权人确定地取得在其土地上播种的成果，或者，一旦栽的植物在其土地上扎根（coalitio），确定地取得相应的植物[1]。有关建筑（inaedificatio）的制度与此不同：古典时期的法学家们认为，根据自然法（ius naturale），在这一点上，基本原则是地上物附合于土地（superficies solo cedit），意思就是，土地的所有权人取得在其土地上所建的一切[2]；不过，归土地的所有权人享有的建筑物所有权，与将要使用的单个建筑材料之上的所有权，它们之间存在差别，后者仍然归原来的所有权人所有，但是只能在由于建筑物倒塌附合随之消失的情况下，才能通过出示之诉（actio ad exhibendum）或者原物返还之诉（reivindicatio）予以主张[3]。禁止要求返还建筑材料原

---

〔1〕 Cfr. Gai. 2. 74（接注释 2 中的片段 73）："倘若有人在我们的土地上种了植物，只要该植物已经在地里扎根，更有理由这样认为（即该植物归我们所有）。"I. 2. 1. 32："在土地里扎根的植物附合于土地，同样的道理，播种下的小麦也被认为附合于土地。正如前面所说的那样，在他人土地上修建建筑物的人，如果所有权人向他要该建筑物，他可以主张诈欺抗辩为自己辩护，同样，以自己的费用善意地在他人土地上播种之人，也可以借助于同一抗辩而得到保护。"D. 41. 1. 26. 2（保罗）："倘若一棵树被连根刨出，之后又被栽到另外一块土地之上，在它扎根之前仍然归原所有权人所有。但是，一旦它扎了根，它便附合于土地之上。然而，倘若它再次被连根刨出，它也并不归原来的所有权人所有。因为人们认为，吸收了其他土地里的养分的树已经变成了一棵新树。"

〔2〕 Cfr. Gai. 2. 73："还有，如果某人在我们的土地上修建建筑物，尽管他是为自己而建的，根据自然法也将成为我们的，因为地上物附合于土地。"

〔3〕 Cfr. D. 6. 1. 23. 6（保罗）："根据《十二表法》之规定，不能对已经用到建筑物里的他人的横梁提起原物返还之诉，也不能因此而提起出示之诉……"D. 41. 1. 7. 10（盖尤斯，另见 I. 2. 1. 29）："倘若某人用他人的材料在自己的土地上修建建筑物，那么他就被认为是建筑物的所有权人，因为所有被建之物都附合于土地。不过，这并非说原来材料的所有权人现在就不是它们的所有权人了，而只是说，在一段时间之内，他不能提起原物返还之诉，也不能提起出示之诉。因为《十二表法》中有这样的规定：'倘若某人房屋上的横梁属于别人，则此人没有义务将它拆下，但是要支付双倍的价钱作为赔偿。''横梁'这一词语泛指所有修筑建筑物的材料。如此一来，倘若建筑物由于某种原因倒塌，材料的所有权人既可以提起原物返还之诉，也可以提起出示之诉。"

物的规定可以上溯至《十二表法》，根据其规定，不能要求拆除房屋上的木料（横梁或者立柱）或者葡萄架上所使用的木料[1]，之所以如此规定，是为了避免给建筑或者农业造成损害[2]。

四、动产与动产的附合

第三类情况是动产与动产的附合：书写（scriptura），印染（tinctura），绘画（pictura），编织（textura），木质附合以及金属附合。在书写中，写字所用材料附合于在其上写字的材料[3]；在印染中，颜料附合于布料[4]；在绘画中，与认为颜料附合于画板的观点相反的观点，在古典时期得以确立，并后来被优士丁尼皇帝采纳，根据这个观点，画板（tabula picta）附合于绘画（pictura）[5]；

325

---

〔1〕 Cfr.《十二表法》第六表第 8 条："凡以他人木料建筑房屋或者支搭葡萄架的，木料所有人不得擅自拆除而取回木料。"

〔2〕 Cfr. D. 47. 3. 1 pr.（乌尔比安）："《十二表法》禁止拆除建筑物上盗来的梁柱，或者要求返还葡萄架上的木料（这样规定是为了防止建筑物遭到破坏或者葡萄种植受到影响）……"

〔3〕 Cfr. Gai. 2. 77："……人们认为，倘若有人在我的纸张或羊皮纸上写了字，哪怕是金字，所写的字也是我的，因为这些字母附合于纸张或者羊皮纸……" I. 2. 1. 33："字母，哪怕是金子写成的，也附合于纸张或者羊皮纸，就像建造或播种的东西附合于土地那样。因此，如果提丘斯在你的纸张或羊皮纸上写了一首诗歌、一段故事或者一篇演讲稿，不是提丘斯而是你将被认为是所有权人。不过，如果你向提丘斯要求你的这些书卷或者羊皮纸，而不准备支付书写的费用，提丘斯可以主张诈欺抗辩为自己辩护，自然，前提是他是善意地获得了对这些纸张和羊皮纸的占有。"

〔4〕 Cfr. D. 41. 1. 26. 2（保罗）："倘若你把我的羊毛染成红色，拉贝奥认为它仍然归我所有……"

〔5〕 Cfr. Gai. 2. 78："但是，倘若某人在我的木板上绘画，比如说画了一幅肖像，人们持相反的意见：的确，人们说木板附合于绘画……" D. 6. 1. 23. 3（保罗）："在我的纸张上所写的字，或者在我的木板上所画的画，也立即成为我的；尽管在绘画问题上，有的法学家考虑到绘画的价值而持不同的意见；但是，有必要认为绘画附合于画于其上的物，因为没有后者前者就无法存在。" I. 2. 1. 34："倘若某人在别人的木板上绘画，有些人认为木板附合于绘画，而有些人认为绘画，不论怎样，附合于木板。但是在我们看来，木板附合于绘画更为妥当……"

在编织中，纺线附合于编织其中的织品[1]。在前三种情况中，应该认为，一般而言，被视作主物的物的所有权人可以确定地取得从物的所有权，而在第四种情况中，对从物所有权的取得是可以撤销的，因为纺线的所有权人可以通过提起出示之诉（actio ad exhibentum）将之与织品分离，从而要求返还原物[2]。在木质附合中，也可以对取得的所有权主张类似的撤销[3]。在金属附合中，古罗马人区分了熔合（ferruminatio）和焊接（plumbatura），依据的标准是两个金属物的结合是否要借助于别的金属的介入而实现：在前一类情形中，从物的所有权确定地被取得，在后一类情形中，就像前面所说的编织和木质附合一样，所有权的取得是可以撤销的[4]。

五、对丧失从物的赔偿

326　　接下来需要考虑的是，从物的所有权人，因为自己丧失了所有权，可以向原来是主物的、现在是物的全部的所有权人要求赔

---

〔1〕　Cfr. I. 2. 1. 26：“倘若某人把别人的紫丝缝织到了自己的衣服上，就算是紫丝更珍贵，它也因附合而属于衣服……”

〔2〕　Cfr. D. 10. 4. 7. 1-2（乌尔比安）“如果你将我的轮子装到了（你的）马车上，你将被提起出示之诉（彭波尼也这样写道），尽管在这种情形中你没有取得市民法上的占有。如果你将我的木板装到了（你的）柜子上或者船舶上，或者将手柄装到杯子上、将饰物装到酒杯上，或者你将紫丝缝织到衣服中，或者你将一只手臂接到了雕像上，亦同。”

〔3〕　Cfr. 前一注释中的片段 D. 10. 4. 7. 1-2。

〔4〕　Cfr. D. 6. 1. 23. 5（保罗）：“同样，一切与其他的物结合或链接的物，都因附合而属于后者。只要它们还是一个整体，所有权人就不能要求返还原物，但是可以提起出示之诉，以使它们分离从而可以要求返还原物。要知道，卡西乌斯关于熔合的论述构成一个例外：他说，如果以熔合之方式将（他人雕像的）一只手臂接到自己的雕像之上，（手臂的所有权）便随之消失；而且，一旦它成为他人的，即使后来脱落下来，它也无法重归原来的所有权人所有。对于焊接则不适用同样的规则，因为熔合在同一材料内部发生了混合，而焊接不产生这一效果……”

偿的权利。在取得的所有权可以撤销的情形中，他可以提起出示之诉（actio ad axhibentum），目的是将从物从主物上分离出来，这样就可以使二物回到附合发生以前的状态，于是也就有了再提起原物返还之诉（reivindicatio）的可能：正如我们前面看到的，这只会发生在编织（textura）、木质附合和焊接（plumbatura）几种情形中，而在建筑（inaedificatio）中，基于公共利益的目的，只要建筑物仍然存在，对出示之诉（actio ad axhibentum）和原物返还之诉（reivindicatio）的提起就处于暂时中止状态。在确定取得所有权的情形，出示之诉（actio ad axhibentum）和原物返还之诉（reivindicatio）都无法提起，但是原始文献证明了提起扩用之诉（actio in factum）的存在，虽然这个诉讼是在熔合（ferruminatio）中提到的，但是它的适用具有一般性，提起这个诉讼的目的是获得赔偿[1]；此外，原始文献在栽植（implantatio）情形中，还提到了扩用原物返还之诉（reivindicatio utilis）[2]。这两种救济途径都被怀疑是优士丁尼皇帝创造的。在古典法中，从物的所有权人，如果他占有了主物，将可以针对主物的所有权人提起的原物返还之诉（reivindicatio）主张诈欺抗辩（exceptio doli），以便使对方向自己支付从物的价值[3]。此外，只要涉及盗窃，还可以提起盗窃之诉，特别是横梁被他人用来修建建筑物的情形中，还可以提

---

〔1〕 Cfr. D. 6. 1. 23. 5（保罗）："……在所有这些情形中，既不能提起出示之诉，也不能提起（要求返还原物的）对物之诉，所以，有必要允许提起事实之诉……"

〔2〕 Cfr. D. 6. 1. 5. 3（乌尔比安）："对于已被移植到他人土地上的树木，如果已经扎根，瓦鲁斯和涅尔瓦赋予（树木的所有权人）以扩用之诉……"

〔3〕 Cfr. Gai. 2. 76："但是如果我们向他要求上述土地或建筑，又不愿意向他支付他为建筑物、苗圃或者播种而花费的费用，那么他可以对我们主张诈欺抗辩以拒绝我们的请求，当然，如果他是善意占有人的话。"

起专门的横梁架入之诉（actio de tigno iuncto）[1]。

第十二节   混合与混杂

一、混合与混杂

我们已经看到，附合制度的适用前提是，结合起来的两个物，应该能够分辨出一个是主要部分而另一个是附属部分。现在，如果不同的物的结合，更多是在量的意义上，而非在"种类"的意义上，那么就无法分辨出原来的两个物哪个构成了主要部分，哪个构成了附属部分，因此也就不能适用附合的制度。在这一点上，萨宾学派的观点不占上风。他们认为，占量较多的那一部分物的所有权人，成为整体之物的所有权人。[2] 在这一点上，人们采用从原始文献中提炼出的术语，将相关情形区分为"混合"（confusio）和"混杂"（commixtio）两种类别。前者指的是，两个（分别属于不同所有权人的）物的结合，导致一个浑然一体的新物的产生（例如不同金属熔成的合金，不同液体组成的溶液等）；后者指的是，两个物结合成了新物，但各个部分仍然保留了其特性

327

---

〔1〕　Cfr. D. 6. 1. 23. 6（保罗）："但是存在一个古老的横梁架入之诉，按照双倍（横梁价金）计算，它起源于《十二表法》。"D. 10. 4. 6（保罗）："……但是通过提起（《十二表法》）这部法律规定的横梁架入之诉，可以要求双倍的价金。"

〔2〕　Cfr. D. 41. 1. 27. 2（彭波尼）："若将分属两人的物焊接起来，人们讨论新物到底归谁所有。卡修斯认为，应该按照原物所占的比例或者不同物的价值，来确定新物属于何人。但是，倘若区分不出哪一部分相对于另一部分处于附属地位，是否应当认为新物归二人共有，就像混合情形下发生的那样，还是应当认为该物归以其名义焊接之人所有？不过，普罗库勒和贝加苏斯认为，每个人仍各自拥有其材料。"

（例如一堆麦粒，用两个小金属棒焊接而成的大金属棒等）。混合
会使两个物的所有权人之间形成共有关系，各自共有的份额以每
个部分占整体部分的比例计。[1] 在混杂的情形中，只有不同的物
基于共同的协议混于一处时，才发生与混合相类似的共有关系；
否则每个所有权人仍然是他的那一部分物的所有权人，且必要时，
该部分的多少取决于其物的总量。[2] 共有人，如单个部分的所有
人那样，拥有"对部分的原物返还之诉"（reivindicatio pro parte）；
对于原告不知何种比例或部分的情形，此诉的程式内容稍有
不同。[3]

---

〔1〕 Cfr. I. 2. 1. 27："如果两个人的材料根据其主人的意思被混合在一起，混合
而成的物的全部归他们共有，比如说某些人将他们的酒混合，或者将金块或银块熔合。
如果材料不同，因此形成了另外一种新物，比如酒和蜜调成蜜酒，或者金和银铸成金
银合金，则适用同样的规则：即使在这种情形中，也没有人会质疑新物是共有的。如
果是出于意外，而不是基于所有权人的意思，彼此的材料发生了混合，不论这些材料
属于相同种类还是属于不同种类，人们认为也适用同样的规则。"

〔2〕 Cfr. I. 2. 1. 28："如果提丘斯的小麦和你的小麦，基于你们的意思而发生混
杂，则混杂后的小麦归你们共有，因为单个的有体物，也就是每一粒小麦曾经分别属
于每个人，现在基于你们的合意而成为共有。但是如果混杂是意外发生的，或者是提
丘斯未经你的同意而作出的，那么小麦不会变成共有的，因为单个的物仍然保有原来
的本质；在后面这些情形中，小麦不被认为是共有的，就如同提丘斯的羊群与你的羊
群混在一处，而新的畜群不被认为是共有的那样。但是如果你们中的一人保留全部的
小麦，那么会按照每个人小麦的量所占的比例授予对物之诉：每个人原有小麦的重量，
由承审员自由裁量。"

〔3〕 Cfr. D. 6. 1. 3. 2（乌尔比安）："彭波尼写道：如果同一性质的物混合或混杂
在一处，以致不能将之取出或分开，则不能对整体而只能就各自的部分主张原物返还。
比如说，我的银块和你的银块熔在了一起，那么熔成的银块属于你我共有，我们二人
都只能就自己拥有的分量提起此诉，即使每个人拥有的银块份额不确定，亦是如此。"
D. 6. 1. 5pr.（乌尔比安）："同一个彭波尼写道：如果两个人的小麦非基于他们的意思
而混在一处，那么每个人都可以对此堆小麦中属于他的部分提起对物之诉。然而，如
果混杂是基于他们的意思而发生的，那么这些物被认为是共有的，可以提起的是共有
物分割之诉。"

二、混杂与金钱花费

关于混杂（commixtio）的一项特别规则是，如果善意持有者将他人的金钱与自己的金钱混杂在一起，那么持有者取得他人金钱的所有权。[1] 与此相似，如果他人的金钱被善意地消费（consumptio）或花掉，则为了保护第三人的利益，使他得到这笔金钱的所有权。

第十三节　加　　工

一、加工的概念

在原始文献中，加工的概念指的是，将一个原材料转变成一个新物的过程。当导致新物产生的行为不是由原材料的所有权人实施时，人们就要回答新种类的物（nova species）之所有权到底归于何人的问题。

二、加工的法律效果

在这一点上，古典法学家们的观点存在不同：萨宾学派的一个片段认为，新种类的物之所有权应当归属于原材料的所有权人；而普罗库勒学派的一个片段则认为，新种类的物之所有权应当归

---

〔1〕 Cfr. D. 46. 3. 78（雅沃伦）："如果他人的金钱在它们的所有权人不知情或非基于其意思的情况下被花掉，则它们仍归原来的所有权人所有。如果它们被混在一处，在盖尤斯的著作里这样写道，如果混杂得无法彼此区分，则它们归受领人所有，但它们原来的所有权人取得对给付之人的盗窃之诉。"

属于加工人。[1] 第二种观点，即加工是所有权取得的一种方式，是建立在原材料因新物之产生而消失的思想之上的。第三种观点，在古典法晚期便已成熟，后被优士丁尼皇帝采纳，根据该观点，要对新种类的物（nova species）是否能够复原至原材料而作出区分：如若能够，则新种类的物（nova species）归原材料的所有权人所有；如若不能，则归加工人所有。[2] 加工人要取得所有权，需要以他自己的名义（suo nomine）做出加工行为；如其不然，以何人名义实施行为，何人便是所有权人；通常情况下，此名义人为原先材料的所有权人。[3] 到了古典法时期，加工人的善意，即

329

〔1〕 Cfr. Gai. 2. 79："在其他的一些情形中，人们也遵循自然理性的标准。因此，如果你用我的葡萄、橄榄或麦穗，做成了葡萄酒、橄榄油或小麦，那么，这些酒、油、麦到底是我的还是你的。类似的，如果你用我的金子或银子做了一个器皿，或者你用我的木板做了一艘船、一个柜或一把椅，或者你用我的羊毛做了一件衣服，或者你用我的葡萄酒和蜂蜜做了蜜酒，或者你用我的药材做了药膏或药水，人们会问，你用我的东西做成的物是你的还是我的。有些人认为，应当考虑材料和物质，亦即做成的物似乎应当归原材料的所有权人所有。这首先是萨宾和卡修斯的观点。而其他人则认为，物应归制作者所有。对立学派的作者主要持后一种观点……"

〔2〕 Cfr. D. 41. 1. 7. 7（盖尤斯）："……但是，还有一种言之有理的折中观点，即如果做成的新物能够复原至原材料的状态，则萨宾和卡修斯的观点更为可取；倘若不能，则涅尔瓦和普罗库勒的观点更为正确。比如，做成的器皿可以还原成金块、银块或铜块，而做成的酒、油、麦则无法复原至葡萄、橄榄或麦穗。毫无疑问，蜜酒、药膏、药水也无法复原至葡萄酒、蜂蜜或药材……" I. 2. 1. 25："……在萨宾学派和普罗库勒学派的许多争论后，折中的观点被普遍接受。持这种观点的人认为，如果做成的新物能够复原至原先材料的状态，则它归原先材料的所有权人所有；如若不能，则应认为加工之人为所有权人……"

〔3〕 Cfr. D. 41. 1. 25（卡里斯特拉图斯）："除非基于所有权人的意愿以其他人的名义做出该行为，因为倘若获得了所有权人的同意，则该物就归以其名义而实施上述（加工）行为的人所有。" D. 41. 1. 27. 1（彭波尼）："如果用多个人的原料制成了一种药物，或者用多种植物精华制成了药膏，原来的所有权人不能说制成的物是他的。更正确的说法是，新物应当归以其名义而制作的人所有。"

不知所用材料为他人所有，已不是所有权取得的要件。[1] 而与此相反，优士丁尼法规定，若加工人是恶意的，则其不能取得所有权。[2] 优士丁尼法还规定，当（善意）加工人部分用了他人的原材料，部分用了自己的原材料时，则加工人取得新物的所有权，[3] 只要不属于人们认为应当适用关于混合的制度的特殊情形。[4]

三、对丧失原先材料所有权之人的赔偿

一旦加工人取得所有权，也就产生了原先材料的所有权人就自己所遭受的损失如何获得赔偿的问题。在古典法中，只能在满足相应构成要件时提起盗窃之诉；只有一个是否经过了添加存在疑问的片段中说，如果一个丈夫赠与了妻子材料，而该材料后来被加工，则为了使丈夫获得赔偿，他可以提起扩用的原物返还之

---

〔1〕 Cfr. Gai. 2. 79："……（普罗库勒学派）他们还认为，原料或材料的所有权人可以对窃取之人提起盗窃之诉，且可以对后者提起请求返还之诉，因为尽管物消灭了，无法再主张返还原物，但是仍可以对窃贼和其他特定的占有人提起请求返还之诉。"

〔2〕 Cfr. D. 10. 4. 12. 3（保罗）："如果有人用我的葡萄做成了葡萄汁，或者用我的橄榄做成了橄榄油，或者用我的羊毛做成了衣服，则此人将被提起双重出示之诉，因为更为正确的是，用我们的物而做成的物属于我们。"D. 47. 2. 52. 14（乌尔比安）："如果有人偷了我尚未锻造的银，并将之做成了酒杯，无论是关于酒杯还是关于银块，我都可以拥有盗窃之诉以及请求返还之诉。同样的规则也适用于葡萄、葡萄汁和葡萄皮，对于它们我也拥有盗窃之诉以及请求返还之诉。"

〔3〕 Cfr. I. 2. 1. 25："……如果某人用部分属于自己、部分属于他人的材料做成一物，例如用自己的葡萄酒和他人的蜂蜜做成蜜酒，用自己的和他人的药材做成药膏或药水，用自己的和他人的羊毛做成衣服，那么，毫无疑问，制作之人是所有权人，因为他不仅进行了劳作，而且有部分材料是他的。"

〔4〕 Cfr. D. 41. 1. 7. 8-9（盖尤斯）："不同的物混在一起时，材料所有权人的意思使得新形成的物成为共有物。这些材料要么属于同一种类，例如酒的混合，银的熔合等；要么不属于同一种类，例如一方的是葡萄酒，另一方的是蜂蜜，或者一方的是金子，另一方的是银子，相应地，新物就是蜜酒或金银合金。不过，即使两种物的混合不是出于所有权人的意思，不论这些物是否属于同一种类，也都适用相同的规则。"（另参见 I. 2. 1. 27）

诉（reivindicatio utilis）。[1] 在优士丁尼法中，应当认为，无论在
任何情况下，都适用禁止非法得利的一般规则，丧失原先材料所
有权的人都可以主张请求赔偿的权利。 330

第十四节 取得所有权的其他方式

要说明的是，还存在其他三种所有权取得的方式，即分配
（adsignatio）、分割裁判（adiudicatio）和基于诉讼标的估价（litis
aestimatio）而取得所有权。对它们的论述更适合放在其他部分
展开。

一、分配（adsignatio）

分配（adsignatio）是将公田（ager publicus）分给私人以使之
享有所有权的国家行为：有可能是在建立一个罗马殖民地即殖民
区田地（ager colonicus）后，分给殖民区居民的；也可能是分给
罗马市民的人头分配田地（ager viritanus 或 viritim adsignatus）。关
于这个问题，更适合在罗马公法史中作论述。

二、分割裁判（adiudicatio）

通过分割裁判（adiudicatio），法官在分割之诉，如遗产分割
之诉（actio familiae erciscundae）和共同财产分割之诉（actio com-

---

〔1〕 Cfr. D. 24. 1. 30（盖尤斯）："（如果丈夫赠与给了妻子以羊毛，妻子用这些
羊毛为自己做成了衣服，拉贝奥认为这些衣服归妻子所有），但是丈夫可以提起扩用的
（诉讼）。"

muni dividundo）中，将共有的权利分配给不同的主体。据此，伴随着共有状态的终结，他们取得的主要是可分物分割后不同部分的所有权，或者原来共有的不同之物的所有权。关于这个问题，更适合在谈到共有时对之作详细论述。

三、诉讼标的估价（litis aestimatio）的给付

通过给付诉讼标的估价（litis aestimatio）而取得所有权，是一个有利于占有人或持有人的制度。当他们被所有权人起诉之后，他们可以不返还争议标的物，而是给付诉讼标的估价的金额，以继续保留该物。关于这个问题，我们将在适用诉讼标的估价（litis aestimatio）的典型情形即原物返还之诉中对之作详尽的论述，尽管不仅在其他的对物之诉中，而且还包括在对人之诉中，也会发生完全相同的诉讼标的估价之事。

第十五节　所有权的内容与限制

一、所有权的内容与限制

一般而言，人们所说的所有权的内容指的是，法律制度允许权利人利用某物的权能的总和。如果从否定的角度，即从界定对所有权人利用某物的一般权能的限制的角度，来界定所有权的内容，将显得更为容易些。首先，倘若在同一个所有物上为了另一个主体的利益，还存在一个限制物权，那么该权利不构成严格意义上的所有权的限制。此外，人们还区分了所谓的事实上的限制与所谓的法律上的限制：前者只适用于土地所有权领域，其含义

331

是，于地上及地下，所有权只在所有权人可以利用土地的空间范围内有意义，而不是像最早可追溯至注释法学派的法谚所说的那样，"上穷碧落，下至黄泉"（usque ad sidera et usque ad inferos）；而后者既适用于土地所有权，也适用于动产所有权，其含义是，法律制度为了保护私人的利益，如临地所有权人的利益，或者为了保护公共利益而对所有权施加的限制。这些限制在不同的历史时期、因罗马法上所有权的形式不同而有所不同。

二、《十二表法》对所有权的限制

在古代，家父（pater familias）的支配权，包括对物的支配权，要受到家族利益的限制。经过该阶段后，奎里蒂法上的所有权（dominium ex iure Quiritium），是一个物之上独立的、带有个人主义色彩的所有权概念。针对该权利，《十二表法》中已有某些限制性的规定。根据该法，土地的所有权人要受到如下限制：不能以建造或耕种的形式到边到沿地使用土地，而是应当沿着分界线留出2英尺半的地带以供通行，这样，在建筑物或临地之间就确定形成了分别被称为"缘线"（ambitus）和"划界小道"（iter limitare）的总宽度为5英尺的、自由且不能时效取得的地带[1]；应当保证与其土地毗邻的道路处于良好状态，否则要容忍他人车辆从其土地上借道通行[2]；对于邻人不高于15英尺的树木枝条，应允许蔓延至自己的土地之上，而对于超过这一高度的枝条，如果邻人不予以修理，则土地的所有权人可以将之砍去，并保留砍

---

〔1〕 Cfr. Varro de lingua lat.（瓦罗：《论拉丁语》）5. 22："《十二表法》的评注者认为墙外留出的空地要能使人拐过弯来。"西塞罗《论法律》1. 21. 55："《十二表法》规定，不能对五英尺之内的地带时效取得。"

〔2〕 Cfr.《十二表法》第七表第7条："道路应铺有石子。倘若未铺，则通行之人可将车辆引到最适宜通行的地方。"

下的木材[1]；可移去大风刮倒在自己土地上的树木[2]，但是对于法律禁止砍伐的树木，要根据"追究偷伐树木行为之诉"（actio arborum furtim caesarum），承担每棵树 25 阿斯的罚金的责任[3]；应当允许邻人隔天来到自己的土地上，捡拾邻人树上落下的果实[4]；不得在位于市内的土地上埋葬或焚烧尸体[5]；未经邻人同意，也不得在距邻人土地不足 60 英尺的地方埋葬或焚烧尸体[6]。至于涉及禁止对已用于他人建筑之上的材料主张原物返还的问题，我们在附合部分予以讨论。

三、所有权限制的发展

在共和时期，随着监察制度（census）的衰落，市民使用己物的同时不得给共同体造成损害的一般义务，也随之消失。对该一般义务的违反，原来是通过监察官行使其维护公共道德的职能而予以惩罚的。其后，奎里蒂法上的所有权（dominium ex iure

---

〔1〕 Cfr. D. 43. 27. 1. 7-8（乌尔比安）："裁判官还说：'对于长在你的土地之上的树木，如果此树的枝条蔓延至邻人土地的上方，你没有对之修剪以至其高度超过了十五英尺，那么，我将禁止使用暴力阻止邻人修剪并保留砍下的木材。'裁判官所说的，也是《十二表法》所规定的，即蔓延的枝条应修剪至离地十五英尺的高度。如此规定的目的是保证树荫不致影响邻人的土地。"

〔2〕 Cfr. D. 43. 27. 2（彭波尼）："如果邻人土地上的树被风刮倒在你的土地上，根据《十二表法》的规定，你可以提起诉讼要求移走，且在这种情况下他没有拥有该树的权利。"

〔3〕 Cfr. Plin. nat. hist.（普林尼：《自然史》）17. 1. 7 "根据《十二表法》的规定，不法砍伐他人树木的，每棵树处以 25 阿斯的罚金。"

〔4〕 Cfr. Plin. nat. hist.（普林尼：《自然史》）16. 5. 15："根据《十二表法》的规定，可以到邻人的土地上捡拾自己树上落下的橡子。"D. 43. 28. 1（乌尔比安）："裁判官说：'我禁止使用暴力阻止别人在第三天进入土地捡拾并带走从他的土地落入你的土地上的橡子。'所有的果实都包含于橡子这一概念之下。"

〔5〕 Cfr.《十二表法》第十表第 1 条："不得在市内埋葬或焚烧尸体。"

〔6〕 Cfr. 西塞罗《论法律》2. 24. 61："未经所有权人同意，不得在距其住宅六十英尺之内设立火葬柴堆或建坟。"

Quiritium）逐渐被确立为家父（pater familias）的个人所有权，且只承认极个别由公元前二三世纪的法律所规定的旨在反对奢侈之风的法律上的限制。更多的限制是后来帝政时期确立的，它们与如何对待自己的奴隶相关；对此前文已作论述，兹不赘。关于土地所有权，通过分配（adsignatio）而对原来的公田（ager publicus）享有所有权的私人，在共和时期，要缴纳一定的租金〔人们称这种土地为"私人赋税田"（ager privatus vectiglisque），以与不需要缴纳任何形式赋税的"完全私权土地"（ager optimo iure privatus）相对〕。在分配田（adsignati）之间，仍存在需留有总宽度不低于 5 英尺的"划界小道"（iter limitare）的规定，该小道是通过庄重神圣的仪式划界（limitatio）来确定的〔所以这种土地被称为"划界地"，以与自然形成边界的土地（ager arcifinii）相对〕。而建筑物之间需留有"缘线"（ambitus）的规定被废止了，承认相邻的建筑物可以使用共同的墙壁（paries communis）。《十二表法》中的如下规定得以保留：与无法通行的公共道路毗邻的土地之所有权人，应当允许他人通过其土地[1]；裁判官为砍伐蔓延至邻人土地上的树木提供了专门的令状，即修剪树权令状（interdicta de arboribus caedendis）[2]；此外，对于捡拾落在别人土地之上的果实，继续有关于捡拾果实的令状（interdicta de glande legenda）[3]；禁止在市内埋葬的古老规定也被保留了下来[4]。与此同 333

------

〔1〕 Cfr. D. 8. 6. 14. 1（雅沃伦）："若一条公共道路由于河流泛滥或山体滑坡而无法通行，则距此路最近的土地所有权人应当提供道路。"

〔2〕 Cfr. D. 43. 27. 1pr.（乌尔比安）："裁判官说：'如果从你家伸到别人家的树，你应当砍掉它却不砍掉，那么，我禁止使用暴力阻止该邻人砍掉并拥有此树。'"另参见第 84 页注 1 所引片段 D. 43. 27. 1. 7。

〔3〕 参见第 84 页注释 4 所引片段 D. 43. 28. 1pr.。

〔4〕 Cfr. P. S. 1. 21. 2："将尸体运入市内不合法，因为不允许在市内埋葬。违反此规定之人将受到非常的惩罚。"

时，关于土地所有权，还产生了一些新的限制性规定：允许有限地使用公共河流沿岸的私人土地[1]；帝政时期的几个元老院决议〔霍西迪安元老院决议（senatusconsultum Hosidianum）、沃鲁西安元老院决议（senatusconsultum Volusianum）、阿奇里安元老院决议（senatusconsultum Acilianum）〕禁止为了出卖建筑材料而全部或部分拆除建筑物；通过非常程序（extra ordinem），确保可以通向位于他人土地之上的坟墓〔墓地通行权（iter ad sepulchrum）〕[2]。一般而言，相邻关系的原则即"在自己的物上可以为所欲为，只要不向其他人的物上排放东西"，似乎要受到因正常使用自己的物而造成的合法微量排放的限制[3]。

---

〔1〕 Cfr. D. 1. 8. 5pr.（盖尤斯）："根据万民法，对河岸的使用可以是公共的，就像使用河流本身那样。故而，将船舶靠岸，将绳索系在岸边的树上，在岸上晾晒渔网及从海中拉网，将卸下的东西存放在那里，就像顺着河流航行那样，对所有人都是开放的。不过，河岸的所有权归与其毗邻的土地所有权人。正因为如此，长在河岸上的树木也归这些所有权人所有。"

〔2〕 Cfr. D. 11. 7. 12pr.（乌尔比安）："如果某人有一块墓地，但是没有去墓地的通行役权，且邻人禁止此人取道。安东尼诺（·卡拉卡拉）皇帝和他的父亲通过一个批复规定，通向墓地的道路，经常需要临时申请和授予，所以，每当不需要时，由临地的所有权人取得。不过这个规定了可以通过申请而获得通行的批复，并没有规定可以据之提起市民法诉讼，而是要通过非常程序行省总督提出申请。行省总督应当命令邻人允许通行，但是申请人应向邻人支付一笔公平的价金作为补偿……"

〔3〕 Cfr. D. 8. 5. 8. 5（乌尔比安）："亚里斯通答复切乐留斯·维塔利斯说，不认为奶酪作坊有权利将烟气排放到位于其上的建筑，除非后一建筑之上存在这样的役权。确实，可以存在这样的役权。同一个（法学家）还认为，从位于上方的奶酪作坊排水或其他东西于其下的建筑，也是不合法的；在自己的物上可以为所欲为，只要不向其他人的物上排放东西。烟和水一样，都是排放物。于是，高处的所有权人可以对低处的所有权人提起诉讼，主张后者无权这样做。最后他说，阿尔费努斯写道，人们可以提起诉讼，主张某人无权以碎石粉尘落到我的土地上的方式在他自己的土地上采石……"

D. 8. 5. 8. 6（乌尔比安）："彭波尼在其《讲义》的第41卷中讨论了这个问题，即人们是否可以提起诉讼来确认，在他的所有物上，排放不是很浓的烟，比如炉灶产生的烟，是合法的还是非法的。他更倾向的一种观点是，不能将此作为诉讼争议的对象……"

四、后古典—优士丁尼法中所有权的限制

行省所有权，无论是动产所有权，还是不动产所有权，都要受到来自公共利益方面的数量远远更多的限制。后来这种所有权被统一到了后古典—优士丁尼法所承认的惟一的一种所有权类型之中。在后古典法时期，土地所有权受到的新型限制有：在城市建筑领域，制定了众多规范建筑的管理制度；所有权人应当容忍他人在自己的土地上采矿，但是如同交税那样，此人应当向所有权人支付所采矿石的十分之一作为补偿；禁止以阻碍邻人通风的方式修建建筑物。大体而言，在相邻关系上，在优士丁尼法中，似乎确立了禁止所谓的"争斗行为"（ad aemulationem）的一般原则，即禁止实施专以损害邻人为目的而行使自己的所有权的行为[1]。

所有权的其他限制，与排放雨水之诉（actio aquae pluviae arcendae）和其他类似救济制度相关，我们将在后面所有权的保护部分予以论述。

334

五、所有权转让的禁止

尽管严格意义上，合法转让不应被看作是所有权的内容之一，但是似乎仍有必要在此简要提及所有权人在转让方面所受的限制。比如，根据格拉古的几部农业方面的法律，禁止转让分配的田地。奥古斯都禁止转让争议物（res litigiosae），否则要受到刑事处罚。《尤利亚法》（lex Iulia）禁止丈夫转让作为嫁资而受领的土地。裁

---

〔1〕 Cfr. D. 50. 10. 3pr. （马切尔）："一个私人没有得到皇帝的允许也可以实施一项新工程，除非实施它的目的是损害另一位市民，或者将引起骚乱，或者修建的是竞技场、剧院或露天圆形剧场。"（是否经过添加？）

判官法和非常法还承认了其他一些限制。在后古典—优士丁尼法中，对所有权转让的限制极度增加，甚至承认私人间通过法律行为而确定的转让限制亦为有效，而在古典法中这样的约定是无效的[1]。

六、征收：他处论述

关于征收的制度，我们将在下文所有权的丧失部分论述。

第十六节 所有权的保护

一、所有权的司法保护

为保护所有权，法律制度提供了不同的程序性措施。其中最为重要的当数原物返还之诉（rei vindicatio）。它是由某物的所有权人〔在古典法时期，为"奎里蒂法上的所有权人"（dominius ex iure Quiritium）〕向非法占有之人提起的、要求返还该物的诉讼。在不同的历史时期，该诉讼程序的形式有所不同。

二、古代原物返还之诉的程序

在古代，要求返还原物的程序是对物誓金法律诉讼（legis ac-

---

〔1〕 Cfr. D. 20. 5. 7. 2（马尔西安）："……当然出卖是无效的，以便该协议得到遵守。"（经过添加）C. 4. 51. 7（a. 531）："我们规定，一旦禁止转让，不论禁止是遗嘱人作出的，还是协议的当事人作出的，不仅转让所有权和解放奴隶，而且移转用益权，或者设定抵押或者质押，都是绝对禁止的……"C. 4. 54. 9 pr.（a. 531）："如果某人在出卖或者转让合同中规定，新的所有权人不论在任何情况均不得在出卖的土地上竖立纪念碑……根据我们的法，这类的约定应当予以遵守……"

tio sacramento in rem）。在该程序中，双方当事人，不分原告和被告，将讼争物或它的一部分带到现场，当着执法官的面，都主张向自己返还该物〔相应地，就是主张返还讼争物（vindicatio）和反对返还讼争物（contravindicatio）〕，并且庄严地宣称自己是物的所有权人，与此同时，用木棍（festuca，vindicta）敲击该物或它的一部分，以作出自己支配该物的表示。然后，在早期似乎还有一个私人争斗的象征动作，继而执法官介入，并建议当事人停止争斗。在接下来以问话与回答为形式的宣称仪式举行完后，当事人相互发出赌誓（sacramentum）。在古代，该赌誓即为如果对方当事人胜诉，自己便向公共财政缴纳一笔金钱的承诺。执法官将该物交由在他看来似乎更可能胜诉的一方暂时占有。这就要求暂时占有的一方要提供诉讼及讼争物保证人（praedes litis et vindiciarum），以担保在对方胜诉的情况下，退还此物以及在该占有期间产生的孳息；要求双方当事人都提供誓金保证人（praedes sacramenti），以担保誓金的支付[1]。法官判决的内容涉及两个誓言

335

---

〔1〕 Cfr. Gai. 4. 16-17："如果提起对物之诉，则只要把动产或动物带到或赶到法庭上，就按照下列方式主张返还原物：主张返还原物之人手持一根木棍，然后抓住物，比如说一个人，这样说道：'根据奎里蒂法，我名正言顺地声明这个人是我的。所以，我把细棒放在你身上。'与此同时，他将细棒置于那个人的身上。对方当事人说同样的话、做同样的事。在两人都主张返还原物之后，裁判官说：'你们两个都放开此人。'双方当事人都放开那个人。先提出原物返还请求的人向对方这样发问：'我问你，你以什么名义主张原物返还？'另一方回答：'我将细棒置于其上已经很好地表明了我的权利。'然后先提出原物返还请求的人说：'因为你的主张毫无道理，我与你赌五百阿斯。'对方当事人也这样说：'我与你打赌。'人们认为，如果讼争物的价值是一千阿斯或者更高，则誓金为五百阿斯；如果价值低于一千，则誓金为五十阿斯。接下来的程序与对人之诉中的程序相同。继而裁判官将该物交给两人中的一人，也就是说使其成为临时占有人，并且要求他向对方提供诉讼及讼争物保证人，也就是要为讼争物及其孳息的返还提供保证。此外，裁判官还要求各方当事人就自己的誓金提供保证人，因为誓金是要交给公共财政的。人们用木棒代替长矛，目的是表明自己对物的正当支配，因为他们认为从敌人那里夺来的东西尤其是他们自己的，所以在百人法官团审判中出示长矛。如果某物不便于带到或赶到法庭上，比如一根柱子或一群牲畜，那么就取其中的一部分；然后就该部分，就像对整个物那样，人们主张原物返还……"

(sacramenta)、哪个是正确的（iustum）、哪个是错误的（inius-
tum）：败诉一方将要支付誓金；另外，如果暂时占有之人败诉，
他还要返还讼争物以及在占有期间产生的孳息，而胜诉方也许可
以使用暴力取回该物，并对保证人启动执行程序。

三、古典法时期原物返还之诉的程序

在古典法时期，原物返还之诉的程序，可以是誓约（per
sponsionem）的形式，也可以是提出要求的程式（per formulam
petitoriam）的形式。

（一）誓约形式

因为誓约（per sponsionem）形式的原物返还之诉与古代的对
物誓金法律诉讼（legis actio sacramento in rem）的形式更接近，所
以这种诉讼应该更古老些。原告要被告以誓约的形式承诺：如果
原告被认定是讼争物的所有权人，则被告向原告支付一定数额的
金钱。根据缔结的誓约（sponsio），在承诺中所说的前提被确认存
在之时，作为缔约一方的原告便可以请求判决讼争物的所有权归
其所有。但是，被告所承诺的那笔金钱，却并不会在他败诉时向
他请求给付；相反，败诉的被告要根据他以要式口约（stipulatio）
的形式作出的另一个承诺〔即"代替诉讼及讼争物保证人的担
保"（cautio pro praede litis et vinciciarum），如果被告不履行该担
保，将导致讼争物的占有由被告移至原告，且适用举证责任倒置
的相关规则）〕返还原物，且若对该物实施了恶意行为，就其行

336

为承担责任[1]。

（二）提出要求的程式的形式

更晚些和更常用的程序，似乎是提出要求的程式（per formu-lam petitoriam）的形式，因为它更简单、也更利于诉讼目的的实现。关于这种形式，有必要先介绍一下古典法时期涉及原物返还的整体制度。该诉讼的适格原告是不占有某物的奎里蒂法上的所有权人（dominus ex iure Quiritium）。同时也是占有人的所有权人，只在一种情况下可以作为诉讼的原告[2]，即所有物上存在的他人的用益权消灭，但是没有就该物的返还订立"用益权受益人保证"（cautio fructuaria），也就是说，不能基于这样的"保证"（cautio）而提起对人之诉，所以只能提起原物返还之诉[3]。该诉讼的适格被告是，物的占有不是从所有权人处取得的占有人。持有人（如承租人），或者从所有权人处取得占有的占有人（例如质权债权人、扣押财产保管人、临时占有人等），对他们可以提起基于合同关系（或者，对临时占有人而言，专门的令状）的对人之诉。被告应提供要式口约（stipulatio）形式的承诺〔即"清偿

---

〔1〕　Cfr. Gai. 4. 93-94："誓约的形式我们这样进行，即我们要求对方当事人作出承诺：'如果作为诉讼争议对象的人根据奎里蒂法是我，你发誓给我 25 塞斯特兹？'之后我们提出一项程式，其中主张那笔金钱应当向我们给付。如果我们能够证明物是我们的，那么借助这一程式我们就可以最终胜诉。但是，誓约中的这笔金钱，我们并不收取。确实，它不是罚金性的，而是预备性的，它之所以发生只是因为其与审判的事情相关。因此，被提起诉讼之人不从自己的方面提出要式口约。该要式口约之所以被称作'代替诉讼即讼争物保证人'，是因为它代替了曾经的保证人。在从前，当人们依据法律提起诉讼时，占有人要为提出要求之人提供保证人，让保证人就诉讼及讼争物，即物及其孳息，作出担保。"

〔2〕　Cfr. I. 4. 6. 2："……只有在一种情况下，占有人也可以作为原告。这一点在篇幅更大的《学说汇纂》的各卷中，有更恰当和更详细的说明。"

〔3〕　Cfr. D. 7. 9. 7pr.（乌尔比安）："如果某物以用益权的名义而被交付，但是并未就担保订立要式口约，那么普罗库勒认为，继承人可以要求返还原物；且如果对他提出该物是以用益权的名义被给付的抗辩，他可以进行反抗辩……"

已决案保证"（cautio indicatum solvi）〕，其内容包括关于已决案
（de re iudicata）、保护（de re defendenda）和恶意（de dolo malo）
的几项条款。如果被告不提供，则将导致物的占有由被告转移至
原告，且举证责任将被倒置的结果[1]。占有之人、持有之人或对
某不动产恶意终止占有的人〔如果涉及的是动产，则将发生"出
示之诉"（action ad exhibendum）。对此，我们将在"因己物而生
的债"（obligations propter rem）部分作论述〕，如果他们拒绝出
庭，则裁判官将授予返还性质的"占有土地令状"（quem fun-
dum）。通过这个令状，裁判官可以直接命令他们返还讼争物，倘
若他们不返还该物，则将受到如同在原物返还之诉（rei vindica-
tio）中败诉那样的判罚[2]。原物返还之诉是根据一个程式而展开
的。在该程式中，承审员被指示：如果他认为讼争物的所有权归
原告享有，首先他会要求被告返还该物于原告，如不返还，承审
员将判罚被告支付与物的价值相当的一笔金钱；如果承审员不认
为讼争物的所有权归原告享有，则开释被告。[3] 因此，根据这个
被称为仲裁性质的（arbitraria）[4] 程式，承审员首先要判断物的
所有权是否为原告享有，对此原告承担举证责任；如果承审员确
信物是原告的，承审员应当要求被告予以返还（iussum de restitu-
endo），亦即，使原告处于如果该物在争讼程序（litis contestatio）

337

---

〔1〕 Cfr. Gai. 4. 91："……如果以提出要求的程式的形式起诉，则要作出所谓的
'清偿已决案'的要式口约……"D. 46. 7. 6（乌尔比安）："承诺清偿已决案的要式口
约包括三项内容：已决案、保护和恶意。"

〔2〕 Cfr. fr. Vindob. 4（乌尔比安）。

〔3〕 该程式的内容是："提丘斯为法官。如果证实物按照奎里蒂法的规定归阿杰
留所有，且未按照判决返还给他，你，作为承审员，应判处内基多向阿杰留支付与该
物价值相当的金钱。若非事实，则开释被告。"

〔4〕 Cfr. Gai. 4. 163："事实上，若被提起诉讼之人要求仲裁人，接受所谓的仲裁
程式，当他在仲裁审判中应当出示或者返还时，其出示和返还没有风险，并因而获得
开释；若他不出示或者返还，其将被依物之价值判罚……"

时该物返还给他的状态[1]；更准确地说，要求被告返还该物于原告，或者如果在此期间被告恶意丧失了占有，照价赔偿[2]；要求被告返还或赔偿在此期间已收获的孳息（fructus percepti）或应收获的孳息（fructus percepiendi）[3]，赔偿在此期间故意对物造成的损失[4]。如果被告不遵守承审员的上述要求，则承审员应当判罚被告支付一笔因未实施返还行为（restitutio）而需赔偿的金钱。为了引导被告实施返还行为（restitutio），以达到该诉讼的最终目的，而不是判罚被告支付一笔与物的价值相当的金钱，应判罚的金钱总额交由原告计算。尽管原告需要就此作出专门的宣誓〔即估价宣誓（iusiurandum in litem）〕，但是一般而言主观的估价会高于财产的客观价值[5]。被告支付诉讼标的的估价（litis aestimatio），他自己就可以保留下该物，就如同他用钱将物买了下来；如

338

---

　　〔1〕 Cfr. D. 6. 1. 20（盖尤斯）："……只返还原来的物是不够的，还需要返还与原物相关的一切，亦即让原告拥有：如果在接受审判之时，便归还给他奴隶，他将拥有的一切……"

　　〔2〕 Cfr. D. 6. 1. 27. 1（保罗）："至少在争讼程序开始之时，以及在判决作出之时，都占有讼争物。因为如果在讼争程序开始之时，而在判决之时非基于故意而失去物的占有，则占有人应被开释。同样的，如果在争讼程序开始之时未占有该物，而在判决之时占有了它，那么普罗库勒的观点应被采纳，即仍应判罚被告。故而，他还将被判罚自其占有开始之时起获得的孳息。"

　　〔3〕 Cfr. D. 6. 1. 33（保罗）："不仅要计算已收获的孳息，而且要计算依情理原本可以收取的孳息。所以，如果被要求返还的物因占有人的故意或过失而灭失，彭波尼认为特雷巴丘斯的观点更为可取，后者认为，应当按照如同物并未灭失所能收获的孳息那样计算，也就是说，直计算至判决之时……" P. S. 1. 13b. 9.

　　〔4〕 Cfr. D. 6. 1. 27. 2（保罗）："如果被要求返还的奴隶由于占有人的故意而受到伤害，后来，非基于占有人的过失，另外一个原因导致了奴隶的死亡。在这种情况中，不考虑给奴隶带来的伤害，因为这与原告无关。这一结论针对的是原物返还之诉，而阿奎利亚法上的诉讼仍然存在。"

　　〔5〕 Cfr. D. 6. 1. 71（保罗）："此外，如果占有人故意使自己不再占有，但是原告不愿意（就讼争物的价值）进行宣誓，而更愿意根据承审员对物的价值判断判罚占有人，则原告的这一想法应当得到支持。"

果是原告享有所有权的略式物（res nec mancipi），则被告对该物取得奎里蒂法上的所有权（dominium ex iure Quiritium）；如果是要式物（res mancipi）或者物的所有权人不是原告，则被告对该物取得可时效取得的占有（ad usucapionem）[1]。善意的被告可以主张诈欺抗辩（exceptio doli），据此若原告不向其偿付其在争讼期（litis contestatio）之前对物支出的必要费用和有益费用，他就不会被判罚[2]。但是，对于奢侈费用，被告没有要求偿还的权利。奢侈费用的支付，虽然有利于物的装饰与美化，不过对于物的良好保存和收益提升并无多大帮助。相对于原告保有所有权、可以主张原物返还的物而言，被告可以主张去除权（ius tollendi），保留因奢侈费用而增加的部分。

四、优士丁尼法中的原物返还之诉

在优士丁尼时期，原物返还之诉的制度相对于其起源时的制度有了不少变化。诉讼的适格原告是所有权人。而适格的被告却是物的任何占有人或者持有人，针对他们，如果其与所有权人之间存在合同关系，也可能发生基于合同的对人之诉与原物返还之诉的竞合。此外，为了逃避诉讼故意抛弃占有之人，也是适格的

---

[1] Cfr. D. 6. 1. 46（保罗）："在主张返还原物的诉讼中，对原告发誓的价值进行评估和支付后，物的所有权立即归占有人享有。确实，人们认为，我与原告达成了和解合意，争议因原告确定的价格而终结。"

[2] Cfr. D. 6. 1. 48（帕比尼安）："若土地被证实是他人的，则对于善意占有人支出的费用，既不能向土地的赠与人，也不能向所有权人通过诉讼请求偿还。但是，如果在争讼程序之前收获的孳息少于善意占有人支出的费用，那么他可以提出诈欺抗辩，由承审员依职权按照公平原则处理……"

被告[1]。最后，有人可能伪装成占有人，引诱所有权人对他提起
诉讼，以帮助真正的占有人逃避诉讼，而一旦查实被告并不占有
争议的标的物，最终诉讼会以开释被告而告终；这样的被告，也
应当被判罚[2]。占有土地令状（interdictum quem fundum）已经
消失。该时期的诉讼采取的是非常审判（cognitio extra ordinem）
的形式。法官若认为原告确实享有权利，且物仍处于被告那里，
则判决被告直接返还该物；否则判决被告赔偿损失[3]。不论被告
是善意占有人还是恶意占有人，都不仅应当赔偿诉讼程序开始后
因故意或者过失对物造成的损失，而且应当赔偿从那时起若物在
原告之手则不会发生的损失。被告若是善意占有人，他还应当赔
偿诉讼程序开始前所有因故意造成的损失；若是恶意占有人，除
应当赔偿所有因故意造成的损失外，还应当赔偿诉讼程序开始前

---

[1] Cfr. D. 6. 1. 27. 3（保罗）："在争讼程序开始前故意终止占有之人，将被提起
（原物返还之诉）这种对物之诉，这一点可以从（《尤文第元老院决议》）看出来。如前
面所说的那样，该元老院决议规定，在遗产继承之诉中过去的故意也应当考虑在内。确
实，遗产继承之诉也是一种对物之诉。在该诉讼中过去的故意应予以考虑。并不荒唐的
是，在任何一种特定的对物之诉中，过去的故意都应予以考虑。"D. 6. 1. 36pr.（盖尤
斯）："提起要求返还之诉的人，为了不使自己提起的诉讼变为徒劳，应当调查他起诉的
人是否是占有人，或者是否是故意终止占有的人。"（经过了添加。）

[2] Cfr. D. 6. 1. 27pr.（保罗）："但是，如果我本想起诉提丘斯，其他人说自己
对物占有，作为诉讼的被告，在诉讼中若我有证据证明上述事实，无论如何，他应当
被判罚。"（该片段经过了添加，但是其中的原则可追溯至古典法晚期。）

[3] Cfr. D. 6. 1. 68（乌尔比安）："若某人被命令返还一物，但他不遵守法官的
命令，表明不能返还，则假如他占有此物，法官将依职权运用公权力剥夺他的占有，
并只判罚他偿付其收取的孳息和因其他任何原因得到的好处。如果不能返还是他故意
造成的，那么应当判罚他赔偿对方当事人宣誓的标的物的价值数额，且法官不提前作
任何限制。如果不能返还不是他故意造成的，则判罚他的数额不得超出标的物的价值，
也就是对方当事人原有的利益。这种观点可以普遍适用，可以适用到令状、对物之诉
和对人之诉中，只要根据法官的裁量，一方应当返还某物。"D. 6. 1. 80（富留斯·安第
安努斯）："我们不是必须在原物返还之诉这个对物之诉中应诉，因为一个人可以合法
地声称不再占有，这样如果一方当事人可以证明物被对方当事人占有，通过法官就可
以取得对物的占有，即使他并没有证明物是自己的。"（该片段经过了添加。）

所有因过失造成的损失[1]。关于孳息，如果被告是善意占有人，则他除了须就诉讼程序启动后已收获的孳息和待收获的孳息承担责任外，还须就诉讼程序启动前已收获、但仍然存在于其处的孳息承担责任；如果被告是恶意占有人，则他还须就诉讼程序启动前已消耗或者待收获的孳息承担责任[2]。关于费用，任何占有人，即使是恶意占有人[3]，只要不是盗贼[4]，都有权利请求偿付必要费用，以及在既不超出支出数额、也不超出增值数额的限度内，请求偿付有益费用。关于奢侈费用，只要占有人拆除装饰确实会给自己带来实际好处，他还可以行使去除权（ius tollendi），除非原告提出愿意补偿被告支出的金额[5]。优士丁尼在后古典法

340

----

[1]   Cfr. D. 6. 1. 15. 3（乌尔比安）："若通过提起诉讼要回奴隶或者其他有生命的物，后来在占有人没有任何故意或者过失的情况下，标的物死亡，大部分法学家认为不必向原告作金钱赔偿。但是，假使原告在诉讼开始时便得到该物，他可能会将之转让。所以，更正确的观点是，被告应当对返还迟延承担责任。确实，如果被告予以了返还，原本可以卖掉它并享有卖得的价金。"D. 6. 1. 45（乌尔比安）："在起诉以后一个奴隶被返还，若是善意占有人返还的，我认为仅须为故意提供担保；而其他占有人还须为过失提供担保。在争讼程序开始后，善意占有人也须为过失提供担保。"（该片段经过了添加。）

[2]   Cfr. I. 4. 17. 2："……如果占有人是善意的，则既不考虑已经消耗的孳息，也不考虑未收获的孳息。但是，在提出要求之后，还要考虑由于占有人的过失未收获的孳息，以及已经收获并被消耗的孳息。"

[3]   Cfr. C. 3. 32. 5. 1（a. 239）："曾有批复正确地说道，恶意占有人不能像管理他人事务的人那样请求偿付花费在他人之物上的费用，但必要费用除外。不过，也可以扣除有益费用，只要未改变物的基本状况。"

[4]   Cfr. C. 8. 51. 1（a. 224）.

[5]   Cfr. D. 6. 1. 38（杰尔苏）："你在不知情的情况下购买了一块土地，并在其上修建了建筑物或者播种了种子，但是后来土地被追夺了。好的法官会针对不同的人、根据不同的情况作出不同的判决。假使所有权人也会做同样的事情，在这种情况下，为了要回土地，所有权人要偿还费用，但是以给土地带来的增值为限；不过，如果给土地带来的增值大于所支出的费用，仅偿还支出的费用。假使所有权人很贫穷，如果强迫其偿付费用，则他可能不得不出售供奉家神和埋葬祖先的地方，在这种情况下，他允许你拿走你能拿走的东西即可，只要不会因此使土地比原先没有修建建筑更差。此外，我们还规定，如果所有权人已经准备好买下占有人可能拿走的东西，应当给与他这个权利。然而，不能纵容狡猾的行为，比如，你刮去墙上的饰物或者绘画，不为别的，只为造成损害。假使所有权人一旦收回土地就会马上出售，那么如果他还没有偿还第一个例子中的费用，作为占有人的你，将在扣除这一部分费用后被判罚。"

时期先例的基础上，在有些古典法时期仅给与对人之诉的情形中，准许提出扩用的原物返还之诉（reivindicatio utilis）。

五、可起到原物返还功能的司法保护

如前文所述，我们谈的古典法时期的原物返还之诉，只用来保护奎利蒂法上的所有权，而其他类型的所有权，则以与之不同的各种程序性措施来保护。

（一）对裁判官法上的所有权的保护

裁判官法上的所有权是通过布布里其之诉（actio Publiciana）来保护的。这个诉讼是以它的发明者的名字命名的，发明者很可能是曾于公元前67年担任裁判官的布布里其。布布里其之诉是一个在原物返还之诉的制度基础上构建起来的拟制诉讼（actio ficticia），即在具备时效取得的其他要件的情况下，拟制尚未完成的时效期间已经届满，因此裁判官视占有人已时效取得物的所有权[1]。所以，这个诉讼本身可以保护所有尚未完全时效取得的占有人，不单是裁判官法上的所有权的权利主体，而且包括那些从非所有权人处、基于正当原因善意获得某物的人。如果对奎利蒂法上的所有权人（dominus ex iure Quiritium）提起该诉讼，被告可能提出正当所有权抗辩（exceptio iusti dominii），使原告的请求落空。不过，对于其取得时效期间尚未届满、裁判官法上的所有权人这类特殊的占有人而言，借助针对奎利蒂法上的所有权人可以主张的各种专门

341

---

〔1〕 Cfr. Gai. 4. 36：" ……这个诉讼是给予依正当原因被交付一物，但是尚未时效取得它，又因为失去了对它的占有，所以请求要回它的人的。由于此人不能说根据奎利蒂法物是他的，故而拟制他已经时效取得了该物，这样他就可以如同已经根据奎利蒂法成为所有权人而提出请求。比如，裁判官可以这样说：'提丘斯是承审员。奥罗·阿杰留已经占有他买下并交付给他的奴隶满一年，这个有争议的奴隶根据奎利蒂法是他的'等。"

的对抗措施，该诉讼提供的保护还是周全的。在上面举的例子中，裁判官法上的所有权人可以对奎利蒂法上的所有权人主张再抗辩（replicatio）。在奎利蒂法上的所有权人是原物返还之诉的原告，而不是布布里其之诉的被告时，裁判官法上的所有权人可以主张抗辩（exceptio）：在典型的买卖并让渡要式物的情形中，可以主张出卖并让渡物抗辩（exceptio rei venditae et traditae）；在不是基于买卖但要式物已让渡的情形中，可以主张诈欺抗辩（exceptio doli）；在所有其他可以取得裁判官法上的所有权的情形中，可以采取相同或者相似的程序性措施。在优士丁尼法中，由于不同的所有权类型归于一统，布布里其之诉只剩下保护从非所有权人处善意获得一物的人[1]。而出卖并让渡物抗辩只剩下保护从后来成为所有权人的出让人那里获得一物的人；也就是说，由于出让人没有处分权，转让行为最初是无效的，但是出让人后来成为所有权人，所以转让行为变成了有效的[2]。

（二）对所谓的行省所有权的保护

对行省所有权的保护是通过荣誉法上的一个诉讼实现的。就该诉讼，我们所知甚少，只知道它与原物返还之诉（rei vindica-

---

〔1〕　Cfr. D. 6. 2. 1 pr. （乌尔比安）："裁判官说：'若有人提起诉讼，要求返还他根据正当原因从非所有权人处取得并已经让渡给他、但他尚未时效取得的物，我将给与他诉权。'"（该片段经过了添加。）

〔2〕　Cfr. D. 21. 3. 1 pr. -1 （乌尔比安）："马尔切罗写道，如果你将别人的土地出卖，后来该土地成为你的，你又对买受人提起诉讼要求返还它，你的请求将会因出卖并让渡物抗辩而被拒绝。并且，在土地的所有权人成为了出卖人的继承人时，亦是如此。"D. 44. 4. 4. 32 （乌尔比安）："如果你从提丘斯那里买了属于塞普罗纽斯的土地，土地交付给了你，你也付了价金。后来提丘斯成为塞普罗纽斯的继承人，提丘斯又将该土地卖给了梅维乌斯，并完成交付。尤里安说，裁判官保护你是公平的，因为如果提丘斯本人就该土地向你提起诉讼，他也将遭到事实抗辩或者诈欺抗辩。如果你自己曾占有这片土地，并提起了布布里其之诉，你将对提出'所有权不是你的'的抗辩之人主张再抗辩，因此他是出售了不是自己土地的人。"

tio）相类似。

（三）　对所谓的异邦人所有权的保护

现有文献表明，对于造成《阿奎利亚法》上的损害的私犯以及盗窃，异邦人所有权受到相应诉讼的保护。在具体情形中，通过拟制（fictio）原告或者被告是罗马市民，而适用上述诉讼形式[1]。

六、否定之诉（排除妨害之诉）

从前文我们已经看到，原物返还之诉（rei vindicatio）（以及在该诉讼的基础上演变而成的其他诉讼），只为所有权人提供对抗非法占有人的保护，而不为之提供对抗对物实施其他妨害之人的保护。对于后一种情况，只能首先借助于否定之诉（actio negatoria）。这一诉讼，其目的在于否定原告享有所有权的物上，存在他人的地役权或用益权形式的限制物权[2]。因此，提起该诉一般是为了对抗这样的人：他对物实施了原本可能构成限制物权的行使的行为。在诉讼程式的原告请求部分（intentio）中，如果要否定积极役权或者用益权的存在，则请求是消极的[3]；如果要否定消极役权的存在，则请求是积极的[4]。这种诉讼，表现为就自己的

342

---

　　[1]　Cfr. Gai. 4. 37：“类似的，如果该异邦人根据我们的法律以某一名义起诉或被诉，对异邦人也可以拟制其具有罗马市民籍，只要将这种诉讼也扩用到异邦人是正确的，例如，因为盗窃，一个异邦人起诉或者被诉。如果起诉异邦人，程式的内容是这样的：‘某某是承审员。如果查明由于赫尔梅的儿子迪奥的帮助和教唆，L. 提丘斯的一个金杯被盗，那么，假使迪奥是罗马市民，则他应当为其盗窃行为赔偿损失’等。类似的，如果异邦人对盗窃起诉，也拟制他具有罗马市民籍。同样，人们还记得，某人因《阿奎利亚法》上的非法损失起诉或被诉，通过拟制他具有罗马市民籍而作的审判。”

　　[2]　Cfr. I. 4. 6. 2：“……另一方面，在用益权和乡村地役权上，以及在城市地役权上，也相应地发生这样的诉讼，即某人主张对方当事人不享有用益权、加高权、眺望权、建筑物突出权和横梁架入权等。这些也是对物之诉，但是它们都是否定性的……”

　　[3]　“如果证实内吉丢斯不享有权利（如用益权）……”

　　[4]　“如果证实阿杰留斯享有权利（如加高的权利）……”

物要求自由之诉（vindicatio in libertatem）的一种，是在原物返还之诉（reivindicatio）的基础上演变而来的。该诉的目的不仅在于使被告恢复物的状态至如果争讼程序（litis contestatio）时，被告就终止实施妨害行为的状态；而且在于使被告以要式口约（stipulatio）的形式承诺，将来不再实施此类行为〔即作出不侵扰保证（cautio de amplius non turbando）〕[1]。

七、地界调整之诉

处理相邻土地的地界纠纷这一特殊问题的诉讼，是地界调整之诉（actio finium regundorum）。该诉讼可以追溯至《十二表法》。最初关于在相邻的土地之间如何确定划界小道（iter limitare）的准确位置发生争议时〔土地测量员称该类争议为"地界争议"（controversia de fine）〕，可以提起请求仲裁人之诉（legis actio per arbitri posulationem）[2]。划界小道起到确定土地界线和以供通行的作用。在古典法时期，由于分配裁判（adiudicatio）被植入诉讼程式之中，于是当承审员无法确定原始的界线时，有权划定新的界线，并通过钱款判罚（condemnatio pecuniaria）的方式要求对遭受不利

---

〔1〕　Cfr. D. 8. 5. 12（雅沃伦）："我通过诉讼主张他无权在我的墙中架梁；他需要以要式口约的形式承诺将来也不搭梁吗？回答是：承审员的职权包括决定是否要求对将来的干涉以要式口约的方式作出担保。"

〔2〕　Cfr. Cic. de leg.（西塞罗：《论法律》）1. 21. 55："关于界线的争议，由于《十二表法》并不承认五英尺宽度之内的所有权……不是根据《马弥利乌斯法》由一个人来划分界线，而是根据《十二表法》由我们三个人划分界线。" D. 10. 1. 13（盖尤斯）："需要知道的是，在地界调整之诉中，一定程度上要遵守梭伦使雅典通过的法律，即：如果某人在邻居土地的边上栽上了篱笆，篱笆不得越界；如果修建了一堵墙，要留出一英尺的距离；如果修建了一所房子，要留出两英尺的距离；如果挖了一座墓或者一条沟，留出的空间要与深度相同；如果挖了一眼井，要留出一奥尔圭亚（orguia）；如果种了一棵橄榄树或者无花果树，要与邻人土地相距九英尺；种所有其他的树，距离应为十五英尺。"

的一方作出金钱补偿。此点与遗产分割之诉（actio familiae erciscun-
dae）和共同财产分割之诉（actio communi dividundo）这两种与之
相似的分割共有物的诉讼，没有什么不同。到了以后的历史时期，
该诉讼仅在就两块有确定边界的土地归谁所有发生纠纷时被提起
〔土地测量员称该类争议为"地域争议"（controversia de loco）〕。

八、排放雨水之诉

另外一个保护所有权的诉讼是排放雨水之诉（actio aquae plu-
viae arcendae）。该诉讼一般由一块土地的所有权人向改变雨水在
邻地上的自然流向、有对前者的土地造成损害的危险的邻地所有
权人提起。这个诉讼在《十二表法》中已有规定[1]，但是现在
已经无从知晓在古代其具体的程序是请求仲裁人之诉（legis actio
per arbitri posulationem）的形式还是对人的誓金法律诉讼（legis
actio sacramenti in personam）的形式。该诉讼是对人之诉（actio in
personam）[2]，尽管一般而言债之关系的积极主体与消极主体要随
着土地所有权人的变化而变化。该诉讼还是仲裁诉讼（actio arbi-
traria），审判员（iudex）会提议被告返还，被告不返还将遭受钱款
判罚（condemnatio pecuniaria）。提起这个诉讼的前提是，雨水或者
因下雨而引来的其他水的自然流向被改变，由于施工（opus manu

343

---

〔1〕 Cfr. D. 40. 7. 21 pr.（彭波尼）："……古老的权威将《十二表法》中'如果
雨水造成损失'解释为'如果雨水可能造成了损失'……"
〔2〕 Cfr. D. 39. 3. 6. 5（乌尔比安）："必须要知道，排放雨水之诉不是对物之诉，
而是对人之诉。我们将'雨水'定义为从天上降下的水或者因暴雨而增加的其他水。
正如图贝洛所言，从天上降下的水或者是自己造成损失，或者是与其他水共同造成损
失。这个诉讼应在损失还没有发生、但是某种施工已经开始进行时提起。对于该施工，
有理由担心会造成损失。当雨水可能因为施工会给农地造成损失时，也就是说，有人
改变水的正常自然流向时，可以提起该诉讼，比如，通过导引使水流比平常更大、更
快、更强，通过阻塞使水流泛滥。然而，如果水流会自然地造成损失，则不得提起该
诉讼。"

factum）而可能在可预见的未来给农村土地带来损失[1]。在古典法时期，由于意大利的主要气候和环境条件决定了通常来说季节性降雨是相当充沛的，所以损失仅指水过量而非水欠缺[2]。但是，在优士丁尼时期，由于行省区域特别是干旱的地方长期不同的迫切需求，对于以造成损失为目的（animo nocendi），改变水流的自然流向，可能导致流经邻地的雨水减少而非增加之人，也可以提起排放雨水之诉[3]。此外，或许是在古典法时期的先例的基础上，此时施工（opus manu factum）的要件也被超越了，也就是说，即使损失未来可能不是人为因素造成的，也可以提起该诉讼。如果施工是被告或其被继承人（de cuius）完成的，被告负有恢复原状和赔偿争讼期之后发生的损失的责任；否则，只负有容忍义务，即承诺允许对方当事人恢复物之原状即可[4]。

344

----

　　[1]　Cfr. D. 39. 3. 1 pr. -1（乌尔比安）："如果雨水可能造成损失，那么可以通过提起排放雨水之诉来避免。"

　　[2]　Cfr. D. 39. 3. 1. 21（乌尔比安）："假如针对任何使雨水给我带来损失的施工都可以提起该诉讼，与之相反的问题是，如果我的邻人进行了一项施工，阻止以前流入我的土地且对我有利的水流再流入我的土地，我是否可以提起排放雨水之诉。奥菲留斯和拉贝奥认为，尽管水流入我的土地对我有利，也不能提起该诉讼，因为它用于雨水带来损失，而非雨水未带来好处的情形中。"

　　[3]　Cfr. D. 39. 3. 1. 12（乌尔比安）："然后，马尔切罗写道，对于在自己的土地上挖掘，改变了邻地水流量之人，不能提起包括诈欺抗辩在内的任何诉讼。当然，如果施工不是为了给邻人造成损失，而是为了改良自己的土地，对这样的人也是连诈欺之诉都不能提起。"（该片段经过了添加。）

　　[4]　Cfr. D. 39. 3. 6. 6-7（乌尔比安）："法官的职责是，若邻人进行了施工，命令他恢复原状并赔偿争讼期以后发生的损失。不过，若损失发生在争讼期之前，邻人只负有恢复原状的责任，而不负有赔偿损失的责任。杰尔苏写道，若我本人进行了一项施工，使雨水给你带来了损失，我将被命令以自己的费用移除构筑物。然而，若施工是完全与我没有关系的人完成的，我只要答应允许移除即可。但是如果施工是我的奴隶或者我的被继承人完成的，就奴隶我必须承担损害投偿责任，在另一种情况中，我必须承担如同施工是我自己完成的那样的责任。"

九、潜在损害保证

保护所有权的制度还有潜在损害保证（cautio damni infecti）。该保证的形式是要式口约（stipulatio），一般而言，由一块土地的所有权人或者某项施工的行为人，向遭到土地状况或者施工活动威胁的另一块土地的所有权人作出承诺。这一保证取代了《十二表法》上一种我们对其性质已经不甚明了的救济措施。潜在损害保证可能是当事人自愿作出的，也可能是应裁判官要求作出的[1]。强制要求作出承诺的前提是，确实有理由担心一块土地未来会遭受损失[2]：损失要么会由相邻危房的坍塌引起（vitium aedium），要么会由未修建建筑物的邻地上可预见的自然事件引起（vitium loci），要么会由人的活动引起（vitium operis）[3]。人的活动有可能在自己土地上进行（facere in suo），有可能在公共土地上进行（facere in publico），也有可能在他人土地上进行（facere in alieno）。潜在损害保证仅在没有其他手段可以取得损害赔偿时适用[4]。保证（cautio）作出后，若在指定的期限内发生了损害，遭受损害的土地所有权人可以提起依要式口约之诉（actio ex stipulatu）起诉

345

---

〔1〕　Cfr. D. 39. 2. 44 pr.（阿弗里卡努斯）："当我要求你向我作出潜在损害保证，你拒绝了我。在向裁判官请求之前发生了损害……"

〔2〕　Cfr. D. 39. 2. 2（盖尤斯）："潜在损害是现在还未发生，但是我们担心将来会发生的损害。"

〔3〕　Cfr. D. 39. 2. 24. 2（乌尔比安）："为了避免因房屋、场地或者施工的缺陷而造成损害……"D. 39. 2. 24. 12（乌尔比安）："另外，让我们再思考一下损失将会是什么原因导致的。这种要式口约可以适用于因房屋、场地或者施工的缺陷而造成的损害……"

〔4〕　Cfr. D. 39. 2. 18. 9（保罗）："……若有其他种类的诉讼可资提起，就不能再寻求潜在损害保证的救济。"D. 39. 2. 32（盖尤斯）："……我们的先哲一致认为，如果存在其他诉讼可以救济损害，就不能适用潜在损害保证……"

对方当事人[1]。在相反的情形中，即要求作出保证遭到拒绝的，如果涉及的是房屋或者场地的缺陷，裁判官可以颁布令状，准许有损害之虞的土地所有人首先持有带来危险的土地；此时，如果对方当事人仍然拒绝提供承诺，可以根据裁判官的准许，对邻地实行授权占有，且该占有受到裁判官法上的所有权的保护[2]。如果涉及的是施工活动的缺陷，要么施工本身是非法的，可以予以阻止，要么可以进一步寻求新施工告令（nuntiatio novi operis）的救济。

十、新施工告令

这是为了阻止已经启动的[3]、会改变某地原有状态的（opus novum）[4] 建造或者拆除施工的告令（nuntiatio）。可以发出该告令的或者是有权利反对新施工的人，一般是所有权人〔即"为了

---

〔1〕 Cfr. D. 39. 2. 18. 11（保罗）："如果就潜在损害作出要式口约后发生了损害，萨宾的观点是正确的。他认为，如果建造房屋是在要式口约规定的时间范围内进行的，后来房屋坍塌到了我的墙上，即使墙是在要式口约规定的时间之后坍塌的，我也可以提起诉讼……"

〔2〕 Cfr. D. 39. 2. 4. 1（乌尔比安）："如果保证承诺未在裁判官指定的期限内作出，必须准许原告对有瑕疵的财产授权占有……" D. 39. 2. 15. 21（乌尔比安）："裁判官准许授权占有，并不是命令立即取得占有，而是有正当理由时才占有（因此，要等待一段时间），例如，所有权人以长时间沉默表明其抛弃了房屋，或者未向被准许授权占有的人提供潜在损害保证，而准许已经过了一段时间。" D. 39. 2. 15. 16（乌尔比安）："尤里安写道，因潜在损害而被准许授权占有之人，只有在裁判官发布第二次令状指定其为所有权人后经过一段相当长的时间，才开始取得所有权。"

〔3〕 Cfr. D. 39. 1. 1. 1（乌尔比安）："这个告示以及其中新施工告令所带来的救济，针对的是未来的施工，而不是过去的施工，易言之，针对的是还没有完成、不希望付诸行动的施工。如果是不希望付诸行动、但是已经开展的施工，则不适用关于新施工告令的告示，而是应当适用'暴力或者欺瞒令状''神圣地或者神息地令状'或者'公共河流或者河岸令状'，因为适用这些令状可以使非法施工恢复原状。"

〔4〕 Cfr. D. 39. 1. 1. 11（乌尔比安）："任何人通过建造或者拆除某物，改变另一建筑原有状态的活动，都是新施工。"

保护我们的权利而发出告令"（nuntiatio iuris nostril conservandi causa）〕，或者是针对施工可以要求提供潜在损害保证但遭到拒绝的人〔即"为了防止损害发生而发出告令"（nuntiatio damni depellendi causa）〕，或者是面对非法在公共之物上进行施工行为的任何罗马市民〔即"为了维护公众的权利而发出告令"（nuntiatio iuris publici tuendi causa）〕[1]。告令以非诉的方式发出[2]，形式是庄严的口头警告的形式，地点在施工的场地，对象为施工的责任人或受其指使的人[3]。告令发出后，如果受领人继续施工，可以对他发布所谓的拆除令状；再不拆除，他将会仅因未依令状行事而被判罚赔偿损失[4]。被警告之人可以先作出如果施工非法将恢复原状的承诺，然后继续施工，并申请关于合法建筑的令状

346

---

〔1〕 Cfr. D. 39. 1. 1. 16-17（乌尔比安）："发出此种告令，要么是为了保护我们的权利，要么是为了防止损害的发生，要么是为了维护公众的权利。我们发出告令，或者是因为我们享有某项禁止权，例如，为了从公共或者私人财产上施工之人那里获得潜在损害保证；或者是因为某项施工违反关于建筑的法律、皇帝谕令，或者在神圣地、神息地、公共河流或其河岸进行。基于这些原因，也可以发布令状。"D. 43. 25. 1. 3（乌尔比安）："享有所有权或者役权的人，可以发出新施工告令。"D. 39. 1. 1. 19（乌尔比安）："如果目的是保护我们自己的权利或者防止损害的发生，那么受到影响之人可以发出新施工告令。"D. 39. 1. 3. 4（乌尔比安）："如果施工在公共财产上进行，那么每一位市民均可以发出新施工告令。"

〔2〕 Cfr. D. 39. 1. 1. 2（乌尔比安）："发出该告示所规定的告令不必借助于裁判官，因为一个人不借助裁判官也可以发出告令。"

〔3〕 Cfr. D. 39. 1. 5. 3（乌尔比安）："告令不一定非要向所有权人发出，向在施工场地的人，比如施工的大工或者小匠发出新施工告令已经足矣。确实，一般来说，向以所有权人之名义或者为了施工而在现场的人发出新施工告令即可，至于此人的真实身份和地位并不重要，因为即使向奴隶、妇女、男孩或者女孩发出告令，亦无不可。只要新施工告令在现场发出，告令便会传到所有权人的耳朵里。"

〔4〕 Cfr. D. 39. 1. 20 pr.（乌尔比安）："裁判官说：'发出新施工告令后，之前已经启动的施工必须中止，之后进行的施工必须恢复至发出告令时的状态。'"D. 39. 1. 20. 3（乌尔比安）："裁判官说：'已经进行的施工必须恢复至之前的状态。'他要求将已经进行的施工恢复至之前的状态，而施工合法与否在所不问。换言之，施工合法还是非法，都不影响该令状的适用。"

（interdictum ne vis fiat aedificanti）以排除告令之人可能造成的干扰[1]。但是，一旦施工被证明是非法的，这样的被警告之人将根据其所作出的承诺，承担源自要式口约（ex stipulatu）的责任。如果被警告之人不作出潜在损害保证，停止了施工，他可以请求执法官撤销告令。撤销告令通过颁布令状的形式进行，在令状中会禁止被警告之人继续非法地施工[2]。撤销令状颁布后，若被警告之人认为自己有权利施工，卷土重来，警告之人根据令状可以要求不恢复物的原状的被警告之人赔偿损害。

十一、制止暴力或欺瞒令状

最后，需要谈一下制止暴力或欺瞒令状（interdictum quod vi aut clam），因为这种令状也可以构成对所有权的保护。裁判官对任何享有法律承认的利益的人，针对其他人在前者的不动产上以暴力或者欺瞒方式进行的施工，都可以颁发此令状，以要求施工人恢复原状[3]。

347

---

〔1〕 Cfr. D. 39. 1. 20. 9（乌尔比安）："继而，裁判官说：'如果针对争议之地已发出新施工告令，假如对方已经作出承诺，或者由于你的原因而未作出承诺，我将禁止使用暴力阻止对方在该地进行新的施工。'"

〔2〕 Cfr. D. 43. 25. 1 pr.（乌尔比安）："裁判官说：'当某人有权阻止违背其愿望发生某事时，告令才是有用的。否则，我将撤销相应的告令。'" D. 39. 1. 1 pr.（乌尔比安）："该告示确保，一项施工，不论其是否合法，都会被新施工告令叫停。如果发出告令之人已无权阻止施工，告令将被撤销。"

〔3〕 Cfr. D. 43. 24. 1 pr. -2（乌尔比安）："裁判官说：'他人有权申请该令状时，你应当将以暴力或欺瞒方式完成的施工恢复原状。'该令状的目的是恢复原状，它可以对抗使用暴力或者欺瞒获得好处之人的狡黠，因为他们被要求恢复原状。至于施工人是否有权利施工，差别不大，因为不论他是否有权利，他都应当根据令状承担责任，因为他运用了暴力或者欺瞒。他可以维护其权利，但是不应造成损害。"

第十七节 所有权的丧失

首先，一物之上的所有权会由于物本身的灭失而消灭，也会由于物本身变成了非交易物（extra commercium）而消灭，或者如果标的物是奴隶，还会由于该奴隶取得了自由人身份（status libertatis）而消灭。

此外，在前文谈到的另一主体取得所有权的一切情形中，原所有权人亦丧失其所有权。

一、通过抛弃

再有，丧失的原因还可以是抛弃（derelictio）。抛弃是所有权人在不想继续拥有所有物的主观意图下实施的对物的放弃。倘若不具有上述意图，比如为了减轻遇险船舶的负载而将物品抛入大海，则单纯的扔掉并不构成真正意义上的抛弃（derelictio）[1]。普罗库勒认为，所有权不会随着抛弃（derelictio）的发生而立即丧失，而是只有在该物被他人占有之后原所有权才丧失。与上述观点相反的萨宾学派的观点，在古典法时期占了上风，并被优士丁尼法

---

〔1〕 Cfr. I. 2. 1. 48：“遭遇海上风暴，为了减轻船舶的负载而将物品抛入大海的情形，又当别论。确实，这些物仍属于所有权人，因为很显然不是出于不想要它们而扔掉，而是所有权人为了与船舶一起更易于逃避海上的风险才这样做。因此，如果某人对于被海浪冲到岸上或仍在海中的物，贪图利益而将它们拿走，那么此人的行为构成了盗窃。这些物与在所有权人毫无觉察的情况下，从奔跑的车辆上掉落的物，差别不大。”

所沿袭。根据后一种观点，抛弃之人立即丧失其所有权[1]。抛弃物（res derelicta）立即被有据为己有意图的占有人取得[2]。如果抛弃是非所有权人作出的，或者无法证明是谁作出的，那么取得所有权需要满足时效取得的要件〔以代替抛弃（pro derelictio）〕。可以说，取得抛弃物（res derelicta）所有权的方式是先占（occupatio）。只是在普罗库勒看来，抛弃物（res derelicta）不是无主物（nullius），对这种物的取得与向不特定人的让渡（traditio in incertam personam）〔例如向人群抛掷钱币（iactus missilium）〕二者之间基本上是相似的。优士丁尼的《法学阶梯》中的一个片段强调了上述相似性[3]。

二、通过没收

以公共惩罚的名义实施的没收（publicatio）也会导致原权利人丧失所有权。

---

〔1〕 Cfr. D. 41. 7. 2. 1（保罗）：“普罗库勒认为，如果抛弃物未被他人占有，则它仍属于所有权人。尤里安却认为，该物肯定不再属于抛弃之人，不过只有它被他人占有时，才可以成为他人之物。后一种观点正确。”D. 47. 2. 43. 5（乌尔比安）：“如果所有权人抛弃了某物，那么我的行为将不构成盗窃，即使我有盗窃的意图，因为在没有物的所有权人的情况下，不会发生盗窃。在上述情况中，物不属于任何人。依萨宾和杰尔苏之见，一旦我们抛弃某物，该物便不再是我们的了。”

〔2〕 Cfr. D. 41. 7. 1（乌尔比安）：“如果某物被抛弃，那么它立即就不再是我们的，而是马上由先占之人取得，因为物不再是我们的的原因与被他人取得的原因是一致的。”D. 41. 7. 5. 1（彭波尼）：“被他人抛弃的物，立即成为我的……”

〔3〕 Cfr. I. 2. 1. 46-47：“此外，有的时候，即使是所有权人的指向不特定的人的意思，也可以移转物的所有权。比如，裁判官和执政官将礼物抛向人群，却并不知道人群中的每个人将会拿到什么，不过因为他们希望每个人拿到什么就取得什么，所以立即使捡到之人成为所有权人。这样说来，更为正确的是，如果某人先占了所有权人抛弃的物，那么他马上成为所有权人。抛弃物被认为是所有权人不希望继续拥有而丢弃的物，且正因如此，原所有权人立即不再是所有权人。”

三、通过征收

最后，为了公共利益而进行的征收也会导致所有权的丧失。在古典法时期，国家很少实施征收，而是最大限度地尊重私人的所有权；而在后古典—优士丁尼法时期，征收变得非常普遍。后古典法时期，将所有权人抛弃的土地或撂荒地（agri deserti）收走，而让耕种之人取得其所有权的规定，也可以归入征收制度。

第十八节　共　　有

一、共有的概念

共有（condominio 或 conproprietà），指的是在同一物上存在多个所有权人的情形。在原始文献中，常用 communio 这一术语指称共有，而常用 socii 或单独的 domini 来指称共有人。

二、从早期的家庭共同体到有史时期的共有

在早期，"不分遗产共同体"（consortium ercto non cito）是惟一存在的共有形态（这种形态下的所有权不能分割，id est, dominio non diviso）。这种共有关系，在家父（pater）死亡后成为自权人（sui iuris）的兄弟间产生。其他人通过一种专门的法律诉讼形式，也有组建这种共同体（consortium）的可能。此种共同体遵循的原则是所谓的各个所有权人均享有完整的权利的原则，也就是说，共同体的每个成员均享有全部的权能，因此每人均可有效地对共有的奴隶实施解放（manumissio），或者对共有之物实施要

式买卖（mancipatio）。该原则很有可能要受到共同体任何其他成员的否决权（ius prohibendi）的限制[1]。这种共同体（consortium）除了与共有的形式有关外，还与共同的家庭生活息息相关。它符合早期家族内部的连带思想，共和时期式微后，在古典法时期彻底退出了历史舞台[2]。与此同时，受到商业活动的影响，在古老的共同体（consortium）制度的木桩上，发出了一枝共有类型的新芽。新型的共有制度具有普适性（适用于合伙出资，构成遗产的物或遗赠给多人的物，混合或混杂而成的物等）。它建立在每人享有所有权的一部分的思想上，亦即，属于每个共有人的不是物的物理上的一部分，而是观念上的一部分（pars pro indiviso）[3]〔依后世解读者使用的术语，不是"数量部分"（pars quanta），而是"份额部分"（pars quota）。现代法中的概念"份额"（quota）来自于后者〕。

349

――――――――

〔1〕　Cfr. Gai 3. 154 a）和 b）："但是还存在另外一种为罗马市民所特有的合伙。曾经存在这样的制度，即如果家父死亡，在其继承人间成立一种既合乎法律又合乎自然的合伙，它被称为'ercto non cito'，也就是不可分割的所有权。实际上，erctum 就是所有权，由此所有权人被称作 erus；ciere 是分割的意思，由此我们引申出 caedere 和 secare。其他人如果想建立同样的合伙，可以向裁判官提起专门的法律诉讼以实现该目的。兄弟间的这种合伙，或者其他人仿效作为自家继承人的兄弟而建立的合伙，具有如下特征，即若合伙人中的一人，解放了共有的奴隶，则会使该奴隶获得自由，且对于所有人而言他都成为自由人。类似的，若其中一人对共有之物实施了要式买卖……"

〔2〕　Cfr. D. 13. 6. 5. 15（乌尔比安）："……不可能存在两个人都完全占有一物或拥有完整的所有权的情形……"

〔3〕　Cfr. D. 50. 16. 25. 1（保罗）："昆图斯·穆齐说，部分指的是某物没有分割的情况，因为如果某物分割后一部分属于我们，我们拥有的就不是部分，而是整体。塞尔维很优雅地认为，部分这一称谓同时指二者。"D. 45. 3. 5（乌尔比安）："一个共有的奴隶属于全体的主人，而不是整个由每个主人所有，因为每个人享有的是未分割的份额，所以主人们享有的是观念上的份额，而不是有体物的份额……"

三、对共有物的处分

份额的观念首先体现在对共有物的处分上，意思是说，每一位共有人均可就其拥有的所有权的份额单独转让〔一般通过"拟诉弃权"（in iure cessio）的形式〕、出质或设立用益权。而在设立地役权的问题上，因为此种权利不能在土地的份额上设立，所以设立行为需要全体共有人共同参与作出，除非允许各共有人在不同的时间作出同意设立地役权的表示[1]。并且，至少在优士丁尼法中，在全体共有人同意之前，已经同意设立地役权的共有人不得反对地役权的行使[2]。关于解放奴隶的行为，鉴于不可能按照份额成为自由人，所以该行为的作出需要全体共有人的共同参与；不过在优士丁尼法中，单个共有人作出的解放奴隶的行为也是有效的，只是他负有向其他共有人赔偿其因丧失所有权份额而遭受的损失的义务[3]。

350

---

〔1〕 Cfr. D. 8. 4. 18（保罗）："一般认为，即使多个所有权人不是同时作出的设立或取得役权的行为，但是前面的行为也被最后的行为所确认，就如同全体共有人同时作出这些行为一样……"

〔2〕 Cfr. D. 8. 3. 11（杰尔苏）："一块属于多个人所有的土地，我从其上通行或负重通行的权利，可以由土地的共有人分别为我设立。因此，由于细小的原因（此处为添加），除非全体都为我作出了设立行为，否则该权利不会成为我的。并且，只有最后一个设立行为作出后，之前全部的设立行为才得到确认。但是，人们仁慈地认为，在最后一位共有人作出设立行为之前，已经作出设立行为的共有人不得禁止行使他们设立的权利。（最后一句为添加。）"

〔3〕 Cfr. I. 2. 7. 4："……我们找到了一条可以使解放者、其共有人以及被解放的奴隶都能得到好处的路径。它就是：奴隶获得自由（很显然，为了有利于使人获得自由，古代的立法者也作出了许多违反一般规则的规定），而给予自由之人也会欣然看到其慷慨之举得到维护，同时，共有人也不会遭受任何损失，他将根据其享有的所有权的份额，收到我们规定的奴隶的价金。"

四、对共有物的司法保护

一般而言，份额的观念还体现在对共有物的司法保护上，意思就是，每位共有人都可以提起诉讼以保护自己的所有权份额，比如说，都可以提起"对部分的原物返还之诉"（reivindicatio pro parte）[1]。对于该诉讼，我们在因混合或混杂而产生的共有这种特殊情形中已有涉及。此外，在对地役权主张原物返还的情形中，不论共有的土地是需役地还是供役地，鉴于若只是土地的某一份额，既不能为之设立地役权，亦不能在其上设立地役权，所以在由某一共有人提起的或者对他提起的诉讼中，一旦被告为了避免遭到判罚实施返还行为（restitutio），则该结果对其他共有人亦产生相同的效力；但是如果最终作出了判罚，则诉讼标的的估价（litis aestimatio）仅依原告或者被告所享有的土地所有权的份额进行计算[2]。

五、共有物孳息的取得

份额的观念在共有物孳息的取得方面也有适用[3]，即各共有

---

〔1〕 Cfr. D. 6. 1. 6（保罗）："倘若有人提起对物之诉，也就是针对某物主张返还，那么他应当指明该物，并指出是否主张返还物的全部，或者部分和数量……"

〔2〕 Cfr. D. 8. 5. 4. 3-4（乌尔比安）："如果一块在其他土地上设有个人通行权（iter）的土地归多个人所有，那么每个人都连带地享有诉权。彭波尼在其（《告示评注》的）第41卷也是这样写的。但是在估价时考虑的是提起诉讼之人的利益大小。因此，单个的所有人都可以就自己的权利提起诉讼，且胜诉的结果亦将对其他（共有）人有利；但是，估价应依每个人的利益大小而定，尽管地役权不能单由共有人中的一人取得。而且如果供役地属于两个人所有，则也可以以相同的方法对他们中的任何一人提起诉讼。就如同彭波尼在该卷中所写的这样：不管他们中的何人应诉，都应当返还全部，因为此物（即役权）不能分割。"

〔3〕 Cfr. D. 22. 1. 25pr.（尤里安）："与其他人共有一块土地之人……对收取的超出其所占土地份额部分的孳息，不能使之成为自己的……"

人按照所占所有权的比例取得孳息。而在对共有物的使用问题上，古典法似乎仍然残留有共同体（consortium）多重完整所有权的古老制度：如果只是对物的正常使用行为，单个的共有人也可不经他人同意而为之；如果不是正常使用行为，因为它们会改变共有物的结构，所以各共有人必须经过其他共有人的事先同意方可依法实施，未经同意而实施的，任何其他共有人都可以针对该共有人行使否决权（ius prohibendi），要求后者恢复原状[1]。在优士丁尼法中，共有制度的基本原则似乎是对物的处分需要经过全体共有人的事先同意，而不是让其他共有人行使否决权（ius prohibendi）。只是在一些零星的片段中，我们才可隐约发现多数共有人的意志对全体共有人均有约束力这一现代观念的影子。

351

六、共有人之间的增添权

古代共有概念的另一个残存就是增添权（ius adcrescendi）。因为有该权利的存在，抛弃（derelictio）[2]，或者在古典法中，

---

〔1〕 Cfr. D. 10. 3. 28（帕比尼安）："萨宾认为，在共有中，任何所有权人都不得违背其他共有人的意志在共有物上做任何事。显然，结果就是存在一种否决权。此外，对于共有物，否决之人与其他共有人的地位相同。但是，尽管一个共有人在共有物上做某事可能遭到其他共有人的否决，不过，如果其他共有人能够行使否决权却没有行使，任由该共有人行事，则不应强迫后者移去已经建造完毕的建筑物。（没有行使否决权的共有人，只）能通过共有财产分割之诉而得到赔偿。然而，如果其他共有人事先同意该共有人施工，那么前者连要求赔偿损失的诉讼都不享有。假使某共有人在其他共有人不在的情况下做了某事，目的是给后者造成损失，那么前者必须拆除已经完成的施工。" D. 8. 2. 27. 1（彭波尼）："若你打算在共有的地块上修建建筑物，那么你的共有人有权否决你修建的权利，哪怕你已经从邻居处取得了修建的权利，因为你无权违背其他共有人的意志而修建建筑。"

〔2〕 Cfr. D. 41. 7. 3（莫德斯汀）："经常有人问这样的问题，即物的一部分是否可以被抛弃。确实，倘若共有人抛弃了对共有物享有的份额，那么这一份额就不再是他的，因为对整体可以做的，对部分也能做。但是整个物的所有权人不能保留一部分份额，而抛弃另一部分份额。"

单个的共有人实施了解放奴隶的行为，就会产生相应的份额由其他共有人各自按照所占所有权的比例自动取得的法律效果[1]。同样的，如果某一共有权人无法或者不愿取得所有权，则通过共有奴隶取得的所有权在其他共有人之间分配[2]。

七、共有物的分割

共有关系因共有物的分割而终止。分割可依共有人之间的共同协议、通过相应的移转行为进行〔拟诉弃权（in iure cessiones）、要式买卖（mancipationes）、让渡（traditiones）：例如，两个共有人的一人通过拟诉弃权（in iure cessiones）将自己的共有份额移转给另一人，而后者享有了独立的所有权，将原共有物物质上的一半转让给前者〕。不过远比此重要且更为常见的是[3]，通过诉讼进行共有物的分割。每一位共有人均有权利提出分割的主张。如果涉及的是分割共同继承的遗产集合体[4]，诉讼的形式可以是遗产分割之诉（actio familiae erciscundae）；诉讼的形式也

352

---

〔1〕 Cfr. Tit. ex. corp. Ulp. 1. 18："解放共有奴隶的主人，丧失其所有权的份额，而该份额增添至他的共有人那里，特别是他解放的方式是，假设奴隶是他一个人的，他要通过解放奴隶使奴隶变为罗马市民。如果是当着朋友的面（inter amicos）宣布解放奴隶，有些人认为这样的解放不产生任何效力。" P. S. 4. 12. 1："多个主人中的一人无法通过奴隶解放，使共有的奴隶变成拉丁人或罗马市民。假使宣布解放之人是奴隶的惟一主人，则该奴隶就会变成自由人，那么以这样的方式进行的奴隶解放，相应的份额增添至其他共有人那里。"

〔2〕 Cfr. D. 45. 3. 1. 4（尤里安）："一个共有的奴隶具有两个奴隶的特征。由于这个原因，如果我自己的奴隶为你我共有的奴隶订立了一个要式口约，那么其法律效力与分别订立了两份要式口约相同：一份在以我的奴隶的名义，一份以你的奴隶的名义。不应当认为我只取得了一半的份额，而另一半不属于任何人。因为共有的奴隶具有下述特征，即如果一个主人能取得所有权，而另一个主人不能，那么该奴隶应被视为仅属于那个可以取得所有权的主人。"

〔3〕 Cfr. D. 8. 2. 26（保罗）："……因为产生了许多争议，所以经常最后共有物被分割……"

〔4〕 Cfr. D. 10. 2. 2pr.（乌尔比安）："人们通过遗产分割之诉分割遗产……"

可以是共同财产分割之诉（actio communi dividundo），如果共有物不属于遗产[1]，或者虽然是遗产，但是继承人只想就单个的物进行分割[2]，甚或有些物在之前的遗产分割之诉（actio familiae erciscundae）中未作分割[3]。遗产分割之诉（actio familiae erciscundae）是由《十二表法》引入的，共同财产分割之诉（actio communi dividundo）则是由更晚些的《李其尼法》（lex licinnia）引入的[4]。在古代，这两种诉讼采用的都是要求承审员之诉的形式[5]。在程式诉讼程序中，这两种诉讼都采用了分配裁判（adiudicatio）这一程式（formula）[6]。根据该程式，承审员可以将物在诉讼当事人之间进行分割，而该分割具有分配的效力。如果审判（iudicium）是根据法律（ligitimum）进行的，则当事人获得的是被市民法（ius civile）承认的权利；而如果审判（iudicium）是根据所拥有的治权（imperio continens）进行的，则当事人获得的是被荣誉法（ius honorarium）承认的权利。倘若是可分物，则承

---

〔1〕 Cfr. D. 10. 3. 4pr. （乌尔比安）："通过（共有物之诉）这种诉讼，分割的是我们享有所有权的有体物，而不是遗产。"

〔2〕 Cfr. D. 10. 2. 44pr. （保罗）："继承人之间也可以提起共有财产分割之诉。在该诉中考虑的只是在他们之间共有的物以及由这些物决定的关系。关于其余的问题，可以提起的是遗产分割之诉。"

〔3〕 Cfr. D. 10. 2. 20. 4 （乌尔比安）："事先没有充分的理由，不得多次提起遗产分割之诉，因为倘若某些物没有被分割，那么对它们可以提起共有财产分割之诉。" P. S. 1. 18. 1："不能多次给予遗产分割之诉，因此对于那些未通过该诉分割的物，可以提起共有财产分割之诉。"

〔4〕 Cfr. Gai. 4. 17a："……（《十二表法》）这部法律规定，为了在继承人之间分割遗产，也应提起要求承审员之诉……"

〔5〕 Cfr. Gai. 4. 17a："在法律规定的一些情形中，人们应当提起的是要求承审员之诉。……"

〔6〕 Cfr. Gai. 4. 42："在分配裁判的程式中，承审员将某物判给当事人中的一人。例如，当事人提起的是继承人之间的遗产分割之诉，或者合伙人之间的分割共同财产之诉，或者邻人之间的调整界址之诉。这样，程式的内容是：'承审员把应判给提丘斯的判给他。'"

审员会根据每位参与分割之人所拥有的所有权份额，将物分为不同部分以使他们获得单独的所有权；否则，承审员会将对整体物的所有权判给参与分割之人中的一人，但是同时通过专门的判罚（condemnatio），使取得全部所有权之人负有对他人丧失的份额进行金钱赔偿之责[1]。承审员也可以将共有物出卖，在共有人之间就出卖所得价金，同样按照各自拥有的所有权份额进行分割。如有必要，出卖的形式可以是只面向共有人的拍卖（licitatio），也可以是向任何第三人开放的拍卖（licitatio）[2]。最初，在这两个诉讼中的金钱判罚（condemnatio pecuniaria），应该都是共有人根据分配而获得物与他们享有的所有权份额不完全相符之时的一种调整措施。但是，从古典法时期开始，它已经可以用于调整参与分割的共有人相互之间在共有期间产生的个人请求：请求的目的或者在于获得损害赔偿，或者在于获得对财产的贬损的补偿，或者在于获得对收益的分配[3]。然而在古典法中，如果不是在分割共有物的情形中，第二个目的一般无法实现；而在优士丁尼法中，因为这两个诉讼都被定性为"既是对物之诉也是对人之诉"（tam

353

---

〔1〕　Cfr. D. 10. 2. 55（乌尔比安）："在遗产分割之诉或共有财产分割之诉中，当分割十分困难以至于几乎不可能时，承审员可以只判罚一个人，而将全部的物都判给此人。"I. 4. 17. 4："如果有人提起了遗产分割之诉，那么承审员应将单个的物判给单个的继承人。如果物的分配特别有利于两人中的一人，那么应当像前面说的那样，判罚此人给其共同继承人一定数额的金钱以作为交换……"I. 4. 17. 5："同样的规则也适用于分割的共同财产是多个物的情形……"

〔2〕　Cfr. C. 3. 37. 1pr.（a. 213）："……通过共有财产分割之诉，如果在拍卖中你胜出，你将取得全部的土地，同时须向其他共有人支付其所占份额的价金；如果另外的人出价更优，你将取得自己所占份额的价金。"

〔3〕　Cfr. D. 10. 3. 3pr.（乌尔比安）："在共有财产分割之诉中，考虑的只是：共有物的分割，对共有物带来或造成的损害，任何共有人因该损害而遭受的损失，以及基于共有物而获得的物。"

in rem quam in personam)[1]，且被列为诚信之诉的一种[2]，所以即使不分割共有物，也可以只为了调整共有人之间的对人关系而提起[3]。

---

〔1〕 Cfr. I. 4. 6. 20："有些诉讼显得具有混合的性质，既是对物之诉也是对人之诉，例如共同继承人为分割遗产而提起的遗产分割之诉，共同拥有财产的人提起的共有财产分割之诉……"

〔2〕 Cfr. I. 4. 6. 28："有些诉讼是诚信之诉，而有些诉讼是严法之诉。诚信之诉有……遗产分割之诉，共有财产分割之诉……"

〔3〕 Cfr. D. 10. 3. 14. 1（保罗）："……即使共有关系继续，我仍然可以对我的共有人提起扩用的（共有财产分割之诉）。此言甚是……"

第三章　他　物　权

第一节　地　役　权

一、地役权的概念

地役权（iura praediorum 或者 servitutes，后者是古典法中使用的术语；在优士丁尼法中，使用的术语是 servitutes praediorum）[1]，乃为了被称为需役地的土地的利益，部分使用被称为供役地的土地之限制物权。地役权这个术语本身即来自于一块土地被另一块土地役使的形象。

二、地役权的不同种类

罗马法承认不同类型的地役权。它们随着时间的推移，逐渐形成了各自特定的权利内容。为了满足农业生活需求而产生的最古老的地役权种类分别是：个人通行权（iter），负重通行权（actus），道路通行权（via）以及引水权（aqueductus）。在古典法时

354

---

〔1〕　Cfr. Ep. Gai. 2. 1. 3：“……这类权利，不论是城市土地上的还是乡村土地上的，都属于役权（servitutes）。”D. 1. 8. 1. 1（盖尤斯）：“属于（无体物）这一类的还有城市和乡村土地上的权利，它们也被称为‘役权’（servitutes）。”I. 2. 3. 3：“这些权利被称为‘地役权’，因为没有土地，就无法设立此类权利……”

期，这些权利仍被归为要式物（res mancipi）[1]，因为最初它们被认为与在其上通行或引水的土地部分具有同一性，且在该部分上存在所有权的竞合，亦即相应地带所属土地的所有权人以及为之设立通行权或引水权的所有权人都享有所有权。只是到了共和时期的最后几百年，法学家才将地役权界定为在他人之物上设立的限制物权。尽管这些古老的地役权被界定为限制物权，但是它们仍被归入要式物（res mancipi）之列[2]。与此同时，还产生了其他一些地役权的种类，它们的产生有些是为了满足农业生活的需求，有些是为了满足城市建筑的需求。于是就诞生了乡村地役权（iura o servitutes praediorum rusticorum）和城市地役权（iura o servitutes praediorum urbanorum）的区分。在古典法中，区分的基础似乎已经建立在不同的地役权是否与建筑物相关之上，至于建筑物到底是位于城市还是乡村，则在所不问[3]；且对于建筑物亦有适用各种乡村地役权制度的可能，反之亦然。而在优士丁尼法中，似乎确立了以供役地或需役地是乡村的还是城市的，来区分乡村地役权和城市地役权的标准。地役权的类型法定在整个古典法时期都被得以贯彻，且裁判官法丰富了这些类型。裁判官法不仅承认为市民法（ius civile）承认、但是按照其规则未完成设立的类型，而且承认不被市民法（ius civile）承认的新类型。在优

---

〔1〕　Cfr. Tit. ex. corp. Ulp. 19. 1：“……乡村地役权，包括道路通行权、个人通行权、负重通行权和引水权……是要式物……”

〔2〕　Cfr. Gai. 2. 17：“于是，几乎一切无体物都是略式物，但是乡村地役权除外：众所周知尽管它们位于无体物之列，却是要式物。”

〔3〕　Cfr. D. 8. 1. 3（保罗）：“有的地役权设立在土地上，有的地役权设立在地上物上。”D. 8. 4. 1pr.（乌尔比安）：“我们将城市的建筑物也称作土地；此外，城市地役权也完全可以在位于乡村庄园里的建筑物上设立。”I. 2. 3. 1：“城市地役权是那些与建筑物密不可分的地役权。之所以称它们为城市地役权，是因为一切建筑物都被称作城市土地，即使建筑物修建于乡村……”

士丁尼法中，尽管它强调构建一般意义上的地役权制度，但是私
人享有在立法确立的框架内决定地役权的具体内容的自由。

三、设立地役权的方式

在罗马市民之间，如果涉及的是意大利土地，地役权首先可
以通过要式买卖（mancipatio）的形式设立，因为地役权居于要式
物（res mancipi）之列。此外，所有的地役权都还可以通过拟诉
弃权（in iure cessio）的形式设立[1]。根据市民法（iure civili），
不具特定形式的单纯合意不设立地役权，但是裁判官可以介入以
保护取得人，形式是建立在上述合意之上的抗辩（exceptio），或
许还可以是事实之诉（actio in factum）[2]。如果涉及的是行省土
地，地役权通过"简约和要式口约"（pactiones et stipulationes，又
译为"以协议形式设立"）的形式设立[3]；在此情形中，地役
权的物权设立效力似乎是由简约（pactio）产生的，前提是该简约
的订立伴随着设立之人通过要式口约（stipulatio）的形式作出承
诺，保证尊重对方地役权之权利行使。在优士丁尼法中，要式买
卖（mancipatio）和拟诉弃权（in iure cessio）的庄严形式均被弃

---

〔1〕 Cfr. Gai. 2. 29：" 城市土地上的权利只能通过拟诉弃权转让；而乡村土地上
的权利也可以通过要式买卖转让。"

〔2〕 Cfr. D. 8. 5. 16（尤里安）："如果我从你处购买了如下权利，即我可以合法
地将我的建筑物的滴水置于你的建筑物之上；后来，在你知情的情况下，基于该购买
行为我将水排至你的建筑物之上。我提出这样的问题，即我是否以此名义受到某个诉
讼或抗辩的保护。我的回答是，我可以使用这两个保护措施。"D. 43. 18. 1. 9（乌尔比
安）："地役权亦可以根据裁判官法设立。比照市民法设立的地役权，它们可以通过扩
用之诉得到保护……"（添加？）

〔3〕 Cfr. Gai. 2. 31："……但是，关于行省土地……如果某人打算在其上设立……
通行权、引水权、建筑物加高权、为防止遮挡邻人采光的限制加高权或者其他类似权
利，他可以采取简约和要式口约的形式，因为这些土地本身都不能通过要式买卖和拟
诉弃权的形式转让。"C. 3. 34. 3（a. 223）："在行省土地之上也可以设立引水权和其他
地役权，只要存在设立地役权的各项要件：因为缔约人之间的合意应当得到尊重……"

而不用，单纯的合意和要式口约（stipulatio）都已足以设立地役权[1]。被列为要式物（res mancipi）的各种地役权（很可能只是那些最古老的地役权类型），还可以因取得时效（usucapio）而取得。直至共和末期一部名为《斯克里波尼亚法》的法律禁止通过时效取得设立地役权以前[2]，这些古老的地役权种类都被认为是有体物（res corporales），因此都是可以被时效取得的；而该部法律颁行后，它们开始被认为是无体物（res incorporales），因此无法被时效取得；在整个古典法时期，都一直遵循地役权均不得被时效取得的原则[3]。到了优士丁尼时期，开始重新承认可以通过长期取得时效（longi temporis praescriptio）取得地役权；对于在同一城邦的人（inter praesentes）而言，期间为10年，对于不在同一城邦的人（inter absentes）而言，期间为20年[4]。另外一种设立地役权的方式即所谓的保留（deductio）。保留发生于下述情形中，即某人转让自己的一块土地〔在古典法时期通过要式买卖（mancipatio）、拟诉弃权（in iure cessio）或者直接遗赠（legatum per vindicationem）的形式，在优士丁尼时期，通过让渡（traditio）或者具有物权效力的遗赠的形式〕之时，在该土地上保留一项地役

356

---

〔1〕　Cfr. I. 2. 3. 4：“倘若有人希望为其邻人设立一项权利，则他应采用简约和要式口约的方式……”

〔2〕　Cfr. D. 41. 3. 4. 28（29）（保罗）：“……《斯克里波尼亚法》废止了对地役权设立的时效取得……”

〔3〕　Cfr. D. 8. 1. 14pr.（保罗）：“即使乡村地役权附于有体物之上，它们亦属于无体物，故不能时效取得之……”D. 41. 1. 43. 1（盖尤斯）：“显然，无体物既不能被让渡，也不能被时效取得。”

〔4〕　Cfr. C. 7. 33. 12. 4（a. 531）：“关于土地以外的物，即存在于权利之中的无体物，如……地役权，这些规定也应当被遵守。”（亦即长期取得时效制度也适用于地役权。）

权，以有利于另一块自己享有所有权的土地的使用[1]。在古典法中，地役权还可以通过直接遗赠（legatum per vindicationem）设立，在优士丁尼法中，还可以通过具有物权效力的遗赠设立[2]。无论是在古典法中还是在优士丁尼法中，设立地役权的另外一种方式是分割裁判（adiudicatio）。在分割裁判中，承审员可以为了有利于分配给其中一位共有人的土地的使用，而在分配给另一位共有人的土地之上确立一项地役权[3]。最后，在优士丁尼法中，还承认地役权的如下设立方式：通过准让渡（quasi traditio）设立，即供役地的权利人容忍（patientia）需役地的权利人行使（usus）地役权[4]；还可以通过现代的法学术语所称的"家父的指定"来设立，即一块土地曾归某人单独所有，而该土地的不同部分之间存在一部分永续性地供役于另一部分的事实，若其后原所有权人将不同部分分别转让给不同的主体，则伴随着转让行为，

---

〔1〕 Cfr. D. 8. 4. 7pr.（保罗）："拥有两栋建筑物之人，在转让其中一栋时，应当准确指明（他希望设立的）地役权种类，因为如果只是笼统地说（在转让的建筑物上）设立地役权，要么不产生任何效力，缘于不能确定设立的到底是哪种地役权，要么该建筑物负担任何种类的地役权。"

〔2〕 Cfr. D. 33. 3. 1（尤里安）："某人有两个相连的商铺，将它们分别遗赠给两个人。有人问，如果上面商铺的一部分建在下面商铺之上，那么下面商铺之上是否负担有承重的地役权？他回答说，设立了此项地役权。尤里安指出：如果该项地役权已被特别设立，或者在遗赠时采用'我将我的商铺以现在之状况遗赠'的形式，这样说是正确的。"

〔3〕 Cfr. D. 10. 2. 22. 3（乌尔比安）："此外，在分配几块土地之时，承审员可以为了一块土地的使用，而在另一块土地之上设立一项地役权。但是，如果他已经将一块土地不加任何负担地分配给一人，那么在分配另一块土地时，就不能再在前一块土地上设立一项地役权。"

〔4〕 Cfr. D. 6. 2. 11. 1（乌尔比安）："……通过让渡或者对行使地役权的容忍（例如，某人容忍他人的水渠从己家经过）而设立的城市地役权亦同。乡村地役权也是一样，因为让渡和容忍应当得到同等的保护。"D. 8. 3. 1. 2（乌尔比安）："显然，通过让渡和通过容忍而设立的地役权，裁判官都会依职权对之进行保护。"

地役权产生[1]。

四、地役权的内容

关于地役权的内容，前文已提及，存在内容各异的不同地役
权类型。首先，四种最古老的乡村地役权，三种关于通行〔个人
通行权（iter），负重通行权（actus），道路通行权（via）〕，一种
关于取水（aqueductus）：个人通行权（iter）是步行或骑行通过
的权利，负重通行权（actus）是驾驶车辆或驾驭驮兽通过的权
利，而道路通行权（via）包含前面两种权利的内容；引水权
（aqueductus）是经过他人土地导引水流的权利[2]。后来，又增
加了新的也被列为乡村地役权（尽管对此存在一些疑问）的权利
类型；且在古典法时期它们应该也是要式物（res mancipi）[3]，

〔1〕　Cfr. D. 30. 81. 3（尤里安）：“某人将建筑物之外的土地遗赠。‘建筑物’可
以指地上建筑物，也可以包括在其上修建建筑物的土地。如果排除的只是地上建筑物，
则（尽管排除的是建筑物），（受遗赠人也）可以基于受遗赠的权利而对整块土地提起
原物返还之诉；但是继承人可以提出诈欺抗辩，因此可以居住于乡村庄园之中，并相
应地拥有通往庄园的个人通行权或负重通行权。如果排除的还有下面的土地，那么
（受遗赠人）将对乡村庄园之外的土地提起原物返还之诉，且乡村庄园完全配有地役
权，就如同一位所有权人拥有两块土地，将一块土地遗赠，则该块土地应供役于另一
块土地。应当更倾向于这样解释，即立遗嘱人也考虑到了下面的土地。离开了土地，
其上的建筑物无以存在。”

〔2〕　Cfr. I. 2. 3pr. “乡村地役权有如下几种：个人通行权、负重通行权、道路通
行权和引水权。个人通行权是个人通过或散步其中，但不包括驾驭驮兽或驾驶车辆
（经过他人土地）的权利；负重通行权是驾驭驮兽或驾驶车辆（经过他人土地）的权
利。因此，享有个人通行权的人无负重通行权；而享有负重通行权的人却也享有个人
通行权，即使不带驮兽亦可行使该权利。道路通行权是通过、驱兽或驾车通过及散步
（于他人土地之中）的权利。确实，道路通行权本身包括了个人通行权和负重通行权。
引水权是经过他人土地导水的权利。”

〔3〕　Cfr.，除第 119 页注释 1 所引 Tit. ex. corp. Ulp. 19. 1 及第 119 页注释 2 所引
Gai. 2. 17，还隐含于 Gai. 2. 14a：“……城市地役权是略式物……” Vat. fr. 45（a. 298）：
“……城市地役权与之相同。”〔将城市地役权与用益权作相同对待，因为前者也是略
式物（nec mancipi），只能通过拟诉弃权（in iure cessio）设立。〕

因为它们与更为古老的地役权之间具有相似性，它们是：汲水权（aquae haustus），放牧权（servitus pecoris pascendi），以及烧制石灰权、采掘石灰权和采砂权（servitutes calcis coquendae，cretae eximendae，arenae fodiendae）这些与矿藏使用相关的权利[1]。之后又产生了各种城市地役权，包括：排水役权（servitus stillicidii），即将雨水排放至邻居土地上的权利；流水役权（servitus fluminis），即通过渠道排水的权利；排放污水役权（servitus cloacae），即将污水排放至他人土地上的权利；搭梁役权（servitus tigni immittendi），即房梁伸进他人建筑物中的权利；支柱役权（servitus oneris ferendi），即用邻人的建筑物支撑自己的建筑物的权利；伸出和遮盖役权（servitus proiciendi protegendive），即自己的建筑物探入和遮盖邻人土地的权利；眺望权（servitus luminum），即通过邻人土地观望的权利；限制加高役权（servitus altius non tollendi），即限制邻居加高建筑物的权利；禁止妨碍采光役权（servitus ne luminibus officiatur），即要求邻居不遮挡自己建筑物的采光的权利[2]。

五、地役权的一般原则

地役权的类型法定并不排斥存在适用于所有地役权种类的一般原则，尽管为了满足实践的需要，这些原则有不少例外和变通。例如，对于一般原则，裁判官可能基于自己的职权辟出例外或有

---

[1] Cfr. I. 2. 3. 2〔v. D. 8. 3. 1. 1（乌尔比安）〕："有些人正确地认为下面的（权利）属于乡村地役权：汲水权、饮畜权、放牧权、烧制石灰权和采沙权。"

[2] Cfr. D. 8. 2. 2（盖尤斯）-3（乌尔比安）："城市地役权包含如下种类：加高役权、妨碍采光役权、限制加高役权，同样的，还有排水役权、不排水役权、搭梁役权，以及伸出和遮盖役权和其他类似权利。此外，还有一种地役权，即禁止妨碍眺望役权。" I. 2. 3. 1："……城市地役权包括：一邻人的（建筑物）支撑另一邻人（建筑物）的负重，一邻人可以在另一邻人的墙上伸入房梁，某人接受或不接受邻人的水滴落或流到自己房屋或土地上，某人不得加高自己的建筑物以妨碍邻人采光。"

所变通。到了优士丁尼时期，例外和变通的数量更多。我们前面已经谈到，地役权乃是为了需役地的利益而部分使用供役地的定限物权。①"对己物不能享有役权"（nemini res sua servit）。地役权的存在，首先以两块土地——供役地和需役地——不归属于同一所有权人为前提〔用一句谚语表达就是"对己物不能享有地役权"（nemini res sua servit）〕[1]，这是因为否则的话，就会出现地役权的内容已经包含于需役地所有权人也享有的对供役地的所有权之中的结果。②"役权不得表现为要求作为"（servitus in faciendo consistere nequit）。其次，地役权可以确保权利人对供役地的部分使用，同时根据该使用是通过权利人对供役地的积极干预来体现（人们称相应的地役权为"积极地役权"），抑或只是通过地役权人的要求他人为消极的行为来体现〔人们称相应的地役权为"消极地役权"，属于此类的权利如限制加高役权（servitus ne altius tollatur），禁止妨碍眺望役权（servitus ne prospectui officiatur），禁止妨碍采光役权（servitus ne luminibus officiatur）等〕，强加给供役地的所有权人以及其他任何第三人一个容忍（pati）义务或者不作为（non facere）义务，但不会是一个作为（facere）义务〔相应的法谚为"役权不得表现为要求作为"（servitus in faciendo consistere nequit）〕[2]。但是支柱役权（servitus oneris ferendi）构成上述原则的一个例外。支柱役权使供役地的所有权人承担一个维持

[358]

---

〔1〕 Cfr. D. 8. 2. 26（保罗）："如果另外一个所有权人不同意，则任何一个所有权人均不得基于地役权在共有物上实施一定的行为，也不得禁止另外一个所有权人实施一定的行为：确实，任何人对己物都不得享有地役权……" D. 7. 6. 5pr.（乌尔比安）："……对自己的土地不能享有地役权……" D. 8. 3. 33. 1（阿弗利卡努斯）："……任何土地都不能为了提高其效益而在自身上设立地役权……"

〔2〕 Cfr. D. 8. 1. 15. 1（彭波尼）："役权的本质不是使人为某事，比如剪除植物或者使景色更为适意，或者为了达到此目的而（在自己的建筑物上）绘画，而是使人容忍或者不为一定的行为。"

其建筑物处于良好状态，以适于对建于需役地之上的建筑物承重的义务[1]。③对需役地有益。地役权的设立须对需役地有益，也就是说，其内容应当有利于需役地土地的使用，可以提高农业用地的产出或者建筑用地之上的建筑的功用。如果只是单纯对于需役地所有权人个人而非需役地有益，尚非已足[2]（即所谓的不规则地役权，这种地役权被优士丁尼法所承认）[3]：这就要求供役地和需役地，如果不是正好毗邻[4]，至少也是相邻的（praedia vicina esse debent）[5]；所谓的工业地役权未被承认，工业地役权的设立不是为了有利于需役地的使用，而是为了有利于位于其中

359

---

〔1〕　Cfr. D. 8. 5. 6. 2（乌尔比安）："至于支柱役权，为了使（建筑物）承重和使（其所有权人）维护建筑物以使之处于设立时的状态，我们享有诉权。伽鲁斯认为，不能设定一项地役权以迫使某人做某事，而只能设立一项地役权使他不禁止我做某事。确实，在所有的地役权中，维护都应由地役权的权利人实施，而非由供役之物的主人实施。但是，在上述情形中，塞尔维的观点占了上风，即权利人为了使对方的墙壁适于承重前者的建筑物，有权要求后者对其墙壁予以维护。另外，拉贝奥写道，负担地役权的不是人，而是物，所以所有权人可以合法地抛弃物。"

〔2〕　Cfr. D. 8. 1. 8pr.（保罗）："不能为了到他人土地上采摘果实、散步或用餐而设立地役权。"

〔3〕　Cfr. D. 8. 3. 4（帕比尼安）："放牧役权与饮畜役权一样，如果土地的收益特别与牲畜相关，则人们认为役权更多是为地而设而非为人所设。不过，如果遗嘱人指定了因役权而受益之人，则买受人或受益人的继承人不享有役权。"

〔4〕　虽然有下述片段，但其实并不要求必须毗邻。D. 8. 3. 7. 1（保罗）："另外，涉及乡村土地时，一块没有在其上设立地役权的土地，如果处于两块土地中间，会有碍地役权的设立。"

〔5〕　Cfr. D. 8. 3. 5. 1（乌尔比安）："涅拉丘斯在《论普拉丘斯》中认为，除非拥有相邻的土地，否则不可能在他人土地上存在汲水权、饮畜权、采掘白垩权、烧制石灰权这些役权。他还说，普罗库勒和阿提利奇努斯也持该观点……"

的工业生产[1]；地役权，至少是汲水权，应当是为了满足一种时间上永续存在的需求〔相应的法谚即为"地役权须为永续原因而存在"（servitutis causa perpetua esse debet）〕[2]，不能对其附加条件或者终止期限，尽管裁判官法允许这样做，并在条件成就或期限届至时，给予"抗辩"以阻碍地役权权利人提起的诉讼[3]。④对需役地的附从性。从地役权要有利于需役地的使用这一原则还可以得出，对地役权的享有要从属于对需役地权利的享有之原则。意思是说，地役权只能由需役地的所有权人（或者对需役地享有内容广泛的用益物权的人）来行使，并且该权利与对需役地享有的权利不可分离（除非前者消灭），亦即该权利自动移转给需役地的继受取得人（同样的，在消极方面，地役权继续由供役地负担，哪怕供役地的所有权人已经发生了变更），而不能只保留该权利或者将之与所有权分离单独转让，不能构成独立的用益权

---

[1]　Cfr. D. 8. 3. 5. 1（乌尔比安）："……不过他本人还说道，为了设立烧制石灰权和采掘白垩权这些役权，不能超过（需役）土地本身所需的量……"D. 8. 3. 6pr.（保罗）："就如同一个人拥有加工白垩的作坊，制作出容器以盛带土地产出的孳息（例如在一些土地中，用罐子运输葡萄酒，或者制作坛子来储存葡萄酒），或者做瓦以建造庄园。但是如果以经营为目的拥有一个作坊，加工白垩以出售容器，那么（设立的权利）将是一项用益权。"

[2]　Cfr. D. 8. 2. 28（保罗）："在房间或餐厅墙壁的底部打一个孔，目的是清洗地板，正确的观点是，不存在流水役权，也不能因时间的经过而取得相应的权利。确实，如果雨水不流经此孔（那么，人为完成的事物便不存在永续的原因），而如果水自天上来，尽管不是一直在下，那么由于自然的原因，人们也认为存在永续的原因。的确，一切地役权均应当具备一个永续的原因，因此不能在水池或水塘上设立汲水权。排水权也须具备自然和永续的原因。"（或有添加？）

[3]　Cfr. D. 8. 1. 4pr.（帕比尼安）："在严格法律意义上，地役权的设立不得附加始期或终期，不得附加（延缓）条件，也不得附加某个确定的条件（如"到我想要时"）；但是，如果附加了上述要件，则可以通过简约抗辩或恶意抗辩，以对抗违反协议要回地役权之人。卡修斯说，萨宾是这样解答的，卡修斯本人也持这种观点。"D. 45. 1. 56. 4（尤里安）："……缔约在一号，被给予某物之人在一号之后也可以提起诉讼，但是会受到产生于简约的抗辩。"

360　的客体[1]〔用优士丁尼时期的法谚表达就是"不得存在地役权的地役权"（servitus servitutis esse non potest）〕[2]。但是，至少在优士丁尼法中，存在下述两种可能：即可以将乡村地役权出质，并且给予作为质权人的债权人相应的措施以保护其行使权利[3]，以及通过私人行为背离一般原则[4]。⑤不可分性。最后，地役权是不可分的[5]：因此，不能为了需役地的份额或者在供役地的份额上设立地役权〔相应的说法是"不能为了部分而设立地役权"（servitus per partes constitui non potest）〕。然而，一旦供役地的所有权人取得需役地的所有权共有份额，或者发生相反的情形，则地役权仍然完整存在而非按照份额比例消灭〔相应的说法是"地

---

〔1〕　Cfr. D. 8. 3. 33. 1（阿弗利卡努斯）："……亦不得在地役权上设立用益权。"

〔2〕　于片段 D. 33. 2. 1 中被添加。

〔3〕　Cfr. D. 20. 1. 11. 3（马尔西安）："城市地役权不得被出质。因此，其权利人也不得与人达成合意将它们抵押。"D. 20. 1. 12（保罗）："然后，彭波尼说，需要来看是否允许就道路通行权、个人通行权、负重通行权以及引水权的出质达成合意，以使订立这样的协议，即在所欠的金钱被支付之前，债权人可以行使这些地役权（意思是，只要他拥有相邻的土地），并且如果在某个确定的日期到来后金钱仍未支付，允许将这些权利卖给邻人。为了缔约人的利益，该观点应当被采纳。"

〔4〕　Cfr. D. 8. 3. 33. 1（阿弗利卡努斯）："根据一项地役权，你引水经过不同所有权人的土地，则地役权是如何设立的并不重要。你既不能为这些所有权人中的一人，也不能为其他邻人设立从水渠中取水的权利，除非就此专门订立简约或要式口约。确实，如果订立了简约或者要式口约，就可以允许这样做，尽管不能为了任何土地而在其上设立地役权，亦不得在地役权上设立用益权。"

〔5〕　Cfr. D. 8. 1. 17（彭波尼）："不能以在一部分上设立道路通行权、个人通行权、负重通行权以及引水权为内容成立债权，因为这些地役权是不可分割的。故而，如果就设立地役权缔约的人死亡，而且他有多个继承人，那么每个继承人都可以就整个道路提起诉讼；如果承诺设立该地役权的人死亡，而且他有多个继承人，那么可以对每个继承人提起诉讼而主张全部的权利。"fr. Pomp.："地役权也不能被分割：确实，它们的使用是一体的，对它们的分割是违反自然的。"

役权为各部分继续存在"（servitus per partes retinetur）]^[1]；并且，至少在优士丁尼法中，共有人之一单独在共有土地上设立地役权的，不得对他本人为之设立地役权的人行使地役权进行抗辩^[2]；另外，在需役地被分割的情况中，地役权仍为分割后的各个部分之利益而存在^[3]；而在供役地被分割的情况中，地役权到底是由分割后的所有部分负担，还是只由某些部分负担，这取决于分割的具体方式^[4]。

六、地役权的司法保护

对地役权的司法保护首先通过维护役权之诉（vindicatio servitutis）来实现。该诉讼是旨在确认地役权存在的市民法之诉，它

---

〔1〕　Cfr. D. 8. 1. 8. 1（保罗）："如果我在你的土地上有一项地役权，不论是我成了你土地的一部分（份额）的所有权人，还是你成了我土地的一部分（份额）的所有权人，地役权都为各部分继续存在，尽管最初地役权不能部分取得。" D. 8. 3. 32（阿弗利卡努斯）："你我共有一块土地。你将你的部分交付给了我，并且同时为该土地在你自己的相邻土地上设立了道路通行权。（尤里安）认为，通过这样的方式，地役权被正确地设立，在这种情形中，不适用通常所说的地役权不能被部分取得，也不能部分设立的规则。确实，地役权不是被部分取得的，因为地役权是在土地成为我一个人的同时被取得的。" D. 8. 4. 6. 1（乌尔比安）："倘若某人将建筑物或者土地的部分份额转让，那么他将不能设立一项地役权，因为地役权既不能部分设立，也不能部分取得……"

〔2〕　Cfr. D. 8. 3. 11（杰尔苏）："一块土地属于多人所有，我在该土地上通行或运输通行的权利可（由共有人）通过分别的多个行为为我设立。但是，严格而言，在所有的（共有）人都为我设立之前，该权利还没有成为我的，只有最后的设立行为才确认了所有之前的设立行为。但是，出于仁慈的考虑，在最后一个人设立之前，那些已经作出设立行为的人也不能禁止对（他们）设立的权利的行使。"（该片段曾被添加。）

〔3〕　Cfr. D. 8. 3. 23. 3（保罗）："当地役权是为某一块土地而设立时，则对于该土地的每一部分而言，都存在地役权。因此，即使该土地被分成不同部分出售，地役权也伴随每一部分而存在，于是每个所有权人都可以正确地提起诉讼，主张拥有个人通行权。如果需役地被分割成特定的区域给了不同的所有权人，尽管地役权对土地的每一部分而言都存在，但是还需要明确的是，那些拥有与供役地不相邻的部分的所有权人，基于该地役权（或者如果邻人容忍），可以通过土地分割后的其余部分。"

〔4〕　Cfr. D. 8. 6. 6. 1a（杰尔苏）："但是在这一点上，如果供役地以下述方式分割，问题将显得更为疑难……"

发端于原物返还之诉（rei vindicatio）。最初，可以通过提起原物返还之诉以主张个人通行权（iter）、负重通行权（actus）、道路通行权（via）及引水权（aquaeductus）这些（共有性质的）权利的存在。在后来优士丁尼时期的法学家那里，维护役权之诉被与维护用益权之诉（vindicatio ususfructus）、确认役权之诉（actio confessoria）相提并论[1]。维护役权之诉的积极适格主体即原告是需役地的所有权人[2]；根据某些法学家的观点，需役地的用益权人亦可提起该诉讼[3]，而另外一些法学家则认为，对于为了作为用益权客体的土地之利益而设立的地役权，或许只能提起维护用益权之诉（vindicatio ususfructus）[4]；通过扩用之诉的形式，至少在优士丁尼法中，享有质权的债权人、永佃权[5]和地

---

〔1〕 Cfr. D. 8. 5. 2pr.（乌尔比安）："关于役权，我们可以提起对物之诉，比照那些与用益权相关的诉讼，这些对物之诉既有确认之诉，也有否认之诉；确认之诉由主张享有役权之人提起，否认之诉由否认这种主张的所有权人提起。"（该片段曾被添加。）

〔2〕 Cfr. D. 8. 5. 6. 3（乌尔比安）："该诉讼是对物之诉，而不是对人之诉。它只能由建筑物的所有权人向所有权人提起，就如同其他关于役权的诉讼中的请求那样。"

〔3〕 Cfr. D. 43. 25. 1. 4（乌尔比安）："尤里安还认为，用益权人可以提起维护役权之诉……"

〔4〕 Cfr. D. 7. 6. 1pr.（乌尔比安）："倘若一项地役权为了一块设有用益权的土地而设，马尔切罗，在评注尤里安的第 8 卷，对拉贝奥和涅尔瓦的观点表示赞同。根据该观点，用益权人当然不能提起诉讼主张返还地役权，但可以提起诉讼主张返还用益权，并通过后一种返还请求，在邻人不容忍其行使个人通行权和负重通行权时，让邻人对他承担如同不容忍使用和收益那样的后果。"D. 7. 6. 5. 1（乌尔比安）："有人提出这样的问题，即用益权人的对物之诉只能向所有权人提起，还是可以向任何占有人提起。尤里安，在其《学说汇纂》第 7 卷中写道，用益权人有权对任何占有人提起该诉讼。确实，在一项地役权为了一块负担有用益权的土地而设之时，用益权人要求邻地所有权人返还的不是地役权，而是用益权。"

〔5〕 Cfr. D. 8. 1. 16（尤里安）："给予接受一块土地出质之人以对役权的扩用返还之诉，这并非不公，就如同给予对该土地本身的扩用返还之诉一样。对于拥有税赋地之人，适用同样的规则。"

上权人[1]也可以提起该诉讼。一般而言，维护役权之诉的消极适格主体即被告是供役地的所有权人[2]，但是后来逐渐承认可以提起对任何人（erga omnes）的诉讼，即对任何以其行动否认地役权之人，包括对供役地的用益权人、别的地役权人或者单纯的占有人，提起诉讼[3]。在程式诉讼中，如果涉及的是积极地役权，则诉讼程式是肯定形式的[4]，如果涉及的是消极地役权，则是否定形式的[5]：裁判官的告示只提供了某些地役权的程式范例，这些权利有关于通行的最古老的几种乡村地役权，城市地役权中的排水役权（stillicidii）、流水役权（fluminis）、搭梁役权（tigni immittendi）、支柱役权（oneris ferendi）、限制加高役权（altius non tollendi）以及乡村地役权中的引水权（aquaeductus）。这个仿效原物返还之诉（reivindicatio）构建起来的诉讼制度，其目的不仅在于使被告承担将状态恢复至在争讼程序开始时，假如权利的行使得到了保障之状态的责任，而且还很可能在于使被告提供一个不侵扰保证（cautio de amplius non turbando）。在荣誉法中，类似的诉讼于旨在保护行省土地上设立的地役权时应该可以被提起，这种诉讼很可能还可以用来保护仅被裁判官承认的地役权：关于第二项功能，

---

　　[1]　Cfr. D. 39. 1. 3. 3（乌尔比安）："如果我是地上权人，我的邻人要进行新施工，我能发出新施工告令吗？通行的观点是我的地位类似于承租人。但是裁判官会给我扩用的对物之诉，因此，我也会被给予一个关于地役权的诉讼，我也可以发出新施工告令。"（该片段曾被添加。）

　　[2]　Cfr. D. 8. 5. 6. 3（乌尔比安）："该诉讼是对物之诉，而不是对人之诉。它只能由建筑物的所有权人向所有权人提起，就如同其他关于役权的诉讼中的请求那样。"

　　[3]　Cfr. D. 8. 5. 10. 1（乌尔比安）："该诉讼不仅可以对从其土地上取水或者经其土地引水之人提起，而且如同其他地役权那样，还可以向任何妨碍引水之人提起。一般而言，对于任何妨碍我引水的人，我都可以提起该诉讼。"

　　[4]　"如果证实奥罗·阿杰留斯无权（例如，在讼争土地上通行）……"

　　[5]　"如果证实努梅留·内基丢斯无权违背奥罗·阿杰留斯的意愿（例如，加高建筑物）……"

允许提起普布里其之诉（actio Publiciana）或许不是古典法的制度[1]。在古典法中，地役权的主体就已经可以提起排放雨水之诉（actio aquae pluviae arcendae）[2]，很可能还可以要求提供潜在损害保证（cautio damni infecti），以及发布新施工告令（nuntiatio novi operis）[3]。

七、地役权的消灭

地役权的消灭原因有：权利抛弃，在古典法中权利抛弃须依拟诉弃权（in iure cessio）之形式实施，同时，采用的是排除妨害之诉（actio negatoria）的程序架构，而在优士丁尼法中权利抛弃已经成为不要式行为[4]；混同（confusio），即供役地的所有权人和需役地的所有权人二者之身份同归于一人[5]；物灭失或者不再是交易物（commercium），哪怕只有需役地或供役地中的一块灭失

363

---

〔1〕 Cfr. D. 6. 2. 11. 1（乌尔比安）：“某人欲因用益权提起诉讼，如果用益物（仅仅）曾被让渡，则给予此人普布里其之诉。对于通过让渡或者容忍（例如，容忍他人水渠流经己家）而设立的城市地役权，亦是如此。对于乡村地役权而言，亦然，因为此处的让渡和容忍也应当被保护。”（该片段曾被添加。）

〔2〕 Cfr. D. 39. 3. 25（尤里安）：“基于自己的某一块土地而享有道路通行权的人，可以因该土地而提起排放雨水之诉，因为如果道路通行权受到侵害，其土地将会遭受损害。”

〔3〕 Cfr. D. 43. 25. 1. 3（乌尔比安）：“享有所有权或地役权的人有权发布新施工告令。”

〔4〕 Cfr. D. 8. 2. 21（彭波尼）：“倘若你的房屋对我的建筑物既负有限制加高役权，又负有排水役权，之后我给予了你可以违背我的意愿加高你的建筑物的权利，那么对于我享有的排水役权，应当适用如下规则：如果你加高自己的建筑物，会导致我的滴水无法流至你的建筑物之上，则基于此项理由你无权加高；反之，如果你的加高不会妨碍我的滴水，则你有权加高。”

〔5〕 Cfr. D. 8. 6. 1（盖尤斯）：“如果同一个人开始成为（需役地和供役地）这两块土地的所有权人，那么地役权将因混同而消灭。”

或成为非交易物[1]；地役权变得没有任何用途[2]；地役权的不行使（non usus），在古典法中，权利的不行使要达到 2 年，在优士丁尼法中，根据在当地人之间（praesentes）或者在异地人之间（absentes）的不同，分别要达到 10 年或 20 年，并且，如果涉及的是城市地役权，还要一直存在构成权利行使障碍的事实〔即役权时效收回制度（usucapio libertatis）〕[3]。

第二节　用益权与类似权利

一、用益权的概念

用益权是指，为了某一特定人的利益而设立的，只要属于他人的物不灭失，或遭受影响其经济性实质的损坏，该特定人就可

〔1〕 Cfr. D. 7. 4. 24pr. −1（雅沃伦）："……倘若河流改变了河床，并开始从园中流过，我认为用益权消灭，因为此地已经变为公共的河床，且无法恢复至原来的状态。拉贝奥认为个人通行权和负重通行权亦应当适用同样的规则。我认为，这些权利和用益权在这一点上没有差别。"

〔2〕 Cfr. D. 8. 5. 6pr.（乌尔比安）："如果某人居于中间，由于他不受任何役权的约束，加高其建筑物，以致我不可能再遮挡你的窗户，倘若在这种情况下我加高了自己的建筑物，那么，你起诉我，主张我无权不经你的同意而修建将是徒劳的……"

〔3〕 Cfr. P. S. 1. 17. 1−2："两年不行使道路通行权、个人通行权、负重通行权或引水权的人，将丧失其权利；对于那些尚未因不行使而丧失的（权利）无法时效取得。汲水权或引水权同样也因两年的不行使而消灭，因两年的使用而时效取得。" D. 8. 2. 6（盖尤斯）："这些权利，如同乡村地役权，也因一定期限的不行使而消灭。但是，它们还存在如下不同：前者不是在任何未被行使的情况下均消灭，只有邻人土地因时效而不再受拘束之时，这些权利才消灭。比如，倘若你的建筑物对我的建筑物负有限制加高的役权，以免影响我的建筑物的采光，我在（导致役权消灭的）规定期限内堵住或封上了窗户，那么，只有你同时加高了自己的建筑物，我才丧失该权利。否则，如果你没有实施任何新的行为，我将仍然保有地役权……"

以享用的限制物权[1]。

二、用益权制度的确立

很可能出现于公元前 2 世纪中叶的用益权制度，主要是为了实现既保障立遗嘱人的遗孀的生计，又不致使自己的子女得不

364   到遗产的所有权的特殊目的。古典晚期法学家的片段中所阐述的用益权，是法学家的制度构建结果，其目的旨在从中独立出一种与各种地役权（iura praediorum）并行的新型限制物权。这项权利最早是以所有权为原型构建的，后来才逐渐发展成为一项独立的用益权。在用益权领域，最初的"所有权的一部分"（pars dominii）或者"物的一部分"（pars rei）的表述，反映的是相对于所有权的内容，对该用益权的权利内容的纯粹经济性衡量的观念[2]。

三、用益权的设立方式

从用益权的设立方式上，也能看出用益权是与地役权相平行的制度，它们在制度构建方面存在诸多相似之处。首先，根据市民法（iure civili），用益权通过拟诉弃权（in iure cessio）的方式设立〔绝对不能通过要式买卖（mancipatio）的方式设立，因为用

---

〔1〕 Cfr. D. 7. 1. 1（保罗）："用益权乃是在保持物的本质的前提下对他人之物使用和收益的权利。"

〔2〕 Cfr. D. 45. 1. 58（尤里安）："有人就一块土地上的用益权订立了要式口约，而后转让该土地，就好像是只就土地的一部分订立要式口约，而转让全部，因为一旦保留了用益权，人们推定土地便不能被转让。相反，有人就一块土地订立了要式口约，而后只设立了用益权，就好像是就土地的全部订立要式口约，而只转让一部分……" D. 50. 16. 25pr.（保罗）："即使他人享有用益权，我们说土地'全部'是我们的也是完全正确的，因为用益权不是所有权的一部分，而是一种役权，就像道路通行权和个人通行权那样……"（该片段经过了添加。）

益权不是要式物（res mancipi）]〔1〕；难以确定在何种前提下、何种限度内，裁判官通过抗辩或诉讼的方式为以非要式行为的方式而设立的用益权提供保护；与各种地役权一样，在行省土地上，要通过"简约和要式口约"的方式（pactiones et stipulationes）设立用益权〔2〕，这些方式在优士丁尼法中，由于庄重形式要求的消弭，成为设立用益权的一般方式〔3〕。很有可能，在整个古典法时期，由于用益权是无体物（res incorporalis），所以人们根本就没有提出该种权利是否可以时效取得的问题，因为无体物既不能被让渡（traditio），也不能被时效取得〔4〕。但是，在优士丁尼时期，则承认了通过长期取得时效（longi temporis praescriptio）而取得用

---

〔1〕　Cfr. Vat. fr. 47–47a（保罗）："用益权不能通过要式买卖的方式移转。但是可以通过遗赠和拟诉弃权的方式保留和给予用益权。同样地，可以并且经常使用（familae erciscundae）的方式还有分割裁判。针对一个略式物，不能够通过让渡移转用益权，要将对奴隶的用益权移转给异邦人（nec in homine, si peregrino tradatur）的情形中亦不可。因为用益权可以通过市民法设立，而不能通过属于万民法制度（quae iuris gentium est）的让渡设立。"Gai 2. 33："我们说用益权只能通过拟诉弃权设立，并非没有道理，尽管人们也可以采用这样的方式设立用益权，即在以要式买卖形式转让所有权时保留用益权。在后一种情形中，用益权并未被以要式买卖的方式移转，而是在对所有权以要式买卖的方式移转时保留了用益权，结果是一个人享有了用益权，另一个人享有了所有权。"I. 2. 4. 1："用益权可以从所有权中分离出来，此种分离可以通过多种方式实现。例如，如果某人将用益权遗赠给他人，那么继承人只享有空虚所有权，而受遗赠人享有用益权；相反，如果扣除用益权而遗赠土地，则受遗赠人享有空虚所有权，而继承人享有用益权。……"

〔2〕　Cfr. Gai 2. 31："显然这些都适用于意大利土地，因为意大利土地可以通过要式口约和拟诉弃权的方式转让。但是如果有人想在行省土地上设立用益权、各种通行权……则他可以通过简约和要式口约的方式实现，因为对于这些土地不适用要式买卖和拟诉弃权。"

〔3〕　Cfr. I. 2. 4. 1："……如果不以遗嘱的方式设立用益权，则应以简约和要式口约的方式为之……"

〔4〕　Cfr. Gai 2. 28："很显然，无体物不能被让渡。"D. 41. 1. 43. 1（盖尤斯）："很显然，无体物既不能被让渡，也不能被时效取得。"

益权的可能性[1]。如同役权，用益权还可以通过所谓的保留（deductio，又译为"扣除"）的方式设立；亦可以通过遗赠〔在古典法中，通过直接遗赠的方式（per vindicationem）〕这种最早也是各个历史时期最为常用的方式设立；亦可以通过分配裁判（adiudicatio）的方式设立[2]；最后，在优士丁尼法中，还可以通过让渡（traditio）或容忍（patientia）的方式设立[3]。

四、用益权的内容

用益权的内容，主要是保障其权利人（ususfructuarius 或 fructuarius）具有使用标的物并通过收取行为（perceptio）得到孳息的能力。不过，此种能力要受到一些限制。首先，就像前文已经提及的那样，作为用益权标的的物，最终不应灭失或者遭受影响其

---

　　[1]　Cfr. C. 7. 33. 12. 4（a. 531）："即使对于土地以外的物，如表现为权利的无体物，即用益权和其他的役权等，也适用这些规则。"

　　[2]　Cfr. Vat. fr. 47—47a（保罗）："用益权不能通过要式买卖的方式移转。但是可以通过遗赠和拟诉弃权的方式保留和给予用益权。同样的，可以并且经常使用（familae erciscundae）的方式还有分割裁判。针对一个略式物，不能够通过让渡移转用益权，要将对奴隶的用益权移转给异邦人（nec in homine, si peregrino tradatur）的情形中亦不可。因为用益权可以通过市民法设立，而不能通过属于万民法制度（quae iuris gentium est）的让渡设立。"Gai 2. 33："我们说用益权只能通过拟诉弃权设立，并非没有道理，尽管人们也可以采用这样的方式设立用益权，即在以要式买卖形式转让所有权时保留用益权。在后一种情形中，用益权并未被以要式买卖的方式移转，而是在对所有权以要式买卖的方式移转时保留了用益权，结果是一个人享有了用益权，另一个人享有了所有权。"I. 2. 4. 1："用益权可以从所有权中分离出来，此种分离可以通过多种方式实现。例如，如果某人将用益权遗赠给他人，那么继承人只享有空虚所有权，而受遗赠人享有用益权；相反，如果扣除用益权而遗赠土地，则受遗赠人享有空虚所有权，而继承人享有用益权……"

　　[3]　Cfr. D. 6. 2. 11. 1（乌尔比安）："如果某人想就用益权提起诉讼，那么只要用益权被让渡，就给与其普布里其之诉。通过让渡或容忍方式设立的城市地役权……（以及）乡村地役权，让渡和容忍都应当受到同样的保护。"（该片段经过了添加。）

经济实质的损坏[1]，也因此只有非消耗物才能构成此种权利的客体[2]。其次，古典法学经过讨论，还确立了另外一项限制规则，即用益权人应当保持物现在的形式及其经济用途[3]：优士丁尼法才开始突破这一限制，允许用益权人在增加物的价值的前提下，对物进行改造、改变物的经济用途[4]。对于所谓的空虚所有权人（dominus proprietatis 或 proprietarius）而言，由于其物之上存在他人的用益权，故而负有不得为任何妨碍用益权人权利行使的行为[5]，亦不得在设立有用益权的土地上，再设立可能使用益权人遭受不利的役权[6]。物的增添或从中获得的利益，只要不属于孳息的范畴，都由空虚所有权人取得，它们包括：

366

---

　　[1]　Cfr. D. 7. 1. 13. 4（乌尔比安）："用益权人不得使所有物之状态恶化，但却可使之得以改善……"（后半句为添加的结果。）Cfr. D. 7. 1. 15. 6（乌尔比安）："所有权人不得阻止用益权人以上述方式对物进行使用和收益，并不得为不利于用益权人之事……"

　　[2]　Cfr. Tit. Ex corp. Ulp. 24. 26："根据市民法，只能在那些使用和收取孳息并不会改变其实质的物上通过遗赠设立用益权……" I. 2. 4. 2："用益权不仅可以在土地或地上建筑物上设立，也可以在奴隶、驮兽和其他物上设立，但是使用会导致消耗的物除外，因为最后一类物，无论是根据自然理性还是市民法，都不适于在其上设立用益权……"

　　[3]　Cfr. D. 7. 1. 15. 1（乌尔比安）："如果就奴隶以遗赠的方式设立了用益权，则不得滥用该奴隶，而应当在维持其身体条件的前提下使用之……" D. 7. 1. 44（内拉提乌斯）："用益权人不得将粗糙的墙壁抹上灰泥，因为尽管通过改造房子可能会使所有权人的状况得到改善，但是根据他所享有的权利，他不得这样做，由于保持物完全处于接受之时的状态是一回事，对之进行一些改造是另外一回事。"

　　[4]　Cfr. D. 7. 1. 13. 4（乌尔比安）："用益权人不得使所有物之状态恶化，但却可使之得以改善……"（后半句为添加的结果。）

　　[5]　Cfr. D. 7. 1. 15. 6（乌尔比安）："所有权人不得阻止用益权人以上述方式对物进行使用和收益，并不得为不利于用益权人之事……"

　　[6]　Cfr. D. 7. 1. 15. 7（乌尔比安）："所有权人既不得使土地负担役权，也不得放弃役权。（不过），尤里安写道，即使用益权人不同意，（所有权人）他也当然可以取得役权。于是，虽然用益权人不能为土地取得一项役权，但是他却可以保持一项役权。如果役权因为用益权人的不使用而丧失，则他要为此承担责任。即使得到了用益权人的同意，所有权人也不得在土地上设立役权……" D. 7. 1. 16（保罗）："除非役权的设立不会给用益权人带来不利，例如，所有权人为邻人设立了限制加高役权。"

因附合[1]而增加的部分，自然力量致倒树木，但用益权人能在其生活必需的范围内取得有限使用的权利[2]，以及奴隶不是通过他们的劳作（ex operis servi）或者利用用益人的物（ex re fructuarii）而取得的一切[3]。

五、用益权人的义务

除了纯粹从消极方面界定用益权人对物使用和收益的权能外，罗马法还规定了用益权人向空虚所有权人所负的积极义务。这些权能和义务共同构成了用益权与所有权共存关系的基本制度。用益权人应当保持标的物处于完好的状态，负责日常的修缮工作（modica refectio）[4]。用益权人有义务在用益地上的树木因为树龄太大而

367

---

　　[1]　Cfr. D. 7. 1. 9. 4（乌尔比安）："……更为正确的是，用益权人对于淤积地也享有用益权。然而，如果与用益地毗邻的河流中出现了一个岛屿，佩加鲁斯写道，用益权人对该岛屿不享有用益权，尽管对于所有物而言构成附合……"

　　[2]　Cfr. D. 7. 1. 12pr.（乌尔比安）："拉贝奥认为，对于被风吹倒或吹断的树木，用益权人只能为了用益地本身的用途，或者因为用益地上的房子，而使用其中的木材……"

　　[3]　Cfr. Gai 2. 91："关于我们只享有用益权的奴隶，人们认为，这些奴隶用我们的物或者通过他们自己的劳作而取得的一切，均由我们取得；非以上述方式而取得的，则由物的所有权人取得。结果是，如果一个这样的奴隶被立为继承人或者获得了遗赠，则取得（相应财产）的不是我，而是（该奴隶的）所有权人。"

　　[4]　Cfr. D. 7. 1. 7. 2-3（乌尔比安）："因为所有孳息都归用益权人所有，所以，杰尔苏在其《学说汇纂》的第 18 卷写道，用益权人被要求按照法官的评估修缮建筑物，但是目的仅在于维持墙体和屋顶之完整。倘若有些东西因为年久而损坏，不论是用益权人还是空虚所有权人，都无义务重建；但是如果（后者）的继承人予以重建，则必须容忍用益权人的使用。于是，杰尔苏提出了下述问题，即如果（用益权人）不必为因年久而损坏的物承担修复之责的话，那么在何种程度上他要修复墙体和屋顶。用益权人要承担通常的修缮义务，因为当用益权遗赠给他时，他也必须承受其他的负担：比如，缴纳元老院行省的地租，皇帝行省的贡赋，土地税，或者遗赠之物上负担的费用。马尔切罗在其《学说汇纂》第 13 卷写了上述观点。卡修斯在其《市民法》第 8 卷中也写道，用益权人应当按照法官的评估修缮建筑物，完全如同重新栽植树木以（替换那些死亡或刮倒的树木）。亚里斯通认为这一观点是正确的。内拉丘斯在其《羊皮卷》的第 4 卷中认为，用益权人不应被阻止实施修缮活动，因为他也不应被阻止耕犁或种植。他不仅可以进行必要的修缮，而且还可以进行装饰（比如美化墙壁、铺设地板以及其他类似活动），但是不能使之扩大，也不能拆除有用的部分。"

死亡的情况下种植上新的树木[1]。用益权人应当用新生羔羊替换（submissio）在其上设立用益权的羊群中死亡之羊[2]：根据尤里安赞成、优士丁尼沿用的一种观点，在替换（submissio）之前，新生羔羊是否被看作孳息，也就是说，到底是由用益权人取得还是由所有权人取得其所有权，处于未决的状态[3]。

用益权相对于所有权而言包含的使用和收益（uti frui）内容，以及用益权人对所有权人负担的义务，都对应专门的程序措施。首先，针对用益权人违反其所承担的保持物处于完好状态的积极义务之行为，很可能存在裁判官提供的仲裁诉讼（actio arbitraria）[4]。不过裁判官所专门提供的更为完整的程序性措施是用益权人保证（cautio fructuaria）。该措施的主要目的是保护所有权人[5]。用益权人保证是在用益权遗赠中被引入的制度，它是用益权人以要式口约（stipulatio）的形式就下述事项作出的承诺：以善良之人的判断（boni viri arbitratu）使用物，在用益权结束之

---

〔1〕 Cfr. D. 7. 1. 18（保罗）："当一块土地上的用益权被遗赠，对于已经死亡的树木，应当栽植新的树木以替换之。原来的树木归用益权人所有。"

〔2〕 Cfr. D. 7. 1. 68. 2（乌尔比安）："显然，如果遗赠了羊群或牲畜群的用益权，那么用益权人应当以幼畜补充畜群，亦即替换死去的牲畜。"

〔3〕 Cfr. D. 7. 1. 70. 1（乌尔比安）："有人提出这样的问题，即在死亡的牲畜被新生的牲畜替换，即畜群被补充之前，新生的牲畜到底属于谁。尤里安在其《学说汇纂》第35卷写道，新生牲畜的所有权归属处于未决的状态。也就是说，如果最终它们被用来替换死亡的牲畜，那么它们归所有权人所有；如果最终它们没有被用来替换死亡的牲畜，那么它们归用益权人所有。这一观点是正确的。"

〔4〕 Cfr. D. 7. 1. 13. 2（乌尔比安）："……有人问道，既然可能适用阿奎利亚法上的诉讼，则裁判官再提供一个诉讼的好处到底在哪里。（尤里安）答复道，因为在一些情形中，不能提起阿奎利亚法上的诉讼，因此需要指定一名承审员，由他来具体判断。确实，不耕犁（作为用益物的）田地，不补植葡萄树，或者类似的，使水渠自身状态恶化，对这些行为并不根据阿奎利亚法承担责任。这些规则也适用于使用权人。"

〔5〕 Cfr. D. 7. 1. 13pr.（乌尔比安）："……用益权人可以对物进行使用和收取孳息，但是所有权人应当就该物得到（用益权人的）保证……"

时返还该物，以及不恶意行事[1]。如果用益权人拒绝作出这样的保证（cautio），那么他的权利行使将会受阻，因为裁判官将不会为他提供任何程序性的保护；在优士丁尼法中，开始允许提起诉讼，直接要求用益权人作出该保证（cautio）[2]。

六、用益权的司法保护

用益权的司法保护与地役权的司法保护极其相似。首先，用益权人可以提起原物返还之诉〔vindicatio 或主张使用和收益之诉（petitio usus fructus）〕。此种市民法上的诉讼旨在确认用益权的存在[3]。最初，它可以对所有权人提起，在古典法时期，则已可对任何占有人提起[4]。该诉讼是仿效原物返还之诉（rei vindicatio）的模型构建起来的制度，与维护役权之诉（vindicatio servitutis）相类似：与后者一样，这种诉讼被优士丁尼的法学家们称为确认役权之诉（actio confessoria）[5]。在荣誉法中，类似的诉讼于旨

───────────

〔1〕 Cfr. D. 7. 9. 1pr.（乌尔比安）："若任何一物之上的用益权被遗赠，在裁判官看来非常公平的是，受遗赠人要对下面两个事项作出保证：其一，保证自己将以善良之人的判断使用该物；其二，在其用益权终止之时将存在的物予以返还。"D. 7. 9. 5pr.（乌尔比安）："在该要式口约中，含有'不会有任何恶意'的条款。因为恶意是针对物而言的，所以包括用益权人的继承人或用益权人的养父在内，都不得有任何恶意。"

〔2〕 Cfr. D. 7. 9. 7pr.（乌尔比安）："在一物以用益权的名义被交付的情况中，如果没有提供保证，普罗库勒认为，继承人可以要求返还原物，且如果（对继承人）提出了该物已以用益权的名义交付的抗辩，则（继承人）可以提出反抗辩。此种观点有其根据。此外，订立要式口约本身也可以通过请求返还之诉主张。"（最后一句话为添加的结果。）

〔3〕 程式的内容为："如果查实 A. 阿杰留有权使用该土地并从中收取孳息……"

〔4〕 Cfr. D. 7. 6. 5. 1（乌尔比安）："有人问道，用益权人享有的对物之诉是否只能对所有权人提起，还是可以对任何占有人提起。尤里安在其《学说汇纂》第 7 卷中写道，用益权人可以对任何占有人提起该诉讼。确实，即使为一块负担用益权的土地设立有地役权，用益权人要求邻地所有权人返还的也不是什么地役权，而是用益权。"

〔5〕 Cfr. D. 7. 6. 5. 6（乌尔比安）："……用益权人提起确认役权之诉……"（该片段经过了添加。）

在保护行省土地上设立的用益权时可以被提起，这种诉讼很可能还可以用来保护仅被裁判官承认的用益权：关于第二项功能，允许提起普布里其之诉（actio Publiciana）或许不是古典法的制度[1]。此外，至少在优士丁尼法中，用益权人还是排放雨水之诉（actio aquae pluviae arcendae）的适格原告[2]或被告[3]。在古典法中，用益权人就可以要求、也可以被要求提供潜在损害保证（cautio damni infecti）[4]，还可以以自己的名义发布新施工告令（nuntiatio novi operis），因为他可以主张为了作为用益物的土地之利益而设立的役权，他也可以以所有权人的名义发布该告令[5]；最后，毗邻土地的不同用益权人之间，或者一块土地的用益权人与另一块土地的所有权人之间，还可以提起地界调整之诉（actio

369

---

〔1〕 Cfr. D. 6. 2. 11. 1（乌尔比安）："某人因用益权提起诉讼，那么，如果物曾（仅）被交付，则给予其普布里其之诉……"（该片段经过了添加。）

〔2〕 Cfr. D. 39. 3. 22pr.（彭波尼）："如果一块土地的用益权被遗赠，那么该土地所有权人的继承人可以提起或被提起排放雨水之诉。如果用益权人因他人的施工而遭受损害，那么他有时可以启动发布暴力或欺瞒令状的程序。但是，如果他不能发布此令状，则将产生如下问题：他是否能像所有权人那样提起扩用的排放雨水之诉，还是可以提起确认用益权的诉讼。更为正确的观点是，在这种情况中，应当提起扩用的排放雨水之诉。"（该片段经过了添加。）

〔3〕 Cfr. D. 39. 3. 22. 2（彭波尼）："但是，如果用益权人进行了一项施工，结果导致雨水给他人造成了损害，那么，无论如何都可以对所有权人提起法律规定的诉讼。不过问题是，是否还可以对用益权人提起扩用的排放雨水之诉。肯定的观点更为可采。"

〔4〕 Cfr. D. 39. 2. 5. 2（保罗）："如果所有权人和用益权人都提出了潜在损害保证的要求，那么二者的要求都应当得到满足……"D. 39. 2. 9. 5（乌尔比安）："杰尔苏写道，如果你房屋之上的用益权归提提娅享有，那么，要么所有权人提供潜在损害保证，要么提提娅提供潜在损害保证。然而，如果应当得到潜在损害保证之人被授权占有，则此人将禁止提提娅行使用益权。杰尔苏还写道，不进行修理的用益权人也将被所有权人禁止行使用益权。因此，如果用益权人不提供潜在损害保证，而所有权人被迫提供它，那么前者必将被禁止行使用益权。"

〔5〕 Cfr. D. 43. 25. 1. 4（乌尔比安）："同样，尤里安还认为，用益权人有权要求返还役权，因此他可以对邻人发布新施工告令，且免除将是有效的……"D. 39. 1. 1. 20（乌尔比安）："用益权人不能以自己的名义发布新施工告令。但是他可以以代理人的身份发布该告令……"

finium regundorum）〔1〕。

七、用益权的人身性

用益权，就像我们在给它下定义时所提到的，以及从它最初的目的是提供生活之需的历史可以看出的那样，是一项为了特定之人（即权利享有者）的利益而设立的权利（此即所谓的用益权的人身性）。故而，用益权人不得将其权利让与他人：在有些法学家看来，通过拟诉弃权向第三人移转用益权是无效的〔2〕，而在另外一些法学家看来，相应的拟诉弃权会构成权利的抛弃，因为该行为无法使受让人取得用益权，只会使用益权消灭，获益的只能是所有权人〔3〕；不过这并不排除用益权人可以通过买卖或租赁，让他人代为行使自己的权利〔4〕。此外，用益权由于这种所谓的人身性，不得被继承人继承，随着权利人的死亡而消灭〔5〕。与权利

---

〔1〕 Cfr. D. 10. 1. 4. 9（保罗）："调整地界之诉还可适用于赋税田。此外，在相邻土地的用益权人之间、用益权人和所有权人之间以及依据质权占有土地的人之间，也可以提起该诉讼。"

〔2〕 Cfr. Gai 2. 30（v. I. 2. 4. 3）："……如果用益权人通过拟诉弃权让与他人用益权，那么他仍然保有该权利，因为人们认为这样的让与不产生任何效力。"

〔3〕 Cfr. D. 23. 3. 66（彭波尼）："……我们已经说过，用益权无法移转给所有权人以外的人，如果要移转给外人，也就是没有所有权的人，那么什么都不会转移给此外人，而是用益权复归至所有权人处……"

〔4〕 Cfr. D. 23. 3. 66（彭波尼）："一块我妻子不享有所有权的土地，其上的用益权所有权人以嫁资的名义给了我。我和妻子离婚后，如何将该用益权返还给她就有了困难……因此，有些（法学家）正确地认为，可以采用下述方法以资救济，即丈夫将用益权租给妻子，或者以微价将用益权卖给妻子，如此一来，用益权仍然归丈夫享有，但是妻子享有收取孳息的权利。" D. 7. 1. 12. 2（乌尔比安）："用益权人既可本人收取物的孳息，也可通过出租或出售将对物的享用让与他人：确实，将用益权出租他人，也是在使用，将该权利出售亦然。不过，即使通过容假占有或赠与的名义将用益权让与他人，我认为他仍然在使用该物，并因此保留有用益权……"

〔5〕 Cfr. D. 7. 4. 3. 3（乌尔比安）："毫无疑问，用益权也会因人的死亡而消灭，因为收取孳息的权利随着人的死亡而消灭，就如同任何其他依附于人的权利一样。"

人的死亡并行的用益权消灭的另一种原因是人格减等（capitis demi-nutio）[1]，在优士丁尼法中，只有人格最大减等或中级减等（capitis deminutio maxima o media）才会导致该权利的消灭[2]；如果用益权人是法人，根据优士丁尼法的规定，用益权自设立之日起满 100 年而消灭[3]。

八、用益权的消灭

370

在消灭原因上，用益权与地役权两个制度相似。用益权由于下述原因消灭：抛弃，在古典法中要通过向所有权人实施拟诉弃权（in iure cessio）来完成，在优士丁尼法中不再有形式的要求[4]；身份混同（consolidatio），也就是说，用益权人取得了所有权，从而两种身份集于一人之身[5]；物灭失，不再是交易物（commer-

---

〔1〕 Cfr. P. S. 3. 6. 29："用益权因人格减等而消灭，因此，当用益权人被放逐一岛之上，或者因被判处劳役而成为奴隶，或者通过自权人收养或收养而改变自己的身份，都会丧失用益权。"

〔2〕 Cfr. I. 2. 4. 3："用益权因下述原因消灭：用益权人死亡，人格最大减等或中级减等……"

〔3〕 Cfr. D. 7. 1. 56（盖尤斯）："人们曾经提出这样的问题，即是否应当给予市府的市民有关用益权的诉讼。确实，若给予，用益权有变为永久性权利的危险，因为用益权将不会由于人的死亡或人格减等而轻易消灭，结果所有权会因为永远与用益权分离而变得毫无意义。尽管如此，还是应当给予该诉讼。进而又产生了另外一个问题：市府的市民所享有的用益权应当受到多长时间的保护。正确的观点是，他们应当受到一百年的保护，因为这是长寿之人所能活的年龄。"D. 33. 2. 8（盖尤斯）："如果一项用益权被遗赠给市府的市民，有人问道，这些市民的用益权要受到多长时间的保护。因为如果永远受到保护，那么空虚所有权将会由于一直与用益权分离而变得毫无意义，所以，能接受的时间是一百年，这也是一个人可以存活的最长时间。"（或为添加？）

〔4〕 Cfr. Gai 2. 30："……用益权人，通过拟诉弃权向所有权人移转用益权，使用益权与自己相脱离而融汇于所有权之中……"P. S. 3. 6. 32："若用益权人向所有权人实施拟诉弃权以移转物上设立的用益权，则用益权丧失。"I. 2. 4. 3："……同样的，用益权因用益权人向所有权人移转其权利而消灭……"

〔5〕 Cfr. I. 2. 4. 3："……或者在相反的情形中，因用益权人取得了所有权——这被称为身份混同——而消灭……"

cium）或者变成了新的种类的物（nova species）[1]；权利的不行使（non usus），在古典法中，根据动产和不动产的不同，分别要持续 1 年或 2 年[2]，在优士丁尼法中，根据当地人之间和异地人之间的不同，分别要持续 10 年或 20 年[3]；最后，为用益权设定的期限届满[4]。

九、准用益权

前文我们已经说过，用益权只能在非消耗物上设立。但是，根据帝政前期的一项元老院决议的规定，任何属于财产范围的物，其上设立的用益权都可以遗赠[5]。如果涉及的是金钱，或者涉及的是一般的消耗物，继承人通过让渡（traditio）使受遗赠人取得所有权，但后者须对前者通过专门的担保（cautio）负担返还相同种类、相同质量和相同数量的物（tantundem eiusdem generis et

〔1〕 Cfr. P. S. 3. 6. 31："当被遗赠的房屋因为火灾而灭失时，即使后来经过了重建，用益权也因为物的改变而消灭。"

〔2〕 Cfr. P. S. 3. 6. 30："用益权因不行使而消灭，即如果用益权人不占有土地达两年，不占有动产达一年，将丧失其权利。"

〔3〕 Cfr. C. 3. 34. 13（a. 531）："不动产之上的用益权曾因两年的不行使而消灭，动产或自动物之上的用益权曾因一年的不行使而消灭。我们不允许用益权在这么短的时间内便被丧失，故而将时间分别规定为十年和二十年。此项规则也适用于其他役权。因此，对于所有的役权而言，将不因两年的不行使（仅针对不动产役权而言）而消灭，而是在当地人之间因十年的不行使而消灭，在异地人之间因二十年的不行使而消灭……"

〔4〕 Cfr. P. S. 3. 6. 33："用益权因人的死亡或时间的经过而消灭：用益权人死亡，或者为用益权设定的期限——如两年或三年——届满，都会使该权利消灭。"

〔5〕 Cfr. D. 7. 5. 1（乌尔比安）："元老院曾经规定，所有属于财产的物其上设立的用益权都可以遗赠。根据这一元老院决议可知，因使用而灭失或毁损的物，其上的用益权也可以遗赠。"D. 33. 2. 1（保罗）："……（元老院决议）规定，所有属于财产的物其上设立的用益权可以被遗赠……"D. 35. 2. 69（彭波尼）："……因为自该元老院决议以后，没有任何物不可遗赠其用益权。"

qualitatis)〔1〕。原始文献表明，这种受遗赠人的法律地位，更接近消费借贷的贷入人而非用益权人的法律地位，所以受遗赠人取得的是"准用益权"〔2〕。根据上述元老院决议的规定，债权之上的用益权开始也可以被遗赠：在这种情形中，受遗赠人可以在利息问题上获得好处，如果他自己就是债务人，那么他给付利息的义务便被免除〔3〕。如果遗赠的是整个财产上的用益权，根据优士丁尼时期的原始文献，允许将各项债务从财产中扣除〔4〕。

---

〔1〕　Cfr. Tit. ex corp. Ulp. 24. 27：："一项元老院决议规定，如果遗赠的是消耗物——如酒、麦——之上的用益权，那么要将物给受遗赠人，但要让受遗赠人提供在用益权不再属于受遗赠人时，返还这些物的担保。" D. 7. 5. 7（盖尤斯）："如果遗赠的是酒、油或者谷物（之上的用益权），那么，所有权应当移转给受遗赠人，但是他应当提供担保，以使他在死亡或者人格减等时，同等品质的物能被返还，或者在已对物估价的情况下，以一笔确定的金钱提供担保（最后一种方案为添加）。对于其他本质是消耗物的物，也适用同样的规则。" I. 2. 4. 2："……尽管如此，基于实用的考虑，元老院规定，只要为继承人提供了适当的担保，也可以在这些物上设立用益权。于是，如果遗赠的是金钱的用益权，那么，要将金钱给受遗赠人并使他取得所有权，但是受遗赠人要向继承人提供担保，确保在受遗赠人死亡或人格减等时，同等数量的金钱能被返还……"

〔2〕　Cfr. D. 7. 5. 2. 1（盖尤斯）："不能说根据该元老院决议存在真正意义上的金钱用益权（物的自然本质无法为元老院的权威所改变），而是，由于上述（要求提供担保的）措施的引进，这项权利开始被作为准用益权看待。" I. 2. 4. 2："所以，严格而言，元老院并没有真正创造这些物上的用益权（事实上也不可能），而只是借助担保措施，规定了一种准用益权。"

〔3〕　Cfr. D. 7. 5. 3（乌尔比安）："自此以后，对任何物的用益权都可以遗赠。对债权的（用益权）是否也可以？涅尔瓦对此持否定态度，但是卡修斯和普勒库勒的观点更为可取，他们认为债权的用益权也可以遗赠。不过，涅尔瓦本人还写道，如果受遗赠人是债务人，那么债权的用益权也可以遗赠，而且他支付利息的债务被免除。" D. 33. 2. 24pr.（帕比尼安）："如果遗赠给了妻子财产的用益权，那么在根据该元老院决议提供担保后，还应向她给付死者遗留下的财产的利息……"

〔4〕　Cfr. D. 33. 2. 43（韦努雷尤斯）："……如果遗赠的是整个财产的用益权，那么允许将债务从前述财产中扣除……" D. 35. 2. 69（彭波尼）："如果遗赠的是财产的用益权，则应将债务从这些物中扣除，因为自该元老院决议以后，没有任何物不可遗赠其用益权。"

十、使用权

与用益权并行的另外一种权利即使用权（usus），也很快被确立起来。该权利的客体最初或许只是那些不产生孳息的物。使用权是一种与用益权十分相似的权利，但是相对于后者，前者的内容范围更小，只是使用物而不包括收取其孳息[1]。然而，古典时期的法学家已经开始通过采用决疑法来确定使用权人的权能，倾向于承认权利人也可以对物进行一定范围内的享用，只要这种享用是对物的孳息的直接使用和消耗，且不向任何他人转让该享用。在后古典—优士丁尼法中，尽管仍然存在使用权和用益权在权利内容上的差异[2]，但是前者内容得到了进一步的扩张与一般化。与用益权不同的是，使用权就像各种地役权那样是不可分割的，意思就是说，对使用权不能按照份额而只能连带地共有[3]。

十一、排除使用权的孳息收取权（fructus sine usu）

罗马法——至少是古典时期的罗马法——没有承认作为独立的用益物权类型、不包括使用权能的排除使用权的孳息收取权（fructus sine usu）。在同一个物上，如果既存在使用权又存在用益权，且两种权利归不同的人享有，那么用益权人将与使用权人共

---

〔1〕 Cfr. D. 7. 8. 2pr. （乌尔比安）："倘若某人被遗留了使用权，那么他可以使用该物，但是不能收取其孳息。现在需要看看具体的情形。"

〔2〕 Cfr. D. 7. 8. 10. 4 （乌尔比安）："如果遗留的是一块土地之上的使用权，任何人都不会怀疑该权利的内容要远远少于用益权。但是我们要具体来看该权利的内容有哪些……"

〔3〕 Cfr. D. 7. 8. 19 （保罗）："不能将使用权的一部分份额遗赠：确实，我们可以就物的一部分份额收取孳息，但是我们无法就物的一部分份额使用它。"

同对物进行使用[1]。

十二、居住权（habitatio）与劳作使用权（operae）

最后，古典时期的法学家只是局限于讨论，对居住（habita-tio）、对奴隶或牲畜的劳作（operae）的遗赠，到底应当解释为对居住房屋的用益权还是使用权的遗赠，或者相应的，对奴隶或牲畜的用益权还是使用权的遗赠，而优士丁尼皇帝直接将它们规定为权利人不仅可以居住，而且可以将房屋出租的居住权（habita-tio）[2]，或者对奴隶的劳作使用权（operae servorum）[3]、对牲畜的劳作使用权（operae animalium）[4] 这些独立的权利类型。与其他人役权不同，优士丁尼法中的居住权（habitatio）既不因人格减等（capitis deminutio）也不因不行使而消灭[5]；劳作使用权（operae）甚至不会因权利人的死亡而消灭，而且可以移转给权利

---

〔1〕 Cfr. P. S. 3. 6. 24-25："如果遗赠的是收取孳息的权利而未提使用之事，结论是设立了用益权，因为没有使用无法收取孳息。如果向某人遗赠的是使用权，而向另一人遗赠的是收取孳息的权利，那么享有收取孳息的权利的人也可以使用物，但是享有使用权利的人不能收取孳息。"D. 7. 1. 42pr.（弗罗伦汀）："如果向某人遗赠了使用权，向另一人遗赠了收取孳息的权利，那么用益权人将享有使用权人所不享有的权利，另外，前者为了收取孳息还可以使用物。"D. 7. 8. 14. 1（乌尔比安）："遗赠的到底是用益权还是收取孳息的权利，这没有丝毫的紧要，因为收取孳息的权利中包含使用权，而使用权中不包含收取孳息的权利……"

〔2〕 Cfr. I. 2. 5. 5（v. C. 3. 33. 13，a. 530）："如果遗赠给某人或者以其他方式为某人设立了居住权，那么人们既不认为这种权利是使用权，也不认为它是用益权，而是认为它是另外一种权利。基于实用的考虑，并根据马尔切罗的观点，我们不仅允许在房屋中居住，而且允许将房屋出租给他人。"

〔3〕 Cfr. D. 7. 7 的章名为"奴隶的劳作使用权"。

〔4〕 Cfr. D. 7. 9. 5. 3（乌尔比安）："如果遗赠的是……奴隶或者其他动物的劳作……"

〔5〕 Cfr. D. 7. 8. 10pr.（乌尔比安）："……（居住权）既不会因不行使而消灭，也不会因人格减等而消灭。"

人的继承人[1]。

第三节　税赋田权与永佃权

一、税赋田权（ius in agro vectigali）

税赋田（ager vectigalis）是属于国家、自治市或者殖民区，而交由私人使用和收益，但后者通常每五年或一次性缴纳一定田税（vectigal）的土地。在古典法时期，曾经存在过公权力机构和私人之间的这种关系，到底应归入私法中的租赁还是买卖的争论。最终前一种观点占了上风[2]。针对拥有土地的公权力机构，私人除了具有债权性质的权利以外，还对税赋田（ager vectigalis）取得裁判官法上的一般占有，只是不存在时效取得的可能[3]。在古典法晚期，权利人可以提起税赋田对物之诉（actio in rem vectigalis）。该诉讼是以原物返还之诉（rei vindicatio）为原型创造的，可以对任何第三人提起，据之可确保权利人行使在物上享有的名

[1]　Cfr. D. 33. 2. 2（帕比尼安）："对奴隶的劳作使用权，不因人格减等或权利的不行使而消灭。因为受遗赠人可以从（奴隶的）劳作中受益，所以权利人也可以将这些劳作出租。如果继承人阻止受益人接受劳作，那么继承人将被追诉。奴隶将自身出租的情形适用同样的规则。由于受遗赠人不是用益权人，所以他可以将受遗赠的劳作使用权移转给其继承人；但是，倘若奴隶基于取得时效被取得，则遗赠消灭。"

[2]　Cfr. Gai 3. 145；"在买卖和租赁之间似乎存在密切的联系。在一些情况中，人们会问到底是买卖契约，还是租赁契约。例如，某个物被永久地出租，比如在租赁自治市的土地时达成这样的约定：只要缴纳田税，就不得从承租人或其继承人处剥夺该土地。多数人认为这是租赁。"

[3]　Cfr. D. 6. 2. 12. 2（保罗）："对于税赋田和其他不能时效取得的土地……我拥有普布里其之诉。"

副其实的物权。古典法的税赋田权（ius in agro vectigali）制度，在优士丁尼法中演变成了一项新的制度——永佃权制度[1]。

二、后古典法时期永佃权制度的起源

在后古典早期，公地交由私人使用规定有两种不同的方式：一种是将属于帝国的财产（patrimonium）的土地，或许是君主时期的财产，长期交由私人使用〔即永佃权（emphyteusis）〕；一种是将属于元首私人之物（res privata principis）的土地，或许是皇室的财产，永久地交由私人使用〔即永久权（ius perpetuum）〕。这两种方式都可以使获得许可使用的私人取得内容广泛的享用性物权，且使之对许可一方负担一定的义务（特别是支付租金及耕种土地）。永久权（ius perpetuum）的权利人相对于永佃权的权利人而言的法律地位更为有利，因为前者得到的允许不需要再申请延期，所以不受监管。但是在公元4世纪末，这两个制度便开始合流，并被统一冠名为永佃权（emphyteusis）。在公元5世纪，永佃权制度也被用来调整私人与私人之间的关系：《优士丁尼法典》中收录的、大约颁布于公元480年的芝诺皇帝的一项谕令规定，永佃契约（contractus emphyteuticarius）既不应被看作是买卖，也不应被看作是租赁，而应被认为是一种具有特种性质的契约；此种契约中的风险，既不完全由被允许一方承担，也不完全由允许一方承担，而是在物全部灭失的情况下由后者承担（永佃权人所

374

――――――――――

〔1〕　Cfr. D. 6.3："当提起对物之诉以主张税赋田权即永佃权。D. 6.3.1（保罗）：'城邦的土地，有些被称作税赋田，有些则否。被称作税赋田的是那些永久出租的土地，也就是说，制定这样的条款，即只要缴纳田税，从承租人或其继承人手中收回土地便是非法的。非税赋田是指那些我们通常私下交给他人耕种的土地。从自治市处永久租赁土地的市民，虽则没有成为所有权人，但是可以提起对物之诉以对抗任何占有人，包括对抗自治市，'D. 6.3.2（乌尔比安）：'只要他们缴纳田税。'D. 6.3.3（保罗）：'倘若租赁是有期限的，且期限尚未届满，则适用同样的法律规则。'"

负担的债务亦随之消灭），在物遭受功能性毁损的情况下由前者承担（永佃权人所负担的债务并不消灭）[1]。

三、优士丁尼法中的永佃权制度

在优士丁尼法中，永佃权制度最终成型。此种权利表现为在他人土地上存在的物权。永佃权可以通过作为许可一方的所有权人和作为被许可一方的永佃权人之间订立契约——常常是没有固定形式的契约——来设立；也可以由所有权人通过遗赠的形式设立。永佃权人可以内容广泛地对土地进行支配，并在孳息分离之时取得相应的所有权。另外，永佃权人要承受与土地相关的所有负担，并每年向所有权人支付租金。永佃权可以通过权利人的遗赠行为〔死因行为（mortis causa）〕或者因继承而移转[2]，也可以通过契约转让〔生前行为（inter vivos）〕[3]。但是永佃权人在与他人订立转让契约之前，应当告知所有权人，所有权人可以在接到通知之日起的 2 个月内行使其优先权（ius praelationis）。逾此

〔1〕 Cfr. I. 3. 24. 3（另见 C. 4. 66. 1, a. 476-484）：“……对这样的契约，古人存在争论，有人认为是出租，有人认为是出售。所以，芝诺皇帝颁布了一项法律，规定永佃契约是一种具有特殊性质的契约，它既不是出租，也不是出售，它是根据自身特别的约定而生效的。因此，如果就某些事项作了约定，则该约定应被当作契约自然要素。如果关于物的风险承担没有约定，则在物全部灭失的情况下，风险由所有权人承担；在物部分毁损的情况下，损失由永佃权人承担。这也是我们实施的法。”

〔2〕 Cfr. D. 50. 16. 219（帕比尼安）：“要注意的是，在协议中，更应该考虑的是缔约之人的意志，而非使用的言辞。倘若自治市将税赋田出租，以契约规定‘承租之人拥有的，也可以归属于其继承人’，那么继承人可以继承的权利也可以移转给受遗赠人。”D. 30. 71. 6（帕比尼安）：“如果某人不是将税赋田遗赠给自治市的居民，而是别的人，人们不认为遗赠的是物的所有权，而是税赋田上的权利。”

〔3〕 Cfr. I. 3. 24. 3：“……交付给某人永久收益的土地，只要向所有权人支付租金或收益，所有权人就不能从承租人本人或其继承人处，或者从那些从承租人或承租人的继承人那里以买卖、赠与或嫁资的名义以或以任何其他方式受让了土地之人处，取回该土地……”

期限，永佃权人可以转让其权利，但应向所有权人支付所得价金的
2%或者该权利价值的 2%〔所谓的许可税（laudemio）〕[1]。永佃
权人拥有对物之诉（actio in rem）以使其权利得到保护[2]。如同
古典法中税赋田（ager vectigalis）的占有人，永佃权人也可以是排放
雨水之诉（actio aquae pluviae arcendae）的适格原告或被告[3]；可
以要求，也可以被要求作出潜在损害保证（cautio damni infec-
ti)[4]；可以就相应土地上的地役权提起原物返还之诉（vindica-
tio)[5]。永佃权因所有物权消灭的共同原因而消灭（物的灭失、
混同、抛弃）；如果 3 年未缴纳赋税或者租金，永佃权消灭[6]；

375

---

〔1〕　Cfr. C. 4. 66. 3（a. 530）：“对于永佃权人是否要根据所有权人的意思，才可
转让其在希腊语中被称作‘恩泊内马塔’的土地增益，或者转让其永佃权是否要征得
所有权人的同意，存有争议。我们认为，如果在永佃权文书中有简约，则应遵守简约。
如果没有缔结这样的简约，或者永佃权文书丢失，那么，未经所有权人的同意向他人
出售土地增益，也不得转让其永佃权。然而，为了避免所有权人利用这样的规定，不
让永佃权人取得增益部分的价金，而使永佃权人的希望落空、丧失利益，我们规定，
永佃权人可以向所有权人提供一项证明，指出就增益部分他能够从其他人那里实际取
得的价金数额。如果所有权人自己愿意给付这笔价金，并且愿意给付与第三人提供金
额相等的金额，那么由他来给付。如果超过两个月，而所有权人没有这样做，则我们
将允许永佃权人在未经所有权人同意的情况下出售该增益，只要购买之人不是永佃权
契约中通常排除之人。如果增益是以上述方式被出售的，那么土地所有权人应当接受
新的永佃权人。”

〔2〕　参见第 149 页注释 1 中片段 D. 6. 3. 1。

〔3〕　Cfr. D. 39. 3. 23. 1（保罗）：“这一诉讼也适用于永佃权领域。”

〔4〕　Cfr. D. 39. 2. 15. 26（乌尔比安）：“关于房子，因为税赋田的原因没有提供
潜在损害保证时，我们认为应当准许原告依授权占有，而不是由其直接占有（因为他
不能通过占有取得所有权）。通过命令，要达到原告与不提供保证之人处于同样地位的
效果。命令发布后，原告可以税赋田上的财产采取行动。”

〔5〕　Cfr. D. 8. 1. 16（尤里安）：“对一块土地取得质权之人，为了保护役权可以提
起扩用的就物提出主张之诉，如同为了保护土地本身可以提起扩用的就物提出主张之
诉那样，这并非不公平的。对于拥有税赋田的人，适用同样的规则。”

〔6〕　Cfr. C. 4. 66. 2pr. -1（a. 529）：“我们认为，对于永佃权契约，如果在关于永
佃权契约的文件中有简约约定，则这些约定应当在所有的情况下予以遵守，且如果永
佃权人不支付租金或者缴纳公共田税，则他将被除权。如果对此没有任何约定，但是
已经整整三年未支付租金和缴纳田税，土地所有权人有权要求永佃权人离开土地……”

376　永佃权人在转让其权利的情况下，如果不履行向所有权人负担的债务，永佃权消灭[1]。

第四节　地　上　权

一、古典法时期的地上权

自共和时期的最后几个世纪开始，国家或者城市的公共机构便常常在私人缴纳租金的前提下，允许他们持有公地上的建筑，而且一般是永久性的：典型的例子就是允许钱庄主（argentarii）持有他们建于广场上的钱铺（tabernae）[2]。在古典时期，享有土地所有权的私人也可允许他人在自己的土地上持有建筑物：当时称租金为"solarium"，称地上建筑物为"superficies"或"superficiariae aedes"[3]。在古典法时期，这种允许被看作是一种对土地的租赁，万一存在对地上物的出售，这种出售根据"地上物属于土地"的原则（superficies solo cedit），只意味着对其享用的最终转让，而不是土地所有权人取得的所有权的移转[4]。被允许之人（即地上权人）还可以将对建筑物的享用之权让与第三人[5]。地上权人，除了对于允许之人（即所有权人）享有债权性的权利外，

---

[1]　参见第151页注释1中片段 C. 4. 66. 3。

[2]　Cfr. D. 18. 1. 32（乌尔比安）："位于公有土地上的钱庄或者商铺的出卖人并未出卖土地，而只是出卖了其上的权利。这些商铺是公有的，只是其使用归私人。"

[3]　Cfr. D. 43. 18. 2（盖尤斯）："显然，地上的房子，也就是在租用的土地上建的房子，它们的所有权根据市民法和自然法，属于土地的所有权人。"

[4]　参见本页注释3中的片段 D. 43. 18. 2。

[5]　参见本页注释2中的片段 D. 18. 1. 32。

还享有的不是一般的占有令状，而是专门的关于地上权的令状（de superficiebus）的保护，以对抗任何第三人，确保对地上物的使用和收益（uti frui della superficies），只要相应的行为符合租赁法（lex locationis）的规定，并且不存在暴力（vi）、欺瞒（clam）或临时（precario）占有。在古典法时期，似乎还没有形成给予地上权人一个独立的对物之诉以保护其法律上的地位的制度，或许只有在发生纠纷之时，才视具体情况给予其扩用之诉（actio in factum）[1]。

二、优士丁尼时期的地上权

在优士丁尼法中，地上权体现为一种在他人土地之上存在的物权。其中最重要的内容是，地上权人具有在他人土地上修建建筑物并就之享用的更加广泛的支配权，此外他负有支付租金的义务。地上权人的权利可以继承和转让[2]。地上权人受到对物之诉的保护[3]；可以要求、也可以被要求作出潜在损害保证（cautio

---

〔1〕 Cfr. D. 43. 18. 1pr. （乌尔比安）："裁判官说道：'根据出租承租的法律，如果你们的地上权不是通过暴力、欺瞒或临时的方式相对于他人取得的，则我禁止使用暴力阻止你们享有它。如果你针对地上权请求给予其他诉讼，我将进行诉前审查。'" D. 43. 18. 1. 1 （乌尔比安）："在他人土地上享有地上权的人，具有市民法上的诉讼的保障。因为如果他租用或者购买了土地，则他可以对土地的所有权人提起承租之诉或者买卖之诉。如果所有权人阻止他行使权利，则他可以就自己受到的损失以及孳息提起诉讼。如果是其他人阻止他行使权利，则所有权人应该将诉权转让给他。但是由于不确定是否存在出租之诉，而且主张占有的保护更加有利，所以建议使用此令状，并允许提起准对物之诉。" D. 43. 18. 1. 3 （乌尔比安）："裁判官说的'如果针对地上权请求给予其他诉讼，我将进行诉前审查'，应当如此理解，即如果某人只是短时间租用了地上，那么此人将不能提起对物之诉。如果在诉前审查中发现，此人长期租用地上，则此人将拥有对物之诉。"

〔2〕 Cfr. D. 43. 18. 1. 7 （乌尔比安）："但是应当认为，（地役权）可以被让渡，就如同可以被遗赠和赠与那样。"

〔3〕 参见本页注释2中 D. 43. 18. 1pr.，D. 43. 18. 1. 1 以及 D. 43. 18. 1. 3 三个片段。

damni infecti)〔1〕; 可以发出新施工告令 (nuntiatio novi operis)〔2〕;
可以就相应土地上的地役权提起原物返还之诉 (vindicatio)〔3〕。
与永佃权人享有的权利不同, 地上权人的权利不会因为权利人未
向所有权人履行债务, 以惩罚的名义使该权利归于消灭。

第五节　质　　权

一、质权的概念

直至古典法末期, 质权 (pignus) 都只是一项被裁判官承认
的制度。该制度的宗旨是为债的关系之积极一方提供一个物的担
保, 也就是说, 在某个物上, 为债权人设立一种法律情势, 以更
好地保障其债权的满足。

除了质权, 罗马私法中还存在另外一项市民法 (ius civile)
上的制度, 可以发挥与物的担保相同的功能, 那就是信托 (fidu-
cia)。信托不表现为设立一个限制物权。在此仅需简要述之。

---

〔1〕　Cfr. D. 39. 2. 13. 8 (乌尔比安): "今天人们认为, 地上权人和用益权人都可
以有效地与人订立潜在损害保证。" D. 39. 2. 39. 2 (彭波尼): "潜在损害保证要式口约
的适用范围得以扩大。因此, 对一个岛屿享有地上权之人, 就可能对其地上权造成的
损害, 订立这样的要式口约也是有用的。对于土地的所有权人而言, 要求地上权人与
自己订立这样的要式口约, 约定如果对土地造成了损害, 便收回全部地上权, 也是有
用的: 因为若所有权人继续收取租金, 将会遭受损失。"(该片段经过了添加。)

〔2〕　Cfr. D. 39. 1. 3. 3 (乌尔比安): "如果我是地上权人, 而邻居要进行新施工,
那么我可以发出告令吗? 更有说服力的观点是, 我几乎等同于一个房客。但是裁判官
会给我对物之诉, 因此还会给我地役权之诉, 并且允许我发出新施工告令。"(该片段
经过了添加。)

〔3〕　参见注释 2 中的片段 D. 39. 1. 3. 3。

二、与债权人的信托（La fiducia cum creditore）

信托（fiducia）产生于古代，表现为移转要式物（res manci-pi）的庄重行为，即通过要式买卖（mancipatio）或拟诉弃权（in iure cessio），以信托的原因（fiduciae causa）移转要式物的所有权。此庄重行为的法律效果有两个：其一，物的奎里蒂法上的所有权（dominium ex iure Quiritium）由信托人移转至受托人；受托人多向信托人承担返还标的物的义务，但是通过附加的信托简约（pactum fiduciae），根据作出的法律行为所追求的目的不同，义务可以是其他内容。当旨在为债权人提供担保而订立信托（fiducia）契约时[1]，依信托简约（pactum fiduciae），返还债权人已取得所有权的物的义务，以被担保的债得到履行为条件；在相反情形，即债务不履行情形中，债权人便有了直接以担保之物来满足自己债权的可能。关于如何让债权人承担信托义务以达到担保的目的，我们将在全面探讨信托（fiducia）这一产生债务关系的制度时，作更为完整的论述。

378

三、给付质押（pignus datum）与协议质押（pignus conventum）的确立

晚于信托（fiducia）产生的质权（pignus）制度，承担的是物的担保的功能。质权制度下，债权人享有的不是担保物的所有权——在此提前说一下长期历史演进的结果是合适的——而是一种限制物权。

最早的质押形式为给付质押（pignus datum），要通过物的交

---

〔1〕　Cfr. Gai 2. 60：“……信托，要么是以出质的名义与债权人订立的，要么是朋友订立的……”

付来设立，也就意味着要将物的占有，由作为质押人的债务人处移转至作为质权人的债权人处[1]。债权人对物的占有受到普通占有令状的保护；债务人只有在履行所担保的债务之后，才能请求返还质物，最初或许是通过一个令状，后来是通过裁判官创造的一个对人之诉，即对人的质押之诉（actio pigneraticia in personam）〔对产生于质押物的给付（datio pignoris）的义务的全面论述，我们将在讨论质押作为产生债务关系的原因的部分进行〕。但是在共和时期的后几个世纪，协议质押（pignus conventum 或 pignus obligatum）（从古典晚期的法学开始，人们也用希腊术语 hypotheca 称呼它）便逐步得以确立。协议质押，完全基于当事人间的协议设立，不要求将物的占有由作为质押人的债务人处移转至作为质权人的债权人处[2]。最早获得承认的协议质押，是以农村土地的承租人（起初是收获物的购买人）带到该土地上的动产〔即随带物（invecta, illata, importata）〕作为质物的担保[3]，其目的是

379

----

〔1〕 Cfr. D. 50. 16. 238. 2（盖尤斯）："'Pignus'（质押）一词来源于'pugnus'（拳头），因为用于质押的物要用手来交付。有些人认为应在动产上设定质权，这种观点似乎是正确的。"（该词源学的考察是错误的。）

〔2〕 Cfr. D. 13. 7. 1pr.（乌尔比安）："质押不仅可以通过交付设立，也可以通过单纯的合意设立，尽管在后一种情况中物并未被交付。"D. 13. 7. 9. 2（乌尔比安）："我们很恰当地称移转物的占有的为'质押'（pignus），不向债权人移转物的占有的为'抵押'（hypotheca）。"D. 20. 1. 5. 1（马尔西安）："质押和抵押仅存在名称上的差异。"I. 4. 6. 7："……当我们交付物于债权人，特别是物为动产的情况，我们正确地称这种担保为'质押'；而无需交付物，仅根据单纯的协议设立的担保，称之为'抵押'是正确的。"

〔3〕 Cfr. Cato de agricultura（加图：《农业志》）146："……在他付清费用或者立下保证之前，他们带到土地上的物品，都被当作质物……"149："……在未付清赔款，或者提出保证，或者指定好还款人之前，土地上的牲畜和奴隶，都应当作为质物留下……"150："……放牧人要作为质物留下，直至买主向所有权人立下保证，或者付清了款项……"

担保向出租人支付租金〔1〕（这种情形与以承租人带到出租房屋之
内的物品出质相类似）〔2〕。后来协议质押逐渐扩大至可以就任何
物、对任何债提供担保。保留在债务人手中的物，只有当债务人不
履行所担保的债务时，在以农村土地的承租人之随带物（invecta,
illata）作为质物的情形中，债权人才可以获得对物的占有。最初，
债权人使用的是萨尔维令状（interdictum Salvianum）〔3〕，该令状只
能针对提供质物的承租人提起〔4〕〔在相似的住房出租的例子中，
出租人有通过禁令（preclusio）直接禁止房客将动产搬离的权利；
而如果房客已经履行债务，则可以给予房客搬离令状（interdictum
de migrando），以取消禁令（preclusio）本身〕〔5〕。后来，债权人
可以提起的是裁判官法上的对物（in rem）之诉，即塞尔维之诉
（actio Serviana）〔6〕。该诉讼以原物返还之诉为模型创制而来，因
此可以对任何第三人提起。再后来，对于任何其他的协议质押的

---

〔1〕 Cfr. D. 20.6.14（拉贝奥）："你和佃户达成合意，约定以佃户带到土地上的
物出质，直至他向你支付租金或你的债权得到满足。后来你接受了佃户提供的保证人。
我认为应当认为你已获满足，因此随带之物不再为质物。"

〔2〕 Cfr. D. 20.2.2（马尔西安）："彭波尼在其《讲义汇编》第40卷写道：带进
出租房屋中的物不仅作为租金的质物，也作为因房客过失造成房屋贬损，对房客可以
提起出租之诉时的质物。"

〔3〕 Cfr. Gai 4.147："被称作萨尔维令状的令状，也是为了取得占有而引入的。
当佃农曾经同意将某些物为租金提供质押的情况下，土地的所有权人可以就佃农的这
些物使用该令状。"

〔4〕 Cfr. C. 8.9.1（a.238）："……萨尔维令状只能对质物的承租人提起……"

〔5〕 Cfr. D. 43.32.1pr.（乌尔比安）："如果你和原告达成的协议不包括人，且根
据你们的协议，所有带到旅馆内的东西，或者在此出生或者制造的东西，都作为房租的
质物；或者协议包括人，但是房租已经付给，或者提供了担保，或者由于你的原因未
能提供担保，我禁止将此人作为质物，禁止使用暴力阻止将此人带进来的人带走他。"

〔6〕 Cfr. D. 20.1.17（乌尔比安）-18（保罗）："为了通过诉讼取得质物，给予
债权人以对物之诉。如果我从对某物不享有所有权、但可以对该物提起普布里其之诉
之人那里得到质权，裁判官将通过塞尔维之诉给我提供保护，就像债务人通过普布里
其之诉得到保护那样。"

380　情形，都可以提起准塞尔维之诉〔actio quasi Serviana，或称抵押之诉（actio hypothecaria），更常用的名称是对物的质押之诉（actio pigneraticia in rem）〕[1]。只有就质物为债权人提供对物之诉的保护时，我们方可认为质权演变成一种限制物权的历史才算完成：这首先发生在协议质押的情形中；但是在古典时期，在给付质押中，也赋予债权人以对物的质押之诉（actio pigneraticia in rem），虽然债权人之前已经取得了质物的占有，但是后来又丧失掉了占有[2]〔相似的制度扩张适用，方向相反，即从给付质押扩张到协议质押，在债务人未履行债务的情况下，债权人可以将质物出售，但应当返还扣除所担保的债务总额后剩余的数额。为了请求返还该剩余的数额，无论是在给付质押还是在协议质押中，都可以适用对人的质押之诉（actio pigneraticia in personam）〕。

四、设立质押的方式

首先，如前文所述，质押可以通过私人间的合意设立，并根据给付质押或协议质押的不同，或要求或不要求出质债务人将物交付给作为质权人的债权人。后来，根据塞尔维时代的多个皇帝谕令，质权也可以通过遗嘱设立[3]。此外，在古典晚期已经出

---

〔1〕 Cfr. I. 4. 6. 7：“同样，塞尔维之诉和准塞尔维之诉——也称抵押之诉——也是从裁判官的审判中产生。土地出租人对于佃户向自己提供的、用以担保租金的质物，提起的诉讼为塞尔维之诉；准塞尔维之诉则是债权人就质物或抵押物提起的诉讼。在质押和抵押之间，就这种诉讼而言，不存在任何区别，因为这两个名称都可以用于指称债权人和债务人约定的、因为债而受到约束的物……”

〔2〕 Cfr. D. 13. 7. 28pr.（尤里安）：“如果债权人受领了质物，后来丧失了对该物的占有，通过塞尔维之诉提出诉讼请求……”

〔3〕 Cfr. D. 13. 7. 26pr.（乌尔比安）：“……我们的皇帝，与其父一样，经常通过批复规定也可以通过遗嘱设立质权。”

现、在优士丁尼时期几成普遍现象的是，法律承认在没有明确的设立处分时也可以设立质权，在相应情形中，要么存在默示方式的设立行为〔即默示合意（tacita conventio）〕，要么对当事人的意思根本不作要求（如法定质押）。例如，在古典时期，允许以默示的方式为城市土地的出租人在承租人的随带物（invecta et illata）上设立质权[1]，或者为农村土地的出租人在土地的孳息上设立质权[2]，或者为质权债权人在作为质物的土地上将要产出的孳息再设立质权[3]；另外，还承认法定质权的形式，根据马克·奥勒留皇帝时期的一个元老院决议，向为修缮房屋而借款的房屋所有权人提供借款的出借人，对房屋享有法定质权[4]，以及根据塞维鲁时期的一个谕令，受监护人对于监护人用前者的金钱以后者名义而取得的物享有法定质权[5]。优士丁尼法不再区分默示质

381

---

〔1〕　Cfr. D. 20. 2. 4pr. （涅拉提乌斯）：“我们适用这样的法，即带到城市土地上的物，被认为是质物，就好像对此已经存在默示的约定。但是涉及农村土地，人们遵守相反的规则。”

〔2〕　Cfr. D. 20. 2. 7pr. （彭波尼）：“在农村土地上，人们认为土地上产出的孳息对出租土地的所有权人而言也是孳息，即使对此没有明确达成合意。”

〔3〕　Cfr. C. 8. 15. 3 （a. 223）：“尽管出质土地产生的孳息，根据默示合意属于质物的范围（虽然当事人没有明确表明这一点）。但是，没有任何法学家认为连同庄稼购买的土地属于这种情况。”

〔4〕　Cfr. D. 20. 2. 1 （帕比尼安）：“根据马克（·奥勒留）皇帝时期通过的一个元老院决议，借钱给房屋的所有权人金钱、让后者修缮房屋的债权人，他对房屋享有的质权，也属于根据所有权人的委托，向承包人提供金钱的人。”

〔5〕　Cfr. D. 27. 9. 3pr. （乌尔比安）：“但是，如果用一位受监护人的金钱为另外一位受监护人购买了一块土地，且将该土地交付给了后一位受监护人，或许对用其金钱购买土地的受监护人而言，土地之上存在质权？更可取的观点是，根据我们的皇帝及其神念的父亲的谕令的规定，用其金钱购买土地的受监护人享有质权。”D. 20. 4. 7pr. （乌尔比安）：“同样的规则适用于物是用受监护人的金钱购买的情况。因此，如果一物使用两个受监护人的金钱购买，那么两个受监护人按照各自金钱所占物的价金的比例（在同一顺位上）对物享有质权。如果物不是完全以其中一人的金钱购买的，则每一个债权人，即前一个和用其金钱付完款的后一个债权人，（在同一顺位上）对物享有质权。”C. 7. 8. 6 （Imp. Alex. ）：“如果你的曾为解放奴隶的监护人用你的金钱购买物品，并将之与也属于其他受监护人的财产或者用其他受监护人的财产购买的财产一起出质，根据我父亲颁布的谕令，鉴于监护人对受监护人的不地道，这样的奴隶不能得到解放。”

权和法定质权，并且在古典时期的先例的基础上特别是还受到希腊文化的影响，承认在许多情形下在整个财产上存在法定抵押：沿袭可追溯至塞维鲁时期的先例，为了保护国库的利益，规定在债务人的财产上存在法定抵押以担保税收或契约债务[1]；沿袭可追溯至君士坦丁皇帝时期的先例，为了保护被监护人或被保佐人的利益，担保监护人或保佐人他们能好好料理相应事务，规定在后两类人的财产上存在法定抵押[2]；沿袭可追溯至利奥的先例，为了保护前婚子女的利益，担保返还亲生父母一方取得的财产，规定在再婚父母一方的财产上存在法定抵押[3]；为了保护丈夫的利益，规定在承诺给付嫁资之人的财产上存在法定抵押，为了保护妻子的利益，担保嫁资的返还，规定在丈夫的财产上存在法定抵押[4]；为担保婚姻间赠与或奁产以外财产的返还，以保护妻子的利益，亦同；为保护受遗赠人的利益，规定属于义务人的遗产上存在法定抵押[5]（《新律》还承认了法定抵押的其他情形）。最后，在非常审判（cognitio extra ordinem）领域，质押还可由法

----

〔1〕 Cfr. C. 8. 15. 1-2（Imp. Gord.）："有义务缴税之人的全部财产都是质押的客体，以保障税收目的的实现。可以肯定的是，与国库订立合同之人的财产也是质物，尽管这一点可能还没有明文的规定。"

〔2〕 Cfr. C. 5. 37. 20（a. 314）："不禁止未成年人就监护人或者保佐人的财产提出主张，因为监护人和保佐人负有照管义务，所以他们的财产就如同质押给了未成年人一样……"

〔3〕 Cfr. C. 5. 9. 8. 3（4）（a. 528）："为了与古代的法保持一致，我们规定，如同母亲再婚后，其财产被认为抵押给了前婚的子女，以维护后者的利益，父亲的财产亦是如此，他已经拥有的、后来取得的甚至后婚缔结后取得的财产，必须为前婚子女的利益好好保管。如果这些财产是从母亲一方取得的，也应当被认为是抵押物。"

〔4〕 Cfr. C. 5. 13. 1. 1b（a. 530）："为了给嫁资提供完整的救济，如同在管理受监护人的财产等许多法定情形中那样，我们认为存在默示抵押。因此，我们推定对于夫妻双方而言都存在抵押。为了保护妻子利益，于丈夫一方是担保嫁资的返还；为了保护丈夫利益，于妻子一方是担保提供嫁资，或者防止嫁资被追夺。"

〔5〕 Cfr. C. 6. 43. 1. 1（a. 529）："……受遗赠人和遗产信托受益人都可以针对死者的遗产提起塞尔维之诉（即质押之诉）……"

官在被判罚的被告的物上设立〔即司法质押（pignus in causa iudi-cati captum）〕[1]：优士丁尼时期称之为法官质押（pignus praeto-rium），来指授权占有（missio in possessionem）所导致的结果[2]。

五、质权的客体

在任何有体物上均可设立质权，只要在设立质权之时该物为出质债务人的财产（in bonis）[3]。如果在质权设立行为后的某个时间债务人取得了物的所有权，则将通过扩用的对物质押之诉（actio pigneraticia in rem utilis）保护为之设立质权的债权人的权利[4]。不过，在未来物——如在质物的孳息[5]——之上，或者在全部财产之上，有效设立质权也是可能的。

---

〔1〕 Cfr. C. 8. 22（23）. 1（a. 238）："批复多次重申，被判罚的被告的财产可以被当作质物和被出卖，因为发布命令的法官的权威代替了基于合同而产生的债权。"

〔2〕 Cfr. C. 8. 21（22）. 2pr.（a. 530）："为了消除缘于古代法的困惑，我们规定了两种抵押，一种是基于人与人之间订立的合同和简约而产生的抵押，一种是法官质押。"

〔3〕 Cfr. D. 20. 1. 3pr.（帕比尼安）："如果债务人提出原物返还之诉要回自己的物，由于他不能证明物是他的，则他将败诉。但是如果债权人能够证明在缔结质押契约时物是债务人的财产，则应当让债权人继续拥有塞尔维之诉……" D. 20. 1. 15. 1（盖尤斯）："人们认为，债权人应当证明在达成合意之时物属于债务人的财产……"

〔4〕 Cfr. D. 13. 7. 41（保罗）："你将他人之物出质，其后你取得了该物的所有权，那么，债权人将被允许（对你）提起扩用的质押之诉。但是，如果我成为提丘斯的继承人，而之前提丘斯未经我的同意使我的物受到约束。在这种情形中，不应当给予债权人诉权以使之在诉讼中主张质权，因为不满足提起扩用的质押之诉的条件，即质物的所有权人同时也是应当给付金钱之人……"针对前一片段所说的第二种情况，相反的观点见 D. 20. 1. 22（莫德斯汀）："如果我成为提丘斯的继承人，而之前提丘斯未经我的同意使我的物受到质押的约束。质押不会因为（我以继承人的身份继承）这个后来的事实而直接有效；但是给予债权人扩用的质押之诉。"

〔5〕 Cfr. D. 20. 1. 15pr.（盖尤斯）："人们也可以现在尚不存在、但是将来会存在的物抵押。于是，未分离的孳息、女奴所生、牲畜所产，都可以受到抵押的约束。正如尤里安所写，不论是一块土地的所有权人，还是该土地的用益权人，就土地上的用益或产出的物（与债权人）达成的合意，都应当予以遵守。"

因为无体物也可以出售，所以在其上亦能设立质权[1]，尽管这样会使质权的内容发生变化。于是，权利人可以在最古老的地役权[2]以及用益权[3]上设立质权，结果会导致通过对物的所有权人行使抗辩（exceptio）来保障的这些权利行使的移转；权利人可以在赋税田权（ius in agro vectigali）上，以及在优士丁尼法中的永佃权和地上权上[4]，设立质权；权利人可以在质权上再设立质权〔所谓的转质押（subpignus）〕[5]，可以在一个债权上设立质权〔所谓的债权质押（pignus nominis）〕[6]，结果会导致通过扩用之诉（actio utilis）来保障的这些权利的行使的移转。

---

〔1〕　Cfr. D. 20. 1. 9. 1（盖尤斯）："可以用来买卖的，也可以用来质押。"

〔2〕　Cfr. D. 20. 1. 12（保罗）："彭波尼认为，应当考察是否允许在道路通行权、个人通行权、负重通行权及引水权上达成质押协议，以使当事人约定：在未付欠款之前，债权人可以行使这些役权，（只要他有临地）；如果在一定期日之后（债务人）还未支付金钱，允许（债权人）将这些役权卖与某个邻人。为了缔约人的利益，这一观点应被采纳。"

〔3〕　Cfr. D. 20. 1. 11. 2（马尔西安）："有人提出这样的问题，即无论是所有权人还是用益权人，是否可以将用益权出质或抵押。帕比尼安在其《答复集》的第11卷写道，债权人应当受到保护，且如果所有权人对债权人提起诉讼，声称：'此人无权违背所有权人的意思行使用益权'，裁判官将通过下述抗辩保护债权人，即'如果债权人和用益权人就用益权出质达成协议'。确实，裁判官也保护用益权的买受人，为什么不能保护债权人呢？基于同样的理由，人们对债务人也行使抗辩权。"

〔4〕　Cfr. D. 13. 7. 16. 2（保罗）："赋税田也可以用来出质，地上权亦可，因为今天地上权人已经被给予了扩用之诉。"

〔5〕　Cfr. D. 20. 1. 13. 2（马尔西安）："这样的观点是可取的，即可以从受领一物作为质物的债权人处受领此物作为质物；在两笔钱都应支付时，对第二个债权人而言，质权的约束存在，且既给他抗辩，也给他扩用之诉。"

〔6〕　Cfr. D. 13. 7. 18 pr.（保罗）："如果我们达成协议，我将自己对债务人享有的债权出质给你，则该协议应当受到裁判官的保护。于是，裁判官既保护你请求支付钱款，若我起诉债务人，也保护债务人。因此，如果债权是金钱之债，你可以用受领的金钱抵销你自己享有的债权；如果债权以某一特定物为标的物，你将以受领之物为质物。"

六、质押的从属性

质押的有效设立以其所要担保的债权存在为前提（此所谓质押的从属性），至于该债权是针对出质人的还是针对第三人的，是否是金钱之债，是市民法之债、裁判官法之债抑或是自然之债，均在所不问。如果被担保的债权是附条件的，则质押亦将是附条件的[1]。

七、质押的并存

在同一个物上，可能存在先后设立的多个质权的竞合。针对这一情况，古典时期的法学家最早认为，成立在后的质押以成立在先的质押的消灭为停止条件[2]；后来他们认为，质权立即产生，与成立在先的质权竞合，不过当成立在后的质权的权利人提起相应的诉讼，以对抗成立在先的质权的权利人时，成立在后的质权将因遭到抗辩（exceptio）而回天乏力[3]。成立在后的质权

384

---

〔1〕 Cfr. D. 20. 1. 5pr. -2（马尔西安）："需要知道，可以将物用于抵押以担保任何债，无论是金钱消费借贷，还是嫁资，是买还是卖，或者是出租承租，或者是委托；此外，债可以是即时的，也可以是附加期限或条件的，可以是由现在订立的合同产生的，也可以是之前订立的合同产生的。还可以为将来的债提供抵押，可以为债的全部、也可以为债的一部分提供抵押；可以为市民法上的债、荣誉法上的债、自然法上的债提供抵押。但是，在为附条件的债提供抵押时，只有在条件成就时物才受约束……此外，一个人可以为自己的债务，也可以为他人的债务提供抵押。"

〔2〕 Cfr. D. 20. 4. 9. 3（阿弗里卡努斯）："……确实，一旦前面的质权消灭，后面债权人享有的质权只有在物仍属于债务人的财产时才有效存在……"

〔3〕 Cfr. D. 20. 4. 12 pr.（马尔西安）："一个债权人先接受了质押物或者占有了质押物，而另一个债权人提起质押之诉要回它，前一债权人可以有效主张'除非物之前未已为我以质押或者抵押的名义受到限制'的抗辩。此外，如果他人占有标的物，第一个债权人提起质押之诉要回它，占有之人的抗辩是'除非达成协议物为我受到限制'，再抗辩是前面所说的。但是，如果第二个债权人起诉占有人，他的起诉是有根据的，应当向他交付质押物，不过如果其后第一个债权人又起诉第二个债权人，前者可以将物从后者处拿走。"

的权利人可以向在先的债权人提供履行以满足后者的债权，以接替后者在质物之上的法律地位〔即所谓的出价与接替权（ius offerendi et succedendi）〕[1]。成立在先、质权优先的原则[2]，存有例外，即由于某些质权被看作特权因而更为优先，尽管它们可能成立在后：例如，在古典晚期，为保护国库利益而设立的质权，为保护消费借贷出借人的利益而在借出钱款所修缮的房屋上设立的质权，为保护被监护人的利益在监护人用前者的金钱而取得的物上设立的质权；其他构成例外的规定是在后古典—优士丁尼法中形成的，特别是通过在公共文书（apud gesta）中记载而设立的质权〔公示质押（pignus publicum）〕，或者通过公证员起草或有3名见证人署名的私人文书而设立的质权〔准公示质押（pignus quasi publicum）〕。

八、质权的内容

在内容方面，质权表现为一种为了实现担保的目的而取得占有的物权〔如果是给付质押（pignus datum），自出质之时开始占有；如果是协议质押（pignus obligatum），自被担保的债权未获清偿之时开始占有〕。如无相反约定，享有质权的债权人，不能使用质物[3]，且应当先将收取的孳息用于支付所担保债权的利息，然后

---

〔1〕 Cfr. D. 20. 5. 5 pr.（马尔西安）："当第二个债权人向第一个债权人偿付了债务人欠后者的金钱时，就接替了第一个债权人的位置，并由于向第一个债权人所作的金钱偿付和向债务人所作的出借行为，第二个债权人完全可以将物出卖。"

〔2〕 Cfr. C. 8. 18. 3（4）（a. 213）："如果你接受了一块土地作为质物，其后该土地负有了公共负担，因为你在时间上居先，所以依法你优先。"

〔3〕 Cfr. D. 47. 2. 55（54）pr.（盖尤斯）："如果债权人使用质物，他将承担盗贼之责。"

再用于支付本金[1]：如果当事人订立简约，约定全部孳息用于清
偿所担保债权的利息，此种简约的希腊术语为"安迪克雷西斯"
（典质收益简约的意思）[2]。如果清偿期届满债权未获满足，在
没有特别约定的情况下，享有质权的债权人最初很可能继续保持
对质物的占有，以这样的方式对债务人形成心理压力，促使后者
履行债务。但是在古典法时期，当事人通过特别约定，以保障享
有质权的债权人直接就质物实现权利的现象已经非常普遍：可以
约定解除约款〔即流质条款（lex commissoria）〕（到了君士坦丁
时期流质条款被禁止），根据该项约款，债权人毫无疑问可以实现
债权的名义〔与流质条款相类似的有：将质物以与所担保债权总
额相等的价格卖与债权人[3]，以及将质物作为代物清偿（datio in
solutum）的标的履行所担保的债务[4]〕取得质物的所有权（如
果质物是略式物，取得的是市民法上的所有权；如果质物是要式
物，取得的是裁判官法上的所有权）；可以订立出卖简约（pactum
vendendi）[5]，该项简约到了共和晚期已经成为质押制度的默示要
素。享有质权的债权人（如果在同一个物上存在多个质权，只是
顺位在先的质权人）当然可以将物出卖：只有到了古典末期，才

385

---

〔1〕　Cfr. D. 36. 4. 5. 21（乌尔比安）："……由于我们类推适用质权的规则，所以
收取的孳息应当首先偿付利息；如果还有剩余，则偿付本金……"

〔2〕　Cfr. D. 20. 1. 11. 1（马尔西安）："如果订立了安迪克雷西斯，某人被领入土
地上或者建筑中，他以质权的名义占有该土地，直至向他付清款项，而利息以出租、
收获或者居住的形式冲抵……"

〔3〕　Cfr. D. 20. 1. 16. 9（马尔西安）："质押或者抵押中可以约定，如果到了某一
时间不向债权人支付金钱，债权人可以以买受人的身份根据公平的估价占有该物。在
这种情况下，就如同是一个附条件的出卖，神圣的塞维鲁和安东尼皇帝的批复中就是
这样写的。"

〔4〕　Cfr. C. 8. 13（14）. 13（a. 293）："正如你陈述的，质物已经交付给你，超过
25 岁的女主人将之偿债，合同和你的债务人的意志足以使你取得所有权。"

〔5〕　Cfr. Gai. 2. 64："……债权人可以根据简约转让质物……"

开始要求首先要通知债务人[1]；在后古典前期，应当通知 3
次[2]；在优士丁尼法中，该通知的目的是使当事人间可能订立的
不出卖质物简约（pactum de non vendendo pignore）失去效力[3]，
优士丁尼皇帝还为出卖的有效性规定了 2 年的期限，自通知（de-
nuntiatio）或判决作出之时起算[4]。因为享有质权的债权人只能
让渡（tradere）质物，而不能对之要式买卖（mancipare）或拟
诉弃权（in iure cedere），所以如果质物是要式物（res mancipi），
则其受让人取得的是裁判官法上的所有权，如果是略式物（res
nec mancipi），取得的是市民法上的所有权。出卖质物所得的价
款用于给付所担保的债务，如果仍有余额（superfluum），则债
务人可以通过对人的质押之诉（actio pigneraticia in personam）而
主张余额的返还（关于债权人向债务人负担的这项义务以及其
他义务，我们将在质押作为债的关系产生原因部分详细论述）。
如果存在后顺位的质权人，则可就该余额（superfluum）实现债
权的满足。如果没有买受人，享有质权的债权人可以向皇帝提
出申请，批准自己以满足所担保的债权的名义将质物据为己有

386

---

〔1〕 Cfr. C. 8. 27（28）. 4（a. 225）："当债权人准备出售质押或者抵押给他的物
时，他应当通知债务人，并以诚信为之。在出售时，他应当在一名证人在场的情况下
作出声明……"

〔2〕 Cfr. P. S. 2. 5. 1："想直接出卖质物的债权人应当通知其债务人三次，使后者
有机会在出卖前赎回质物。"

〔3〕 Cfr. D. 13. 7. 4（乌尔比安）："……但是，如果已达成不转让合意，而债权
人却转让了该物，则他要承担盗窃的责任，除非他已三次催告债务人履行债务，而债
务人仍未履行。"

〔4〕 Cfr. C. 8. 33（34）. 3. 1（a. 530）："所以，我们规定，如果某人将一物出质
给其债权人，并通过简约规定了如何出卖质物，是否在某一时间出售，是否以其他方
式出售等。债权人和债务人关于出卖质物的约定内容应当被遵守。然而，如果没有就
此作任何约定，自通知债务人或者判罚作出两年后，债权人可以出卖质物。两年的时
间从通知发出或者判决作出之日起算。"

〔取得质物所有权（impetratio domini）〕[1]：该制度在优士丁尼法中又有了新的规定，即规定将质物的价值计入所担保债务的给付之中，与质物出卖制度相似[2]。

九、质押的司法保护

为了给对质物的占有提供物权性的保护，前文我们已经看到，享有质权的债权人可以提起裁判官法上的对物之诉（actio in rem）。在为了担保承租人向出租人支付租金，而在随带物（invecta et illata）上设立质权的情形中，债权人还可以采取其他措施。一旦享有质权的债权人取得了对质物的占有，他还将受到一般占有令状的保护。在优士丁尼法中，享有质权的债权人有权请求履行潜在损害保证（cautio damni infecti）[3]，有权提出新施工告令（nuntiatio novi operis）[4]，有权为了保护出质土地而主张既存的

[1] Cfr. C. 8. 33 (34) . 1 (a. 229)："如果你希望取得出质给你的物的所有权，你应当指出未履行债务的债务人的名字，还要声明是否满足程序性要求，因为你已被告知你不能取得债务人质押给你的全部财产的所有权，尽管它曾是作为一个整体为了你的利益而出质的。"

[2] Cfr. C. 8. 33 (34) . 3. 4 (a. 530)："但是如果质物的价值小于债务的金额，债权人有权利要求债务人偿还不足的部分。当质物的价值与债务的金额相当时，毫无疑问，债权人可以扣留下之前质押的全部财产。不过，如果债务的金额小于质物的价值，根据我们的法，超出的部分应当留给其他不享有质权的债权人或者债务人本人……"

[3] Cfr. D. 39. 2. 11（乌尔比安）："一位债权人接受一座建筑物作为质物时又当如何？他是否必须作出承诺说他是在保护自己的权利，或者提供担保因为他不是所有权人？对于这类问题，马尔切罗从另一个观点出发讨论接受建筑物作为质物的债权人是否可以要求潜在损害保证。马尔切罗说，向他作出潜在损害保证不会有任何效果，对于不从所有权人那里购买争议标的物的人，也是如此，因为由于人的原因，要式口约不具有可操作性。但是，我认为规定这样的人，包括债权人，可以订立要式口约是非常公平的。"（该片段经过了添加。）

[4] Cfr. D. 39. 1. 9（盖尤斯）："接受一块土地作为质物的债权人，为了役权，可以发出新施工告令，因为他可以就役权提起原物返还之诉。"（该片段经过了添加。）

役权〔要求返还原物（vindicatio）〕[1]。

十、质押的消灭

首先，质权与其他物权共同具有一些消灭原因：物的灭失[2]，以及物变得不再具有商业流通性，但不包括物自身的物理变化[3]；混同，即所有权人和作为质权人的债权人这两个身份集于同一个人之身[4]；可以导致简约抗辩或诈欺抗辩（exceptio pacti o doli）产生的抛弃行为[5]。其次，质权还因所担保债权的全部消灭而消灭（如果债权只是部分消灭，则质权仍然保持其完整性），特别是债权的消灭是享有质权的债权人主张适用解除约款〔即流质条款（lex commissoria）〕或行使出卖权（ius vendendi）而引起的的情况下[6]。最后，从塞维鲁时期开始，行省审判实践中的长期取得时效（longi temporis praescriptio）得到承认。根据该制度，善

---

〔1〕 Cfr. D. 8. 1. 16（尤里安）："接受一块土地作为质物的人，允许他就役权提起扩用的对物之诉，没有什么不公平的，就如同允许为了保护土地本身而提起扩用的对物之诉一样……"（该片段经过了添加。）D. 43. 25. 1. 5（乌尔比安）："尤里安写道，接受一块土地作为质物的人可以就役权提起诉讼，这没有什么不公平的。"

〔2〕 Cfr. D. 20. 6. 8 pr.（马尔西安）："如同有体物消灭，用益权随之消灭，有体物消灭，质权或者抵押权也消灭。"

〔3〕 Cfr. D. 20. 1. 16. 2（马尔西安）："抵押物后来发生了变化，并不影响抵押之诉的存在，例如：抵押了一座房子，后来此地变成了花园；抵押了一块土地，后来此地建起了房子；抵押了一块土地，后来此地种上了葡萄树。"

〔4〕 Cfr. D. 50. 17. 45 pr.（乌尔比安）："质权、寄存、临时让与、买卖、租赁都不可以在自己的物上建立。"

〔5〕 Cfr. D. 20. 6. 7. 2（盖尤斯）："如果同债务人的代理人达成质物不受限制的协议，那么债务人有权主张诈欺抗辩。如果该协议是同债务人的奴隶达成的，债务人可以主张简约抗辩。"

〔6〕 Cfr. D. 20. 5. 9 pr.（保罗）："有人问，如果债权人不能从质物的买受人那里获得债权的全部满足，是否债务人也照样不再受约束。我认为，如果债权人没有任何过失，债务人将继续受约束，因为质物的出卖如果不能完全偿债，出卖并不解除对债务人的约束。"

意且依正当原因占有质物之人，如果其占有发生在临近的人之间且达到了 10 年，或者发生在不临近的人之间且达到了 20 年，那么他可以针对享有质权的债权人的权利行使主张抗辩[1]。在优士丁尼法中，长期取得时效（longi temporis praescriptio）被确立为质权的消灭原因，且该规则得到了普遍适用[2]。

---

〔1〕 Cfr. C. 7. 36. 1（Imp. Gord.）："如果债务人或者债务人的继承人占有质物，债权人的沉默被长期取得时效强化，使得债权人提起的要求返还质物的诉讼不会产生积极的效果。不过，当占有人对其债权人主张长期取得时效抗辩时，债权人可以对债务人提起对人之诉。"

〔2〕 Cfr. C. 7. 39. 8 pr.（a. 528）："当某人以购买、赠与或者其他合同名义善意占有一物长达十年或者二十年，他便取得基于长期取得时效而产生的权利，并可以以之对抗该物的所有权人或者声称自己对该物享有抵押权的债权人。如果占有人后来偶然失去了对该物的占有，我们规定他可以提起诉讼要回该物。如果认真研究古代的法，可以发现古代法是允许这样做的。"

第四章　占　　有

第一节　占有：概念和类型

一、占有的概念

通常而言，今天人们理解的占有，指的是以所有的意思而对某物进行的事实上的管领。与占有不同的是纯粹的持有，后者指的是，没有所有的意思而对物进行的事实上的管领。它们是共同法在对罗马法原始文献解读的基础上，抽象概括出来的两个概念。尽管这两个概念没有完全反映出罗马法中占有制度历史演进的复杂性，但是它们大致描述了相关的社会现象。

388

二、罗马法中的占有

罗马法原始文献一般认为，占有（possessio）是某一主体对某物事实上的支配。

占有被认为是一种事实[1]，与为法律制度所确认、某一主体

---

[1]　Cfr. D. 41.2.1pr.（保罗）："正如拉贝奥所言，占有被称为'坐在'某个地方，因为物自然地为居于其上的人所占据……" D. 41.2.1.3（保罗）："……但是，奥菲留斯和小涅尔瓦却认为，即使没有监护人的允许，被监护人也可以开始占有，因为占有是一种事实，而不是一种权利……"

对某物的支配这样的所有权概念相对立[1]。以此为出发点，古罗马法学将占有区分为了不同的类型，每种类型因在法律上的意义不同而各具特征。这种界定与占有的社会现实有密切的联系。在经历了所有与占有不分的最初阶段后[2]，占有既得到了市民法（ius civile）、也得到了荣誉法（ius honorarium）的承认。

三、占有在市民法上的意义

自古以来（ab antiquo）市民法（ius civile）规定的占有〔尽管早期使用的是"使用"（usus）和"拥有"（habere）这些不同的术语〕的意义主要在于：通过取得时效、先占取得所有权，对于略式物（res nec mancipi）通过让渡（traditio）取得所有权，原物返还之诉（vindicatio）被告地位的确定，盗窃物的追赃。以市民法承认的（真实的或假定的）经济—社会功能为基础（iusta causa），市民法将之与所有权的即时取得〔通过让渡（traditio）或先占（occupatio）取得〕或非即时取得〔通过取得时效（usu-capio）取得〕相联系的占有，古典法学称之为法定占有（posses-sio civilis，又译为"市民法占有"）或正当原因占有（possessio ex iusta causa）。与之相对，另一类占有被称为自然占有（posses-sio naturalis）〔这个概念还被用来指称任何独立于任何法律定性的占有[3]，或者只有占有体素（corporalis）而无占有心素（animus

---

〔1〕 Cfr. D. 43. 17. 1. 2（乌尔比安）："颁布此项令状的原因是，占有应与所有权区别开来。可能发生如下情况，即一个人是占有人却不是所有权人，另一个人是所有权人却不是占有人。也可能发生，一个人既是占有人也是所有权人。"

〔2〕 Cfr. D. 41. 2. 1. 1（保罗）："小涅尔瓦说，物的所有权始于自然占有……"

〔3〕 Cfr. D. 41. 2. 1pr. 和 D. 41. 2. 1. 1。参见前页注释 1 和本页注释 2。

possedendi）的占有[1]]。它包括一切不能产生市民法效果的占

389　有[2]。在这一点上，确立了这样一项规则，即任何人不能通过自己单方面的活动，使原本对某物无正当原因（senza iusta causa）的占有变为基于正当原因（ex iusta causa）的占有（nemo sibi ipse causam possessionis mutare potest）[3]。

四、占有在裁判官法上的意义

荣誉法（ius honorarium）确认占有的法律效果，目的是扩大古时仅对公田（ager publicus）的占有者才提供的保护的适用范围。城邦（civitas）最初的领土，以及后来通过扩张而新增的领土，正如我们在所有权部分已作的论述，大部分自共和晚期起便归单个的家父（pater familias）所控制（变为私人所有）。与此同时，还存在着公共土地〔即公田（ager publicus）〕，它是城邦（civitas）享有的所有权的客体〔最初或许归单个的氏族（gentes）所有〕，只是留给或者准许私人享用。享用的具体方式随着时间的推移不断丰富。对于这类土地，享用之人的法律情势〔古时或称为占有（possessio），或称为拥有（habere）〕是通过令状（inter-dicta）来保护的。可以断定，这些令状，最初都只具有行政管理的特征。后来，先是涉及不动产、继而涉及动产，对占有事实的

---

〔1〕 Cfr. D. 41. 2. 3. 3（保罗）："内拉蒂和普罗库勒认为，我们不能仅凭心素取得占有，除非先前存在对物的自然占有。……"

〔2〕 Cfr. D. 41. 2. 24（雅沃伦）："……人们说，主人可以通过奴隶实施占有，这是有道理的，因为那些被奴隶基于正当原因而实际持有的物，是奴隶的特有产。对于在市民法上奴隶无法占有、而只能依自然法持有的物，奴隶的主人被认为是占有人……"

〔3〕 Cfr. D. 41. 5. 2. 1（尤里安）："普遍认为，任何人都不能自行改变占有的原因。这一规则应当理解成不仅适用于市民法上的占有，也适用于自然占有。相应的，佃农、接受寄存人或者使用借贷人，都不能为了自己的利益，作为继承人而时效取得（物的所有权）。"

承认逐步扩张到私法的领域，以期让占有人通过请求裁判官颁发令状的程序获得保护。古典法学称"占有"（possessio），不加任何修饰或限定。这一占有是由裁判官的告示予以保护的。在帝政时期，仍承认赋税田（ager vectigalis）的享用者的此类占有。其时也，赋税田已是保留下来的私人享用公田的唯一形式。而其他形式，尤其是占据地（ager occupatorius，私人可以自由占据的土地）和财政官田（ager quaestorius，财政官出售给私人的土地），随着时间的推移，到共和晚期，均已退出历史舞台。此外，帝政时期已经确立下述规则，即任何人（不论是不是所有权人，不论是善意还是恶意，也就是说，哪怕是一个窃贼），只要他事实上控制一物〔即体素（possessio corpore，corporalis，naturalis）〕，并伴有据为己有的意思〔即心素（animus possedendi）〕，都构成占有。最后，此时容假占有人、质权债权人和讼争物保管人都可以享有占有令状的保护：学说将这三种情况称作例外的占有，因为其中只有占有体素（possessio corpore），不存在占有心素（animus possedendi）；为这些占有人提供令状保护，是由历史和实践决定 390
的。涉及容假占有人，容假占有制度起源于贵族所有权人向其保护下的平民所做的土地出租；此出租类似于公田（ager publicus）的出租，理论上是可以撤销的，而在实践中又很少被撤销。涉及质权债权人，制度承认他们基于为担保债权实现而对质物进行的占有，拥有自己的利益。涉及讼争物保管人，直至关于被保管之物的归属争议解决之前，向保管人提供占有保护是妥当的。应当提请注意的是，在上述情形中，最初似乎并没有"占有心素"（animus possedendi）这一要件的要求，它是后世法学总结出来的产物。最后，人们承认出质债务人可以获得一种并存的"市民法占有"（possessio civilis）〔1〕，据之可以时效取得。按照萨宾的并不广为接受的观点，容假占有的让与人（precario dans）亦获得此种占有〔2〕，而讼争物的寄存人则否〔3〕。除了上述几种情况外，事实上控制一物、但是不具备"占有心素"（animus possedendi）之人（如一般的寄存受托人、借用人、承租人、用益权人等）并不能获得占有的令状保护。这类主体所处的情势被现代人定性为单纯的持有，在罗马法原始文献中被称作以"其他人的名义而为的占有"（in possessione esse）或者径称为"占有"（possessio）：相反，以其名义而占有一物的人（如寄存人、借与人、出租人、空虚所有权人等），可以获得对占有的令状保护〔4〕。

---

〔1〕 Cfr. D. 41. 3. 16（雅沃伦）："针对被质押奴隶的出示之诉，应当向质权债权人提起，而不是向债务人提起。这是因为，出质人只是为了时效取得而占有，而于其他目的而言，质权人是占有人。所以，出质人占有的期间也计算（为质权人的占有期间）。" D. 41. 2. 1. 15（保罗）："尤里安认为，我们无法通过因质押而被实际交付给我们的奴隶而取得占有，因为只为了一个目的，即时效取得，他被认为归债务人占有。即使该奴隶为债权人所占有，无论是基于要式口约还是其他原因，该奴隶也不能为债权人取得占有。"

〔2〕 Cfr. D. 41. 2. 3. 5（保罗）："与之相反，多个人不能相互排他地占有同一个物。因为当我占有一物时，你也被认为占有该物，这是违反自然的。但是，萨宾写道，如果某人对某物作了临时让与，那么，他本人是占有人，受让人也是占有人。特雷巴丘斯赞同该观点。他还认为，对于同一物，一个人可以正当地占有，另一个人可以不正当地占有它，但是不能同时存在两个正当占有或者两个不正当占有。拉贝奥对该观点持批评的态度，他写道，就占有而言，一个人是正当占有还是不正当占有，这并不重要。拉贝奥的观点更为正确，因为同一个占有不能有两个（排他的）占有人，就如同你不能站在或坐在我站或坐的地方那样。"

〔3〕 Cfr. D. 16. 3. 17. 1（弗罗伦汀）："寄存之物的所有权仍归寄存人享有，该物的占有亦然，除非寄存是向讼争物的保管人作出的，因为该保管人占有此物：确实，在这种寄存期间内，占有不属于（寄存人双方中的）任何一方。"

〔4〕 Cfr. Gai 4. 153："人们认为我们占有（物），不仅包括我们自己占有，而且包括某人以我们的名义实施占有，即使该人并不在我们的支配之下，如佃农和房客。通过我们向他们寄存、提供使用借贷或者无偿居住之人，我们也可以实施占有……"

五、占有的主体

在古典法时期，处于他人支配之下的人不被认为具有占有的能力，这是因为他们自己欠缺财产能力[1]。此类人有奴隶[2]、家子（filiis familias）[3]。此外，被善意当作他人奴隶的自由人（liber homo bona fide serviens），也不能作为占有的主体，是因为他们自己也是占有的客体[4]。在古典法时期，法人也不能占有某物。

391

六、占有的客体

关于占有的客体，古典法时期将之限定在有体物的范围。而在古代，对上述范围以外的物或人，只要可能构成原物返还之诉（vindicatio）的客体，也可被占有，且产生市民法的效力。至于个人支配范围之外的非交易物（res extra commercium），以及不是物的自由人（homo liber），均不可被占有[5]，但善意占有人误将物（res）当作可用于交易的（in commercio），或者误将自由人当作

─────────

　　[1]　Cfr. Gai 2.89："……的确，（处于我们支配之下的人）针对某物取得的占有，该物被认为由我们占有……" D. 41.2.49.1（帕比尼安）："那些处于他人支配之下的人，可以持有特有产，但是不能拥有或占有它们，因为占有不仅关涉事实，同时也关涉权利。"

　　[2]　Cfr. D. 41.2.24（雅沃伦）："……那些被奴隶基于正当原因而实际持有的物，是奴隶的特有产。对于在市民法上奴隶无法占有、而只能依自然法持有的物，奴隶的主人被认为是占有人……"

　　[3]　Cfr. D. 50.17.93（马尔西安）："家子似乎不能保持、受让和取得与特有产相关之物的占有。"

　　[4]　Cfr. D. 41.1.54.4（彭波尼）："……例外的情形是，一个（被善意当作奴隶的）自由人不能通过占有而时效取得，因为自己被他人占有的人不能对物进行占有……"

　　[5]　Cfr. D. 41.2.30.1（保罗）："……我们不能占有神息地或神圣地，即使我们轻视宗教，把土地视为私有。同样的，我们也不能占有自由人。"

奴隶的除外，且其目的不是适用善意取得制度[1]。合成物的占有本身并不意味着对其部分的占有[2]。

七、后古典法时期的占有

古典法学所形成的与所有权相对的、作为一种"事实"（res facti）的占有概念，到了后古典法时期，开始变得模糊不清。一方面，这是将裁判官法上的行省制度经验予以一般化的结果；古典法时期，在一些真真正正构成占有的情形中，已经开始承认存在所有权（相应的，在行省土地上存在裁判官法上的所有权）。另一方面，这是受古希腊文化的影响的结果；他们不承认所有权和占有之间有一条清晰的界线。这样一来，人们将合法占有的情形，与非所有权人占有的情形相对立。前者是无懈可击、永久延续的，占有人即为所有权人，被界定为"合法占有"或者"有心素的占有"（iure o animo possidere），而后者被界定为实际持有或实际占有（corpore tenere o possidere）[3]。

─────────────

〔1〕　Cfr. Gai 2. 45 和 48："有时，尽管某人对他人之物的占有是善意的，但是对他仍不适用时效取得……同样显而易见的是，针对自由人、神圣物和神息物也不适用时效取得。"

〔2〕　Cfr. D. 41. 2. 30pr. （保罗）："不能认为占有建筑物整体的人也占有其中的单个物。该规则同样适用于船只和柜子。"D. 41. 3. 23pr. （雅沃伦）："如果某人购买了一座建筑物，那么他只占有建筑物本身。如果认为他占有了其中单个的部分，就不能认为他占有了建筑物本身，因为组成建筑物的物如被拆分开，建筑物就无法被认为是一个整体。"

〔3〕　Cfr. C. 7. 32. 10 (a. 314)："没有人怀疑占有的基础有两种，一种建立在法律之上，一种建立在事实之上。它们都是合法的，如果每一位利害关系人都保持沉默，或者以默示的方式对占有予以承认。但是，一旦发生争议，实际持有一物的人，由于他的持有受到了质疑，纠纷已经出现，案件已经开始审理，他就不能再被认为是占有人。"

八、优士丁尼法时期的占有

优士丁尼时期的制度实现了向古代制度的部分回归，将占有与所有相对立，尽管出现了区分所有权人的占有和可以时效取得（ad usucapionem）的占有人的占有之趋势。后一种占有以占有人自以为其是所有权人（animus domini）为特征。法定占有或者正当占有（possessio civilis o iusta），不再是一种事实（res facti），而是自成一类（sui generis）的真正权利〔优士丁尼时期的法学家们坚持使用的术语是"占有的权利"（ius possessionis）〕。这种权利可以独立于对物事实上的实际支配，并与另一种被界定为"自然占有"或"实际占有"（naturalis o corporalis possessio）相对立。此外，在优士丁尼法中，家子（filii familias）和法人也可以实施占有。

第二节 占有：取得、保持和丧失

一、占有的取得

古典法学家，在讨论占有的取得时，与讨论占有的保持和丧失一样，首先要阐述的就是占有与取得时效的关系，其次就是与令状保护的关系。他们一般认为，只有同时具备"体素和心素"，才能取得占有。换言之，只有实际取得对一物的管领，并且期间伴有将之据为己有的意思时，才能占有该物[1]。

---

〔1〕 Cfr. P. S. 5. 2. 1："我们通过心素和体素取得占有……"；D. 41. 2. 3. 1（保罗）："取得占有既需体素，亦需心素，仅有心素或仅有体素均不能取得占有……"

（一）体素（corpore）

关于取得对一物的管领，古典法学家理解为，按照一般社会观念，形成了事实上支配物的状态，哪怕这种支配并不是通过控制该物的实体而实现的[1]。对最初物质性的概念的超越，在通过占有前手的移转而取得占有的情形中，看得至为明显：在"让渡"（traditio）部分，我们已经考察过不通过实际交付，而使物处于他人支配之下的各种情形。

（二）心素（animo）

将物据为己有的意思，以主体具有一定的理解能力为前提。精神病人（furiosus）被认为无此能力；在古典法中，幼儿（infans）也无此能力〔但是大幼儿（infantia maior）这类未适婚人，未经监护人的授权（interpositio auctoritatis），似乎也可以取得占有〕。而在优士丁尼法中，无论是一般的幼儿（infans），还是心智尚未完全发育成熟的大幼儿（infantia maior），都只能在监护人同意的情况下方可取得占有[2]。

393

---

〔1〕 Cfr. D. 41. 2. 1. 21（保罗）："……取得占有并不一定要求取得对物的实体的控制，仅仅看到物并有占有的意思亦可取得占有……"

〔2〕 Cfr. D. 41. 2. 1. 3（保罗）："精神病人和未得到监护人同意的被监护人不能实施占有。这是因为他们没有占有的意思，虽然他们的身体经常与物发生接触，就如同有人将物放在熟睡之人手中那样。得到监护人同意的被监护人可以开始实施占有。然而，奥菲留斯和小涅尔瓦却认为，即使没有监护人的同意，被监护人也可以开始实施占有，因为占有是一种事实，而不是一种权利。如果被监护人达到具备足够理解能力的年龄，这样的观点也许是可以接受的。"D. 41. 2. 32. 2（保罗）："如果得到了监护人的同意，幼儿也可以合法地实施占有，因为监护人的同意补充了幼儿的判断。便宜是接受这一规则的基础，否则幼儿受领占有就变得毫无意义。但是另一方面，被监护人，即使没有得到监护人的同意，也可以实施占有……"D. 41. 3. 4. 2（保罗）："如果被监护人在取得占有时得到了监护人的同意，那么他可以时效取得。但是，我们应当说，即使占有没有得到监护人的同意，然而他具备占有的意思，那么他也可以时效取得。"（这三个片段均有可疑之处。）

（三） 通过辅助人占有

占有还可以通过辅助人取得。处于支配地位的人〔家父（pater）或主人（dominus）〕可以通过其所支配的主体〔家子（filius）或奴隶（servus）〕而取得占有，但是后者——至少根据优士丁尼《市民法大全》中的许多片段是这样的——必须得到了特别的准许或者具有特有产[1]。在古典法晚期，奴隶的主人（dominus），即使是在其不知情（ignorans）的情况下，也可以通过有委托的代理人（procurator verus）取得占有[2]。此外，至少在优士丁尼法中，受监护人（pupillus），即使是在其不知情（ignorans）的情况下，也可以通过监护人取得占有[3]。优士丁尼法规定，可以通过任何家外人取得占有，哪怕是在不知情的情况下[4]。我们可以说，通过辅助人取得占有，是靠"我们的心素"（animo nostro）和"他人的体素"（corpore alieno）来实现的，即辅助人实施的只是对物单纯的物理控制，而将物据为己有的意图

---

〔1〕 Cfr. D. 41. 4. 2. 11（保罗）："杰尔苏写道，倘若我的奴隶以特有产的名义获得对某物的占有，那么，即使我对此毫不知情，我也可以时效取得该物。如果他不是以特有产的名义获得的占有，那么，倘若我不知情，我就不能时效取得该物……"

〔2〕 Cfr. D. 41. 3. 41（涅拉丘斯）："如果我的代理人取得了我失去占有的物，因为现在普遍认为我们可以通过代理人取得占有，所以该物又重新归我占有，并可被时效取得。任何其他的规则都将是胡搅蛮缠。" D. 41. 1. 13pr.（涅拉丘斯）："如果我的代理人基于我的委托为我购买了某物，且该物以我的名义交付给了他，那么该物的所有权由我取得，即使我对交付毫不知情。" D. 41. 2. 42. 1（乌尔比安）："受本人的委托，代理人购买了某物，那么他立即为本人取得了占有。但是，如果他出于自己的意思购买了某物，除非本人追认，否则他不能为本人取得占有。"

〔3〕 Cfr. D. 41. 1. 13. 1（涅拉丘斯）："男女未成年受监护人的监护人，以被监护人的名义购买某物，则为受监护人取得所有权，即使他或她对此交易并不知情。"

〔4〕 Cfr. I. 2. 9. 5："……自由人，比如代理人，不仅在你们知情的情况下，而且在你们不知情的情况下，也可以为你们取得占有……"

乃是占有取得人的[1]。但是，实际上，在奴隶的主人毫不知情（dominus ignorans）的情况下，为该主人取得的占有，不仅体素是他人的，而且心素也是他人的[2]。如此规定的正当性基础，要么在于实施占有取得行为已经隐含于一个一般授权之中，比如，授予处于支配之下的主体以特有产[3]，要么是基于便利的考虑[4]。此外，如同为不知情的家主（dominus ignorans）取得占有的情形，其他情形中一般也要求辅助人具备足够的认知能力[5]；但是，对于取得占有的主体，例如，精神病人或幼儿通过他们的奴隶取得占有的情况，则不要求具备这样的能力[6]。

394

---

〔1〕 Cfr. P. S. 5. 2. 1：“我们通过心素和体素取得占有。心素是我们的，体素要么是我们的，要么是他人的……”

〔2〕 Cfr. D. 41. 2. 3. 12（保罗）：“我们通过自己的心素和他人的体素而占有某物，就像我们谈到的通过奴隶或佃农占有那样。但是，即使我们不知情，也可以取得占有这一点，也不应使我们感到疑惑，比如，奴隶以其特有产的名义取得的占有，被认为是我们通过他们的心素和体素而取得的占有。”

〔3〕 Cfr. D. 41. 2. 1. 5（保罗）：“同样，我们通过处于我们权力之下的奴隶或家子取得占有。并且，即使我们毫不知情，我们还可以通过他们取得对其特有产的占有。萨宾、卡修斯和尤里安都持这种观点。那些我们允许他们拥有特有产的人，被认为是基于我们的同意而实施的占有……”

〔4〕 Cfr. D. 41. 2. 44. 1（帕比尼安）：“有人问道，为何奴隶可以以特有产的名义为不知情的主人取得占有。我回答说，出于便利的考虑制定了这一特别的规则，以使主人不必时刻调查特有产的种类和获得原因。但是这并不意味着主人仅凭心素即可取得占有。如果某物不是以特有产的名义取得的，奴隶主人的知情还是必要的，但是他是通过奴隶实际占有了该物。”

〔5〕 Cfr. D. 41. 2. 1. 9-10（保罗）：“故而，倘若我们要通过他人实施占有，则这些人对占有必须具有认知能力。所以，如果你派一位患有精神病的奴隶实施占有，你永远不会取得占有。”

〔6〕 Cfr. D. 41. 2. 1. 5（保罗）：“……故而，幼儿和精神病人也可因（奴隶的）特有产而取得对物的占有，并时效取得占有之物……”D. 41. 2. 32. 2（保罗）：“……幼儿也可以通过奴隶以后者的特有产的名义实施占有。”D. 41. 3. 28（保罗）：“如果向幼儿或精神病人的奴隶让渡某物，那么幼儿或精神病人可以通过奴隶而时效取得该物。”

二、占有的保持

如同占有的取得，占有的保持也需要具备心素和体素（corpore et animo），即保持对某物的事实上的支配，同时伴有将之据为己有的意思。

（一）仅通过心素（solo animo）

是否保持了对物事实上的支配，采用的是相当具有弹性的社会判断标准，而不考虑是否对实物进行物理上的支配。古典法学家们甚至认为，可以只通过心素（solo animo）而实施占有[1]。于是，对于季节性牧场（saltus hiberni et aestivi），在非放牧季节，占有人仍然保持占有[2]。对于逃跑的奴隶（servus fugitivus），在其他人未取得占有之前，占有人仍然保持占有[3]。至少在晚期的古典法学看来，对于他人在占有人不知情的情况下侵入的土地，在占有人知晓此事后仍保持沉默或者被现在的侵占人拒绝返还之

395

---

[1]　Cfr. Gai. 4. 153：“……甚至有人认为，可以通过心素保持占有。因此，即使我们自己不占有，而且也没有人以我们的名义占有，但是如果我们离去的意图不是抛弃占有，而是为了以后再回来，仍应认为我们还保持着占有……”

[2]　Cfr. P. S. 5. 2. 1：“……如果只有心素，我们无法取得任何占有；而只有心素，我们却可以保持占有，比如占有冬季和夏季牧场的例子。”D. 41. 2. 3. 11（保罗）：“我们通过心素占有夏季和冬季的牧场，尽管在一定的期间我们离它们而去。”D. 41. 2. 44. 2（帕比尼安）：“……对夏季和冬季的牧场，可以通过心素来保持占有。”D. 43. 16. 1. 25（乌尔比安）：“我了解到，普罗库勒经常举例说，人们普遍认为我们通过心素来对夏季和冬季的牧场保持占有。同样的规则适用于所有我们离开土地、但无抛弃占有的意思之情形。”

[3]　Cfr. D. 41. 2. 1. 14（保罗）：“小涅尔瓦认为，我们不能通过逃跑的奴隶实施任何占有，尽管在该奴隶被他人占有之前，我们仍然占有他，并可以时效取得之。但是出于便利的考虑，只有无其他人取得对该奴隶的占有的情况下，时效取得期间才能完成。另一方面，卡修斯和尤里安认为，我们仍可通过逃跑的奴隶而取得占有，就如同我们可以通过在行省的奴隶取得占有那样。”还可参见 P. S. 5. 2. 1。

前，占有人仍然保持占有[1]。只通过心素（solo animo）即可保持占有，这导致了在古典法中便已产生对事实上支配一物的占有概念的超越。该超越在优士丁尼法中显得更为明显，即承认战俘和失踪人继续保持占有，且一般性地规定，只有当占有的体素和占有的心素（animus possidendi）都丧失的情况下，占有才消灭；如此一来，在任何情况下，仅需具备后者即占有心素，便可保持对物的占有[2]。

（二）没有心素（sine animo）

是否保持了将物据为己有的意思，其判断标准也是相当的宽松。在占有人睡觉或突发精神疾病的期间，其占有仍然继续保持[3]。

---

〔1〕 Cfr. D. 41. 2. 3. 8（保罗）："如果有人告诉房屋的所有权人其房屋已被强盗占据，所有权人由于恐惧而不敢回到自己的房屋那里，那么应当认为他失去了对其房屋的占有……"D. 41. 2. 25. 2（彭波尼）："关于那些我们仅凭心素而保持占有的物，产生如下问题：是我们一直占有该物，直至他人具备占有体素，且占有体素效力更强？还是（按照更为可取的观点），即我们一直占有该物，直至有人拒绝将物返还给我们，或者直至由于我们怀疑侵占者会拒绝我们的要求，所以放弃了占有的心素？后一种观点似乎更为实际。"

〔2〕 Cfr. D. 41. 2. 8（保罗，v. D. 50. 17. 153）："如同没有体素和心素就不能取得占有，只有当这两个要素都丧失时，占有才丧失。"（该片段被优士丁尼的法学家们予以了一般化。）

〔3〕 Cfr. D. 41. 2. 27（普罗库勒）："如果某人以心素保持对牧场的占有，其后他患了精神疾病，那么在他患病期间，他并未失去对该牧场的占有，因为精神病人不能通过心素丧失占有。"D. 41. 3. 4. 3（保罗）："精神病人可以患病之前开始的占有而时效取得……"D. 41. 3. 31. 3（彭波尼）："如果奴隶或家子通过特有产或以我的名义持有某物，即使我对此事毫不知情，也可以通过他取得占有甚至时效取得。如果他成了精神病人，只要物还处于同样的状态，应当认为我仍然保持占有，且取得时效继续进行，就如同此人睡着了一样。相同的规则也适用于我们通过佃农或承租人占有的情形。"D. 41. 3. 44. 6（帕比尼安）："如果一个人在取得时效期间开始后成为了精神病人，那么，从功利的角度考虑，为避免其精神上的痛苦也给他带来财产上的损害，对他而言取得时效总能完成。"

(三) 通过辅助人

如同占有的取得，占有的保持也可以通过辅助人完成，也就是说，通过任何以被辅助人为名义上的占有人持有一物的人完成[1]。占有人在辅助人死亡以后，或者在辅助人丧失了对物事实上的管领，但尚无其他人取得占有之时，仍然保持对物的占有[2]。在持有人打算将物据为己有，而不再以被辅助人为占有人时，只要这种"心素"（animus）上的变化没有伴随"窃取"（contrectatio）的客观要素，则占有人仍然保持对物的占有[3]。

396

---

　　[1]　Cfr. Gai 4.153："人们认为我们占有（物），不仅包括我们自己占有，而且包括某人以我们的名义实施占有，即使该人并不在我们的支配之下，如佃农和房客。通过我们向他们寄存、提供使用借贷或者无偿居住之人，我们也可以实施占有。这就是人们通常说的，可以通过任何以我们的名义实施占有的人保持占有。甚至有人认为，可以通过心素保持占有。因此，即使我们自己不占有，而且也没有人以我们的名义占有，但是如果我们离去的意图不是抛弃占有，而是为了以后再回来，仍应认为我们还保持着占有……" D. 41.2.9（盖尤斯）："一般而言，如果任何人，如代理人、客人或朋友，以我们的名义实施占有，那么应当认为是我们自己在占有。"

　　[2]　Cfr. D. 4.3.31（普罗库勒）："如果有人说服我的奴隶们抛弃占有，那么，即使这并不意味着我失去了占有……" D. 41.2.3.8（保罗）："……但是如果我通过其占有的奴隶或佃农死亡或逃跑，那么我仅通过心素保持占有。" D. 41.2.40.1（阿弗里卡努斯）："如果所有权人通过其佃农实施占有，而佃农死亡，那么从功利的角度考虑，占有仍然通过该佃农保持和延续。佃农的死亡，并未立即使占有中断。只有所有权人因疏忽而不去取回占有，占有才中断。但是如果佃农自动放弃占有，则另当别论。此言不虚，如果没有第三人在此期间实施占有，而且该土地自始至终保留在佃农的遗产之中。" D. 41.3.44.2（帕比尼安）："……但是，如果占有是我们通过奴隶或佃农实施的，那么在他人取得占有之前，我们并未丧失占有。如果有人取得了占有，即使我们对此毫不知情，占有亦丧失……"

　　[3]　Cfr. D. 41.2.3.18-19（保罗）："如果你以盗窃的意图窃取了我寄存在你那里的物，那么，我不再占有它。但是，如果你虽有盗窃的意图，然而并未将物从原位置移走，大部分古代法学家，包括卡修斯和萨宾，都正确地认为我仍然保持对该物的占有，因为没有实际窃取的行为构不成盗窃。我们不承认单纯的盗窃意图即可构成盗窃。" D. 41.2.32.1（保罗）："假如承租人出卖了租赁物，而后又向新的买受人承租该物，并向新旧出租人都支付租金，那么，第一个出租人被认为通过承租人（继续）占有该物是正确的。"

三、占有的丧失

（一）仅通过体素（solo corpore）

占有从心素和体素（corpore et animo）两方面来看均丧失，指的是占有人既丧失了对物事实上的控制，又丧失了占有的心素（animus possidendi）。尽管占有人只丧失了对物事实上的控制，而保留了占有的心素（animus possidendi），占有也会仅因占有体素的丧失而丧失（solo corpore），除非属于上文提到的仅有占有的心素（animus possidendi）亦足以保持占有的情形。

（二）仅通过心素（solo animo）

当占有人尽管仍然保持对物事实上的控制，但是已不想继续据为己有时，占有也会仅因占有心素的丧失而丧失（solo animo）[1]。

（三）能力欠缺者

当然，无足够心智能力之人，如精神病人（furiosus），不会因丧失心素（animo）而丧失占有[2]。幼儿（infans）与精神病人在此问题上适用相同的规则。在原始文献中，有两个片段要求被监护人通过心素丧失占有，或者移转占有，都必须得到监护人的同意（interpositio auctoritatis）。这两个片段很有可能是在后古典——

397

---

〔1〕 Cfr. D. 41. 2. 3. 6（保罗）："在占有丧失问题上，占有人内心的意思也应当予以考虑。如果你站在一块土地上，但是你失去了占有它的意思，那么你立即失去了对这块土地的占有。所以，虽然仅凭心素不能取得占有，但是仅丧失心素却可丧失占有。"D. 41. 2. 17. 1（乌尔比安）："……一旦占有人决定不再占有，他便丧失了占有……"

〔2〕 Cfr. D. 41. 2. 27，见第 182 页注释 3。

优士丁尼法时期被篡改过的[1]。

第三节　占有：保护

一、占有的保护

如前文所述，占有的保护是裁判官通过特别的程序性措施即"令状"（interdicta）来实现的。这些令状最初的历史来源，很可能是为了保护早期对"公田"（ager publicus）的占有而采取的行政管理手段。

二、保护占有的理由

占有的令状保护之所以向私法领域扩张，第一个理由就是，法律制度不应当只局限于保护被认为与权利相一致的主观情势，而是应当为了避免"所有人对所有人的战争"（bellum omnium contra omnes），首先要施加给私人以尊重"事物之现状"（status quo）的义务，而不论事实状态与权利是否一致；同时，当私人认为他人的占有对自己的权利造成不利之时，原则上，他要寻求的是公力救济，而不能采取私力救济。因此，占有保护的扩张是与禁止

---

　　[1]　Cfr. D. 41. 1. 11（马尔西安）："被监护人在取得一物（的所有权）时不需要征得监护人的同意。但是，在其监护人不在场时，他不得为物的转让，也不能转让物的占有。这是萨宾学派的观点。该观点是正确的。" D. 41. 2. 29（乌尔比安）："未经监护人的同意，被监护人不丧失占有。这一规则的意思是，虽然被监护人可以因丧失占有体素而丧失占有，但是他无法因丧失心素而丧失占有。这是因为他可以丧失事实层面的东西。然而，如果他要通过自己的意思抛弃占有，或许有所不同，他不能如此行事。"（两个片段均有被篡改过的嫌疑。）

私力救济原则的扩张同步进行的。

三、只对"正当占有"提供保护

但是，一般而言，不是每种占有都保护，而是只有于对方当事人而言，非以强暴（vi）、隐秘（clam）或随时可被撤回的临时无偿使用（precario）的手段取得的占有〔古典法使用的概念是"正当占有"（possessio iusta），此概念与"非正当占有"（possessio iniusta）或"瑕疵占有"（possessio vitiosa）相对〕，方能获得保护[1]。正当占有是一个相对的概念，比如，盗贼相对于被盗之人而言，他是"非正当占有人"（possessor iniustus），所以不被保护；但是相对于任何其他的第三人而言，他是正当的（iustus）占有人，所以受到保护[2]。另外，针对"非正当占有人"（possessor iniustus），一般而言，私力救济尚存在合法的可能性。

四、占有的保护与原物返还之诉的关系

此外，占有的令状保护还有第二个功能，即作为原物返还之诉的前置程序。与向占有之人提起原物返还之诉，以主张自己对物享有的所有权相比，寻求占有的令状保护显得更为迅速和方便。后者可以避免提供权利证据的困难，并可以通过该程序，实现占

---

〔1〕 Cfr. D. 43. 16. 1. 28（乌尔比安）："以暴力取得占有而驱逐原占有人之人，或者以违反善良风俗的方法，保证自己不被他人夺回占有之人，被认为是暴力占有人……" D. 41. 2. 6pr.（乌尔比安）："隐秘占有，指的是通过窃取的方式取得的占有，而占有人认为可能提出异议之人对此并不知情，且占有人害怕后者提出异议……" D. 43. 26. 2. 3（乌尔比安）："因请求向己施惠而获得占有或被允许使用之人，所取得的实物或权利的占有，被认为是容假占有。" Gai 4. 151："……如果其占有有瑕疵，亦即相对于对方当事人而言，占有是以暴力、隐秘或临时使用的方式取得的……"

〔2〕 Cfr. D. 41. 2. 53（维努莱留斯）："即使是有瑕疵的占有，通常也可以对抗第三人。"

有的返还。如此一来，对方当事人就不得不在其后可能发生的原物返还之诉中，作为诉讼的原告，并因此承担其对该物享有权利的举证责任[1]。

五、占有保护令状的类别

的确，提供占有保护令状，不仅发生在为了保护现存占有的情形中，而且根据具体的情况，还可发生在旨在恢复丧失的占有或者"全新"（ex novo）取得占有的情形中。帝政时期的经院法学将占有保护令状划分为取得占有令状（interdicta adipiscendae）、维护占有令状（interdicta retinendae）和恢复占有令状（interdicta reciperandae possessionis）[2]。第一类令状包括截然不同的萨尔维令状（interdictum Salvianum）和取得遗产占有令状（interdictum quorum bonorum）；第二类令状包括现状占有令状（interdictum uti possidetis）和优者占有令状（interdictum utrubi），这两种令状，我们在下文将会看到，在古代也用于恢复占有；第三类令状包括制止暴力剥夺令状（interdictum unde vi）和制止武力剥夺令状（interdictum de vi armata）。我们先撇开不谈前文已经涉及、并在下文其他地方会对之作论述的取得占有令状（interdicta adipiscendae），这里着重阐释维护占有令状（interdicta retinendae）和恢复占有令状（interdicta reciperandae possessionis）。

---

〔1〕 Cfr. Gai 4. 148："当双方当事人就物的归属发生争议时，通常发布维护占有令状。首先要考察的是，争议双方谁应当占有，谁应当请求。为此目的，引入了'现状占有令状'和'优者占有令状'。"（"现状占有令状"又译为"因你占有令状"，"优者占有令状"又译为"归谁占有令状"。——译者）

〔2〕 Cfr. Gai 4. 142-143："在此领域，主要的划分是，令状要么是禁止性的，要么是返还性的，要么是出示性的。继而的划分是，令状的引入，要么是为了取得占有，要么是为了维护占有，要么是为了恢复占有。"D. 43. 1. 2. 3（保罗）："关于家庭财产的令状，要么是为了取得占有，要么是为了恢复占有，要么是为了维护占有……"

六、各种占有保护令状

最古老的占有保护令状形式是现状占有令状（interdictum uti possidetis）和优者占有令状（interdictum utrubi）。前者用来保护对不动产的占有，后者用来保护对动产的占有[1]。二者都是双重令状（interdicta duplicia），意思就是，争议之两造在关于物的占有的诉讼中，其地位没有任何差别：裁判官同时向双方发布内容相同的令状[2]。

399

（一）现状占有令状（interdictum uti possidetis）

现状占有令状（interdictum uti possidetis）的程式内容，在哈德良告示中，如下："只要你相对于另一人，是未以暴力、隐秘或容假之方式取得的对争议房屋的占有，我便禁止他人使用暴力取得占有。"[3] 相对于对方当事人而言，无瑕疵占有争议物的一方的占有，裁判官禁止对之造成干扰[4]，也正因为如此，允许为了从不正当占有人（possessor iniustus）处恢复占有而诉诸私力救济。故而，根据具体情况的不同，这种令状要么承担维持占有的功能，

---

〔1〕 Cfr. Gai 4.149："现状占有令状是针对土地或房屋的占有而发布的，而优者占有令状是针对动产的占有而发布的。"

〔2〕 Cfr. Gai 4.160："现状占有令状和优者占有令状都是双重的。之所以称之为双重的，是因为在这两种令状中，两造在诉讼中的地位完全相同，没有一方只被视为被告或者原告，而是每一方都既是被告、又是原告，因为裁判官向双方当事人说同样的言辞……"

〔3〕 Cfr. D. 43.17.1pr. （乌尔比安）："裁判官说：'只要你相对于另一人，是未以暴力、隐秘或容假之方式取得的对争议房屋的占有，我便禁止他人使用暴力取得占有……'"〔否则会产生"瑕疵占有抗辩"（exceptio vitiosae possessionis）〕 Gai 4.160："……我禁止你们使用暴力而不像现在这样占有……"

〔4〕 Cfr. Gai 4.150："……如果令状是针对土地或房屋的占有而发布的，裁判官会宣布，在令状发布时未以暴力、隐秘或容假的方式取得占有之人，相对于对方当事人处于优先的地位……"

要么承担恢复占有的功能。

（二）优者占有令状（interdictum utrubi）

优者占有令状（interdictum utrubi）的程式内容有所不同，具体是："在这两个地方中，如果有争议的人（即奴隶）在一年内的大部分时间都处于一个地方，且是未以暴力、隐秘或容假之方式取得的占有，那么我禁止使用暴力将其带走。"[1] 相对于对方当事人而言，无瑕疵占有争议物、且在发布令状之前的一年的大部分时间占有争议物一方的占有，裁判官禁止对之造成干扰[2]。在时间计算问题上，作为正当占有人（possessor iustus）的占有前手的占有期间亦计算在内〔此所谓"期间合并"（accessio temporis）或"占有合并"（accessio possessionis）〕[3]。正因为如此，允许为了从非正当占有人（possessor iniustus）处恢复占有，或者为了从虽是正当占有人（possessor iustus）但在最后一年里占有时间较短之人处恢复占有，而诉诸私力救济。于是，根据具体情况的不同，这种令状也是要么承担维持占有的功能，要么承担恢复

〔1〕 Cfr. D. 43. 31. 1pr. （乌尔比安）："裁判官说：'在这两个地方中，如果有争议的人（即奴隶）在一年内的大部分时间都处于一个地方，那么我禁止使用暴力将其带走'。"Gai 4. 160："在这两个地方中，如果有争议的人（即奴隶）在一年内的大部分时间都处于一个地方，那么我禁止使用暴力将其从所处时间较长之人那里带走。"

〔2〕 Cfr. Gai 4. 150："……如果令状是针对动产的占有而发布的，则宣布在一年里的大部分时间非以暴力、隐秘或容假方式占有的一方，相对于对方当事人处于优先的地位……"

〔3〕 Cfr. Gai 4. 151："在优者占有令状中，不仅考虑当事人自己的占有，而且还考虑应当合并计算的他人的占有，例如被继承人的占有、出卖人的占有、赠与人的占有以及嫁资给予人的占有。因此，如果他人的正当占有合并我们自己的占有，时间超过了对方当事人的占有，那么，根据令状的内容，我们胜诉。但是，对于自己没有占有之人而言，没有且不能有时间上的增加。确实，对于不存在的事物，不能在其上增加（添附）什么。此外，如果他的占有是有瑕疵的，亦即相对于对方当事人而言，是以暴力、隐秘或容假方式取得的，也不会发生时间上的增加。的确，（此时）他自己的占有对他毫无裨益。"

占有的功能。

除了上面提到的两种令状，不久其他的令状形式也随之产生。但是后来产生令状，仅具有恢复对不动产的占有之功能。

400

（三）制止暴力剥夺令状（interdictum unde vi）

制止暴力剥夺令状（interdictum unde vi）的程式内容是："因为他对你没有以暴力、隐秘或容假的方式而占有这块土地，而你竟然在最后一年内以暴力占有它，所以我命令你将这块土地及原在土地之上的物均予以返还。"[1] 裁判官命令向被以暴力方式剥夺占有的正当占有人（possessor iustus）返还对不动产的占有。这就意味着，以暴力的方式剥夺非正当占有人（possessor iniustus）的占有，即使对后者造成损害，也是合法的。但是，这个令状只能在占有被剥夺后的一年内提出请求，且消极方面（即被告资格）无法移转；在一年后，对实施暴力占有之人的继承人，裁判官只允许在其得利的范围内提起事实之诉（actiones in factum）[2]。

（四）制止武力剥夺令状（interdictum de vi armata）

制止武力剥夺令状（interdictum de vi armata）纯粹是制止暴力剥夺令状（interdictum unde vi）的变形。前者的令状内容为："因为你或你的奴隶结伙以携带武器之方式侵夺他对土地的占有，所以我命令你将该土地和土地上原有之物均予以返还。"裁判官命令向被结伙以携带武器的方式剥夺占有之人，返还对不动产的占有。鉴于此类事实的严重性，裁判官不仅保护正当占有人（pos-

---

〔1〕　Cfr. D. 43. 16. 1pr.（乌尔比安）："裁判官说：'如果你或者你的奴隶，以暴力的方式将某人赶走，在一年之内，我将发布令状，使此人获得他曾经在其处拥有的物。在一年之后，我将发布令状，使暴力赶走他人的人通过暴力而得到的被返还。'"

〔2〕　Cfr. D. 43. 16. 1pr. 见前一注释。D. 43. 16. 48（乌尔比安）："根据这个令状，可以对继承人、遗产占有人以及其他得到遗产的人提起事实之诉。"

sessor iustus），而且保护非正当占有人（possessor iniustus），并且不施加时间上的限制。

（五）隐匿占有令状（interdictum de clandestine possessione）

针对隐匿侵占他人占有的不动产的情形，很可能还存在一种恢复占有的令状，即隐匿占有令状（interdictum de clandestine possessione)[1]。但是这种令状在古典法时期即已失去效用，因为当时已经规定，占有人在知晓他人侵占其占有的不动产之前，原占有并不会丧失。

七、令状保护的程序

令状保护的程序与一般程序相比，有着明显的不同。裁判官因一方当事人的请求，在初步了解案情的基础上颁发令状。令状的接收人可能选择遵从，于是程序便因预期目标的达到而终结；他也可能选择不遵从，于是便进入程式诉讼的第二个阶段。在此，有必要对第二个阶段的特殊之处略加说明。

（一）现状占有令状（interdictum uti possidetis）的保护程序

在颁发现状占有令状的情形中（优者占有令状的程序与此相同），双方当事人达成合意，一起来到争议的土地上，分别做出一个具有象征意义的暴力动作（vis ex conventu），以此表明不接受裁判官的禁止命令。每一方当事人均以要式口约（stipulatio）的形式向对方承诺，如果自己的暴力行为被证明是非法的，则向对方支付一定数额的罚金〔即誓约（sponsiones）〕；在相反的情况中，即对方当事人的暴力行为被证明是合法的，也承诺向对方支

401

---

〔1〕　Cfr. D. 10. 3. 7. 5（乌尔比安）："……如果以隐匿方式取得的占有……（尤里安认为）应当适用隐匿占有令状。"

付一定数额的罚金〔即复约（restipulationes）〕[1]。于是，双方当事人都可以根据这四个要式口约而传唤对方，同时也在诉讼中间接地表明了自己是二人中最后的正当占有人（possessor iustus）。最后的正当占有人在自己作为被告的两个审判中将被开释，而在自己作为原告的两个审判中将看到对方当事人受到判罚[2]。与此同时，对物的暂时占有交由在孳息竞价（fructus licitatio）中胜出的一方，亦即承诺如果自己败诉，将以罚金的名义向对方支付的数额较大的一方〔此即"关于孳息的要式口约"（stipulatio fructuaria）〕[3]。在古代，如果对方当事人胜诉，则他可以以己力取回对土地的占有，并可通过诉讼主张关于孳息的要式口约（stipulatio fructuaria）中向其承诺的金钱数额，以代替对在此期间产生的孳息之赔偿。从公元前1世纪开始，与以往不同，相对于产生于要式口约的四个审判，又增加了第五个审判，即卡谢里安审判（iudicium Cascellianum）（来源于法学家卡谢里安的名字）或者说追回（secutorium）审判。该审判的目的是在暂时占有人败诉时，如果他不返还土地或者在此期间产生的孳息，则判罚他支付一定数额的金钱。他还可以被提起诉讼，接受基于关于孳息的要式口约（stipulatio fructuaria）的审判。如果没有订立此种要式口约，被告则可能直接基于孳息竞价（fructus licitatio）而接受一

---

　　〔1〕　Cfr. Gai 4. 166："……一方以誓言的形式向对方提出挑战，声称对方违反裁判官的告示向作为占有人的自己实施了暴力，且双方均各自向对方作出誓言……"

　　〔2〕　Cfr. Gai 4. 166a："……在其面前就争议物进行诉讼的承审员，当然会就裁判官在告示中所说的内容作调查，也就是说，在颁布令状的时候，他们中的哪方当事人不是以暴力、隐匿或容假之方式占有土地或房屋。当承审员调查完毕，并且如果作出的判断有利于我，他将判罚我的对方当事人向我支付我的誓言及反誓言中所列的数额，并相应地将我从他的誓言及反誓言中所列的数额中开释……"

　　〔3〕　Cfr. Gai 4. 166："……与此同时，他被准许进行占有，只要他通过要式口约向对方当事人作出关于孳息的承诺。该要式口约的效力和作用是，如果关于占有的宣判对其不利，则他应当向对方当事人给付这笔金钱。这种竞价被称为孳息竞价……"

种专门的审判，即孳息审判（iudicium fructuarium）。该审判亦被
称为追回（secutorium）审判[1]。一旦一方当事人拒绝在任何一
个程序阶段〔作出象征性的暴力动作（vis ex conventu），誓约
（sponsiones），复约（restipulationes），以及孳息竞价（fructus lici-
tatio）〕予以配合，则另外一方当事人可以针对他而取得附加令
状（interdictum secundarium）。如果不遵守后一令状，判罚当然随
之产生[2]。

（二）制止暴力剥夺令状（interdictum unde vi）的保护程序

制止暴力剥夺令状（interdictum unde vi）或者制止武力剥夺
令状（interdictum de vi armata）的第二个阶段的程序要简单些。
取得令状之人通知不遵守令状的对方当事人，来到承审员面前，
由此开启誓约审判（per sponsionem）程序或者仲裁审判程序。在

[1]　Cfr. Gai 4.166a-169："……另外，如果我的对方当事人实施了占有，因为他
在孳息竞价中获胜，那么，倘若他不向我返还占有，则要通过卡谢里安审判或者追回
审判而接受判罚。如果在孳息竞价中获胜的一方证明不了占有属于自己，则应命令他
以罚金的名义给付誓言、反誓言以及孳息竞价中指明的数额，并且要他返还占有。此
外，他还应当返还在此期间收取的孳息。确实，孳息竞价中指明的钱数不是孳息的价
金，而是以罚金的名义应当支付的数额，因为人们曾试图在此期间获取他人对物的占
有，并取得收取孳息的能力。与此相反，在孳息竞价中被胜的一方，如果证明不了占
有属于自己，则他仅应以罚金的名义给付誓言和反誓言中指明的数额。但是我们还应
该注意到，在孳息竞价中被胜的一方，也可以不理会有关孳息的要式口约，如同在卡
谢里安审判或者追回审判中要求返还占有那样，类似地也可以针对孳息竞价而提起诉
讼。为此目的，设置了一个专门的审判，即孳息审判。依据该审判，原告可以获得执
行判决的担保。此种审判也被称作追回审判，因为它发生在就誓言而言一方胜出之后。
然而，它不能同样被称作卡谢里安审判。"

[2]　Cfr. Gai 4.170："因为有些人，在令状颁布之后，不想按照令状的要求来做
其他的事情，这样一来事情就不能了结。裁判官为了解决这一问题，于是就引入了一
些令状，我们称之为'附加令状'，因为它们是第二位的。它们的效力和作用是：不做
令状要求的其他事情的人，比如不实施暴力，或者不就孳息出价，或者就孳息竞价提
供担保，不作出誓言，不接受相关的审判等，如果他占有物，则他应当将占有返还给
对方当事人；如果他不占有物，则他不得向作为占有人的对方实施暴力……"

前一种程序中，占有人承诺，如果不返还占有就构成非法，他将以罚金的名义支付一笔金钱〔誓约（sponsio）〕；而对方当事人就返还了占有或不返还是合法的情况，作出类似的承诺〔复约（restipulatio）〕。于是，双方当事人就可以分别根据这两个要式口约而起诉对方；此外，如果占有人败诉，没有返还对物的占有，就要在专门的"物的返还审判"（iudicium de re restituenda）中受到判罚，被要求返还物的价值（quanti ea res erit）[1]。在启动誓约审判（per sponsionem）程序之前，占有人可以请求裁判官指定一名仲裁员（arbitrum postulare）：这样不用借助要式口约，裁判官也会给出一个仲裁程式（formula arbitraria），根据该程式，法官会要求有过错的占有人予以返还，在相反的情形中，按照物的价值（quanti ea res erit）进行判罚；在这一程序中，败诉一方就避免了支付罚金，所以它很可能产生较晚[2]。

八、后古典法时期的占有保护

在后古典法时期，仍然保留了不同于所有权保护的占有保护制度，尽管在此时令状与诉讼已经被等同，而采用一样的程序形式。产生了保护占有的刑罚规定，与所有权的情形相似，这些规

403

---

〔1〕 Cfr. Gai 4.165："故而，如果不要求指定仲裁员，而是一言不发地离开法庭，事情就会藏有隐患地结束。事实上，原告会以一个誓言向对方发出挑战，理由是对方违反裁判官的告示而没有出示或返还争议之物。另一方，面对对方当事人的誓言，会作出自己的誓言。其后，原告会通知对方誓约的程式，被告也会通知原告复约的程式。原告在通知誓约程式以后会提起另外一个审判，以要求对物进行返还或者出示……"

〔2〕 Cfr. Gai 4.163-165："确实，倘若被提起诉讼的人要求指定一名仲裁员，并接受所谓的仲裁程式，并且如果根据仲裁审判，某物应当被返还或者出示，则他的返还或出示是没有风险的，且会因此被开释。如果他不返还或出示，则将被按照物的价值处罚……不过想要请求指定仲裁员的人特别留心：要立即提出此要求，也就是说要在离开法庭之前，即离开裁判官之前提出。确实，不能放任迟来的要求。故而，如果不要求指定仲裁员，而是一言不发地离开法庭，事情就会藏有隐患地结束……"

定给保护占有的传统制度留下的空间不大。

在君士坦丁时期，就诞生了一种与"占有时刻"（momentaria possessio）相关的程序性手段，因为它的目的是保护占有被妨害时存在的占有情势。这个制度乃以古典时期的制止暴力剥夺令状（interdictum unde vi）为原型而塑造，同时取消了"占有瑕疵抗辩"（exceptio vitisae possessionis），采取了程序增速措施，将之也授予以他人名义（alieno nomine）占有的占有人，为了保护失踪人的利益将一年的期间予以延长。另外，还保留了优者占有令状（interdictum utrubi），且针对该令状也取消了"占有瑕疵抗辩"（exceptio vitisae possessionis），并采取了程序增速措施。但是，与此同时，一个人基于占有原因也可能受到刑事处罚：根据君士坦丁皇帝的规定，以暴力取得的占有应予以返还，过错一方应当被流放，且如果此人对物不享有权利，则财物充公，否则失去该物的一半以归国库；后来帝国的制度，取消了公共性质的惩罚，规定被证明有过错的一方不仅会丧失占有，而且为了更有利于对方当事人，还会丧失所有权，且如果此人不想有所有权，则他应当支付一笔罚金，罚金的数额最初即为物的价值，后来也可以用等值的物来代替。由于承审员在这些程序中要查证物上的权利状态，并最终确定物的命运，所以，无论是关于占有还是关于所有权，都不再遗留任何法律上的问题：与"占有时刻"（momentaria possessio）相关的占有和优者占有令状（interdictum utrubi），便只能用于一些新的情况，比如，对被认为尚无人占有之物的占有的情形。

九、优士丁尼法时期的占有保护

优士丁尼法实现了向古典占有令状制度的部分回归，尽管在此时期后古典的一些处罚制度仍然有效，而且没有完成两种制度的有机融合。

（一）现状占有令状（interdictum uti possidetis）

首先，现状占有令状（interdictum uti possidetis）又重新被采用，以保护对不动产的占有，与旨在保护动产占有的优者占有令状（interdictum utrubi）并驾齐驱。在这两个令状中，都保留了"占有瑕疵抗辩"（exceptio vitisae possessionis）；后来，在现状占有令状（interdictum uti possidetis）的基础上，这两个令状制度被统一了起来，意思就是，它们都开始保护现在的占有人[1]。

（二）制止暴力剥夺令状（interdictum unde vi）

制止暴力剥夺令状（interdictum unde vi）保留了下来，且后古典法时期在该令状中取消"占有瑕疵抗辩"（exceptio vitisae possessionis）的做法亦被延续。这就意味着制止暴力剥夺令状（interdictum unde vi）和制止武力剥夺令状（interdictum de vi armata）的合流[2]。但是，后古典法时期的下述制度也被沿袭了下来，即如果占有人是所有权人，则他丧失的不仅是占有，而且包括所有权；如果占有人不是所有权人，则他应当以罚金的名义支付相当

---

　　[1]　Cfr. I. 4. 15. 4a："人们通过现状占有令状，来解决就土地或房屋的占有而发生的争议；通过优者占有令状，来解决就动产占有而发生的争议。在古代，它们的效力和作用大不相同。确实，在发布现状占有令状的情形中，令状发布之时占有之人获胜，只要他的占有不是以暴力、隐秘或容假的方式从对方那里取得的，哪怕他是以暴力、隐秘或容假的方式从另一个人那里取得的占有，亦非所问。而在发布优者占有令状的情形中，在过去一年里的大部分时间占有物的人获胜，只要他相对于对方未使用暴力、隐秘或容假之方法。不过今天，人们遵守另外的标准。这两个令状，在占有问题上，其效果被规定得并无不同，也就是说，在证讼之时，相对于对方未以暴力、隐秘或容假的方式占有之人，不论土地之物还是动产，均获胜诉。"

　　[2]　Cfr. I. 4. 15. 6："如果某人被暴力赶出土地或房屋，一般向其发布令状，以使之恢复占有。通常发布的是制止暴力剥夺令状，根据该令状，暴力剥夺其占有的人应当将占有返还给他，即使后者是以暴力的方式驱逐了前者，且以暴力、隐秘或容假的方式占有一物的……"

于物的价值的金钱[1]。这些规定与令状制度紧密相连，在上述情形中，占有令状的程序对于动产和占有被剥夺超过 1 年的情形亦适用，且其中要解决的一个问题就是物的所有权属于谁。而在此之前，只适用制止暴力剥夺令状（仅限于不动产，且应于占有被剥夺 1 年内提出请求），至于所有权的问题则不在考虑范围之内。

（三）制度的统一

整体而言，相对于古典法，优士丁尼时期的占有制度体现为如下特点：现状占有令状（interdictum uti possidetis）与优者占有令状（interdictum utrubi）合二为一，制止暴力剥夺令状（interdictum unde vi）与制止武力剥夺令状（interdictum de vi armata）合二为一；自力救济受到限制，具体表现为在制止暴力剥夺令状（interdictum unde vi）中取消了"占有瑕疵抗辩"（exceptio vitisae possessionis）；令状程序得以简化，在这一时期，习惯采用的程序更为便捷；最后，取消了占有程序与主张所有权的程序之间的区分。

第四节　准　占　有

405

一、准占有

正如前文所述，古典法中的占有只以有体物为客体[2]。但

---

[1] Cfr. I. 4. 15. 6.："……但是，就如前面谈到的，根据皇帝的谕令，如果某人以暴力的方式取得了对一物的占有，在物是他自己的情况下，则他将丧失对该物的所有权，而在物是他人的情况下，则对于暴力的受害者而言，他除了要返还此物，还要支付物的估价……"

[2] Cfr. D. 41. 2. 3pr.（保罗）："可被人们占有的是有体物。"

是，在古典法时期的学说中便已出现了准占有（quasi possessio）这个概念，它指的是某人对一物在事实上以用益权人的身份行事，至于他是否是真的权利人则在所不问[1]。对此类主体法律地位的保护，是通过现状占有令状（interdictum uti possidetis）和制止暴力剥夺令状（interdictum de vi）的扩用之诉的模式实现的。类似的，事实上以各种地役权（通行权、取水权、排水权等）的权利人的身份而行事的人，也受到各种专门令状〔个人事实通行令状（interdictum de itinere actuque）、用水令状（interdictum de acqua）、恢复水源令状（interdictum de fonte）、恢复水道令状（interdictum de rivis）、有关阴沟的令状（interdictum de cloacis）〕的保护，而不论此人是否是真的权利人，只要该役权相对于对方当事人而言，不是以暴力（vi）、隐秘（clam）或容假（precario）的方式行使的。随着后古典—优士丁尼法时期直接令状（interdictum directum）和扩用令状（interdictum utile）区分的消弭，于是产生了对〔如用益权（ususfructus）、役权（servitutis）等〕权利的〔准（quasi）〕占有（possessio iuris）。这种占有不是以有体物为客体，而是以用益权或役权等限制物权为客体[2]。权利占有（possessio iuris），为承认通过让渡或时效取得而取得上述各种权利，以及在更广的范围适用普布里其之诉（actio Publiciana）提供了基础。但是，在优士丁尼法中，在事实上行使永佃权以及地上权似乎不构

---

　　〔1〕　Cfr. Gai 4. 139："有些情况中，裁判官或行省总督主要运用他们的权力解决纠纷，特别是在某些人之间就占有或者准占有产生争议之时……" D. 39. 5. 27（帕比尼安）："……他应当根据适用于用益权的令状模式而受到保护，就好像他获得了使用房屋的权利，取得了占有人的地位那样。" D. 43. 16. 3. 17（乌尔比安）："任何以用益权名义占有一物的人，也可以利用这个（制止暴力剥夺）令状来保护自己……"

　　〔2〕　Cfr. D. 4. 6. 23. 2（乌尔比安）："……丧失土地占有或者用益权准占有的人……" D. 7. 6. 3（尤里安）："……只取得了用益权占有的人……" D. 8. 4. 2（乌尔比安）："……取得（役权）这项权利的占有的人……"

成权利占有（possessio iuris），而是构成对物的直接占有。

二、身份占有

最后，在原始文献中涉及个人身份〔自由人身份（libertatis）、奴隶身份（servitutis）〕时而使用的 possessio 一词，与名副其实的占有制度毫不搭界。

译 后 记

　　十几年前在意大利读博期间，我就经常翻阅布尔代塞教授的《罗马私法教科书》。很喜欢，一是因为它讲的罗马法原汁原味，二是因为它的论述要言不烦。

　　回国任教后，为了备课，断断续续把其中的物权法部分译成了中文。是否出版，踌躇再三。考虑到译文对我国读者或许还有点用，现在终于决定把这个冷盘端出来，并给它取了个菜名：罗马物权法。至于合不合大家的胃口，能不能点饥，我也说不好。

　　恩师斯奇巴尼教授热心帮助联系版权事宜；布尔代塞教授的夫人和爱女、意大利 UTET 出版社均慷慨无偿授权翻译和出版；中国政法大学出版社编辑艾文婷女士和高露女士耐心帮助校对了译稿。愿他们接受我发自内心、却算不得回报的感谢！

翟远见

2021 年 7 月 1 日于军都山下